欧洲文化丛书

法国理论

第九卷

陆兴华　张　生　主编

上海文化出版社

前　言

拉图尔(Bruno Latour)在《何处着陆?》(2020年)中为我们归纳了这个时代的三个重大问题:

- 如何从负全球化中抽身?

- 如何承受地球系统对人类行动的回击?

- 如何组织起来,迎接大规模的气候、政治、经济变化引发的难民潮?

拉图尔在这里采取的角度是:欧洲最先侵犯了所有人民,因此也必须先行为后果负责。现在,所有人都要找最早提出现代化的他们算账了。而此时,欧洲也正在把自己外省化,成为某种实验之本地,陷入生物圈和人类世之中。因此,欧洲现代人与世界其他地方的人民,都必须倒转黑格尔的辩证之环,使依赖和共生成为人类的新美德,这才是启蒙解放计划在人类世和生物圈之中的新任务。在拉图尔看来,启蒙原先是要人认识自己在自然中的位置,现在则应该帮我们去认识、操练,人作为地球上的生存者,如何与其他地球生存者,也就是所有其他物种乃至万物保持共生。

因此,在拉图尔看来,当代政治有三个焦点场地:本地、全球和 X。这个 X 是那个从太空看到的蓝色行星吗？是自然、盖娅，还是本地？

布拉顿（Benjamin Bratton）在《实在界的报复》（2021 年）中向我们强调，全行星条件下的"人工性"现实，已经是后疫情时代积极的生命政治的新出发点。人类正在人工地引导自己的体外化进化。我们必须筑起一道新的流行病学和生物政治的堆栈，其中就隐藏着真正的人工智能。本期《法国理论》以人工智能为专题，要与读者探讨人工智能到底来自哪里、基于什么、为了什么。同时，我们必须基于全行星规模的技术理性主义，基于共情和理性，去组合出一个全行星社会；我们也必须以此为视野，去理解我们今天的政治经济学和我们自己身上的力比多经济学。

列斐伏尔在 1970 年的《城市革命》中，就提出了全行星城市社会这一概念。这一全行星城市社会即将来到我们面前。然而，我们书写的哲学和批判理论能够通过生物检测吗？我们必须采取一种积极的生物政治式态度到何种程度，才显得恰当和正当呢？

让我们拭目以待吧。

编者

初稿于 2021 年 11 月 14 日

修改于 2023 年 7 月 6 日

目 录

ChatGPT 专题

ChatGPT 真的只是"扯淡生成器"吗？

——谈 ChatGPT 的褶子、词典、逻辑与意识形态功能

张　生

（同济大学人文学院）

2022 年 11 月 30 日，美国 OpenAI 公司发布了 ChatGPT（Chat Generative Pre-trained Transformer），这个人工智能对话模型在主页上自称为"优化对话语言模型"（ChatGPT：Optimizing Language Models for Dialogue）。[①] 发布后，其用户注册量就以惊人的速度暴涨，短短的两个月即达到 1 亿月活跃用户，现在仍在持续高速增加中，其弹眼吸睛的能力也因此成为让人瞠目的史诗级现象。与之相伴的是它更为巨大的吸金能力，在吸引微软等公司的投资以及股票估值暴涨后，ChatGPT 又迅速开通了付费版应用。未来，它对人们的生活可能造成的冲击，想必也将加速到来。实际上，这么短时间内就有这么多人受到它的影响，说明改变已经发生。

因为 ChatGPT 的界面及其工作主要以人机对话的形式展开，或许可以将其翻译为"扯淡：生成式预训练转换器"，或者简单地说成"扯淡生成器"。但它的功用显然不止于"扯淡"，它不仅会和人聊天、进行复杂的问答对话，还可以生成各种文本，不仅有学

术性的论文,还有文学性的诗歌、散文等,而这种似乎超乎"机器"能力的、之前只属于"人"的"智能"在让人震惊之余,也令人困惑不已。而同时,围绕 ChatGPT 这款人工智能聊天机器人所引发的数码海啸,不仅在国外,也在国内产生了几何级的话题。

那么,它为何如此引人注目,如此引人热议?也许,首先要从它受人欢迎的程度入手来思考它的出现,来让人更好地认识到它的与众不同;其次,它的知识生产模式引发了更为广泛的争议,虽然有人认为它的知识生产是一种前所未有的创新,可也有人说它仅仅是一个高级的知识搬运工或者"剽窃"者,到底该如何认识这种争议,是个不能回避的问题;再次,它的对话模式具有辩证性的逻辑特点,这种被很多国人视为"捣糨糊"的对话"套路"是否只是简单的"洋话痨",同样值得认真对待。当然,作为一种话语生成机器,它不可避免地与权力和意识形态相关联,很可能成为一台新的"意识形态世界机器",而这也是值得探讨的话题。

一、ChatGPT 成功的秘密:扯淡与生成的褶子

ChatGPT 如此受欢迎或者如此吸引人的原因,也许言人人殊,就像迷人的哈姆雷特一样,有多少个读者就有多少个哈姆雷特。但是这个"数码哈姆雷特"所特有的"性格"或能力,就是它在进行人机对话时所具有的与众不同的"扯淡"能力,或者说与提问者"游戏"的能力。这种"不正经"的扯淡或者游戏能力,让用户倍感新奇,也是人们非常热衷于谈论的重要特点。我们或许可以这么认为,ChatGPT 之所以会迅速爆红,就与这种"不正经"的特点惹人喜爱有关,而这种喜爱又与人性的深度结构不无关联。如果用德勒兹的褶子理论来阐释 ChatGPT 及其引发的这种现象,可能会较好地理解其背后的"机理",即 ChatGPT 其实是一种对话生成的褶子,因较为成功地展现了人性的褶子而成

为"网红"。

首先,作为一种人机对话语言模型,ChatGPT 并非初创,却是第一个可以明确在对话中向提问人表示其否定性的产品,从而让人产生了对话的"扯淡"感或游戏感。其实之前,就已经有很多人机对话语言模型出现,从 2011 年苹果 iPhone4S 发布第一款语音助手 Siri 以来,2014 年微软语音助手 Cortana 以及小冰也投入使用,2018 年,谷歌也发布了 Assistant 等产品。但是与这些对话性的语音助手相比,ChatGPT 除了具有与其相同的回答提问功能,以及微软小冰 2017 年推出的吟诗作赋功能外,还可以与提问人"打情骂俏",而这种与人"扯淡"的能力,就是其主页所介绍的可以"承认其错误、挑战不正确的前提以及拒绝不合适的请求"的能力(admit its mistakes, challenge incorrect premises, and reject inappropriate requests),[①]这种能力其实就是一种变相、隐含的否定能力。但这种能力却产生了意想不到的效果。例如,ChatGPT 经常在回答不出问题时承认自己的错误,并给出"托词":"很抱歉""对不起,我之前的回答是错误的"或者"作为一个中立的 AI,我不能给出明确的评价",等等。这种近似于滑头滑脑的回答,正与人所具有的否定特性相吻合,因此也让人觉得自己所面对的不再是一个"机器",而是一个"人"。之前的语音助手的对话格式都是直线性的问答,ChatGPT 却因其否定性而产生了曲线性、有转折存在,从而使人机对话变得不那么"生硬",变得妙趣横生,产生了游戏或娱乐色彩。所以,人们有意向它提一些不那么"正经"的问题去"调戏"它,以从它的"油滑"或"出丑"中获得快乐。这也是它吸引人的重要原因。

其次,ChatGPT 因变相的否定能力而产生的吸引力也再次

---

① 参见:https://openai.com/blog/ChatGPT/。

使人得以认识自身的特质，那就是人所具有的非理性部分的重要性。ChatGPT 的对话语言模型里既有属于理性的答案，也有不明确和含糊其辞的答案存在。而这非常像德勒兹说的"褶子"（le pli），他认为褶子是物质的基本结构，是一种双层的力或状态，但两者相辅相成，不可或缺地处于同一个物质实体之中，也就是说，实体由褶子构成。因此，德勒兹认为世界与人性都由"褶子"生成，而褶子无穷无尽："褶子永远处在两个褶子之间，而且，这两者之间的褶子似乎无处不在于无机体和有机体之间，有机体与动物灵魂之间，动物灵魂与理性灵魂之间，一般意义上的灵魂与身体之间。"①正因为人性本身是以褶子的形式构成的，真正的人性就是褶子，永远像褶子一样有两个层次，身与心、灵与肉、精神与物质、理性与非理性等。而对人来说，所有活动都像褶子一样是双重的，如工作与休闲、忙碌与无聊等，即使在工作中，也一定有"非工作"的成分存在，因此，之前单向或者"单层"的对话软件虽然也能为提问人给出正确的答案，却不能真正让人满足。而 ChatGPT 与之前对话软件的不同，就是拥有这种褶子式的话语生成能力，除了可以"一本正经"地给出提问者需要的答案，还可以在对话中陪你说无聊的话或者废话，可以"兜圈子""扯淡"，同时满足了人性自身的褶子结构中的非理性部分。

　　ChatGPT 让人感觉它非常"人"化，这或许就是它如此受人欢迎的原因。与它对话之所以兴趣盎然，就是因为它体现了人的否定性特点，即对话过程中所展现出来的理性基础上的非理性的"油滑"或幽默"，也就是"装疯卖傻"，而这就是褶子的本质。ChatGPT 的厉害之处就在于此，它真的可以像人一样既严肃又

① 德勒兹：《褶子：莱布尼兹与巴洛克风格》，杨洁译，上海：上海人民出版社，2021年，第21页。

扯淡,而"扯淡"正是人独一无二的能力,因为这正是人的自由的表现,即有意识地对理性进行否定的非理性能力。

二、ChatGPT 知识生产的模式:现有知识的重构与能动的词典

不过,事物总是像褙子一样祸福相倚,围绕 ChatGPT 的爆红,当然也有强烈反对的声音。目前有两种反对意见比较突出,一是对 ChatGPT 强大的文本生成能力所引发的学习或教育危机的担忧,因为很多学生已经用其来完成自己的作业,可能影响自我学习中独立的思考能力及相应的训练;二是对其所生产的知识是否具有真正价值的质疑,已经有很多科研机构及杂志发表声明,或是禁止将 ChatGPT 视为科研合作人,或是不允许在论文中使用其生成的文本。这两个问题的实质就是一个,即对 ChatGPT 的知识生产模式及其价值的怀疑。但这种怀疑并不能完全否定 ChatGPT 所带来的知识生产的创新性和对人类知识生产模式即将产生的深远影响。

虽然 ChatGPT 的文本生成能力对学习或教育的危机已然迫在眉睫,很多大学也禁止学生使用它来完成自己的作业,但这也有矫枉过正的危险。因为相较而言,ChatGPT 生成的文本尽管是对已有或现有知识的重构,但它也是学习天文数字、汗牛充栋的知识积累后"集体智慧"的"结晶",一般而言比涉猎知识有限的学生"生成"的文本更加"全面""深刻",所以,它在某种意义上既可以启发学生,扩大其知识面,同时也提高和加强了其对知识的鉴别能力。对学生来说,这同样也是一种重要的学习或"训练",需要学生具有很强的独立思考和判断能力,因为学生独立完成作业本质上也是依靠对已有知识的检索与重构,而 ChatGPT 检索与重构知识的能力是人类望尘莫及的。所以对我们的学习或教

育来说,ChatGPT 不仅不是一个灾难,反而是一个福音。对 ChatGPT 的限制其实只是因噎废食,并不能真正培养学生的能力,这就好比在热兵器时代让武士退回到冷兵器时代,重新学习并使用大刀长矛作战一样荒谬。

同样,对 ChatGPT 的知识生产模式的价值质疑也存在疑点,尤其是有观点认为,ChatGPT 所生产的知识是以往知识的重复甚至剽窃,更是源于对知识生产模式的单纯认识。罗兰·巴特多年前曾提到作品与文本的观点,或许可以给出另外一种理解的可能性。在此类反对意见中,乔姆斯基的看法尤其突出,他明确指出,ChatGPT 只是一种高级剽窃的工具,"它从海量数据中发现规律,并把这些数据串联在一起,使它看起来或多或少像是人类创作的关于某个主题的内容",①它不仅使剽窃更为容易,也使甄别剽窃变得更为困难。但乔姆斯基的认识存在很大局限性,正是得益于 ChatGPT 刻苦耐劳、坚持不懈的学习能力,使其可能超越人的界限,尽可能多地学习人类积累的知识,从而在当下这个时代产生新的"知识大爆炸"。知识的生产模式在很大程度上依赖于重构前人的知识积累,不可能空穴来风。罗兰·巴特曾指出,"作家"(author)早已不再是像上帝那样的"作品"创造者,而只是一个普通的"作者"(writer)或"抄写员"(scriptor),其"神圣"的工作就是在人类日积月累形成的巨大文本库所构成的词典中寻词觅句,编织成"新"的文本而已。巴特把这个词典比喻成一个"多维空间":"一个文本不是由从神学角度上可以抽出单一意思(它是作者与上帝之间"讯息")的一行字组成的,而是由一个多维空间组成的,在这个空间中,多种写作相互结合、相互争执,但没有

---

① 乔姆斯基:《ChatGPT 是一个高科技剽窃系统》,见:https://news.ifeng.com/c/8NJxvHAImAD。

一种是原始写作：文本是由各种引证组成的编织物，它们来自文化的成千上万个源点。"①可以说，ChatGPT 就是这样一个文本库构成的网络空间或者数码词典。同样，科学家也早已不再是上帝，只能在前人发现的基础上进行再发现。乔姆斯基依然固守传统的知识创造观点，所以较为褊狭。比如乔布斯的创新就并非是无本之木的"创造"，他重构诸多已有的元素"创造"了 IPhone 手机。应该说，这种知识生产模式就与 ChatGPT 有相通之处。而且，ChatGPT 与罗兰·巴特所想象的词典不同的是，它更加庞大，也更加详尽，同时也因具有无与伦比的能动性而更加主动。

因此，正是 ChatGPT 所具有的可以不断增强的学习能力和运算能力，使得其在学习以往知识的同时，前所未有地扩展了知识重构、产生新知识的各种可能性。ChatGPT 对人的启发会越来越大，为人类"创造"知识的可能性也会越来越多。

三、ChatGPT 对话的逻辑：苏格拉底的辩论术与黑格尔的辩证法

与国外对 ChatGPT 的知识生产模式存在较多质疑略有不同，对于中国人来说，ChatGPT 的对话逻辑或者其展开方式却引来了更多质疑。我们对其"左右逢源"的回答方式感到不满，甚至觉得它的回答表现出了一种狡猾的"求生欲"，它对很多问题并不能给出明确肯定的答案，而是随着提问的深入尽可能列出多种可能性。我们或许不喜欢或不习惯这种回答问题的方式，但它充分体现了西方一以贯之的、从苏格拉底的论辩术到黑格尔式辩证法的逻辑模态，并不只是我们眼中似曾相识的中式"捣糨糊"。在回

---

① 罗兰·巴特：《作者之死》，怀宇译，《罗兰·巴特随笔选》，天津：百花文艺出版社，1996 年，第 305 页。

答研究性问题的框架中，ChatGPT 这个让我们既熟悉又陌生的特点尤其凸显出来。

先谈 ChatGPT 对话展开的逻辑。在 ChatGPT 的对话模式中，最关键的就是其"回答后续问题"的能力，[①]这种对问题的"跟进"（follow up）表面上受制于提问者的提问，实际上所遵循的却是辩证逻辑的内在引导。回答问题时，ChatGPT 总是以无知的面目出现，然后随着后续问题的跟进调整自己的答案，通过承认自己的错误和无知，进一步引导提问者继续提问，直至最后得出提问者满意（或不满意）的答案。这种问答式、层层深入、不断通过提问者的否定来完成回答的方式，正是依托于著名的苏格拉底助产法辩证术。所以，在 ChatGPT 持续回答提问时，会让人产生柏拉图的对话录中苏格拉底式辩论术的即视感。就像那些和苏格拉底对话的人一样，提问人在不断的自我否定中最终得到了一个可能的答案。但对于很多自作聪明的提问人来说，在对话的不断自我否定中，他们将 ChatGPT 当作傻瓜，而将自己视为永远的聪明人。也许，这才是意想不到的滑稽。

同样，ChatGPT 对于研究性问题的回答也遵循这样的辩证逻辑。当然，因为提问人的前提与简单对话不同，所以其回答方式也更为复杂，而 ChatGPT 在给出回答框架时，更接近于黑格尔辩证法的逻辑。我曾向 ChatGPT 提问如何研究宗白华的美学思想，ChatGPT 很快给出了一个研究性框架的提纲，这个提纲既强调了宗白华的美学思想所具有的中国特色，还将其与康德等人的思想进行比较，同时又建议讨论其美学思想的本质与实践等方面，最后对其思想进行总结，回到其对中西美学思想的融通上。应该说，这个研究提纲的逻辑框架不是来自中文语境，

---

① 参见：https://openai.com/blog/ChatGPT/。

而是来自西文或英语语境,但这个框架对我们的学术研究同样可以提供有效的指导和参考。在这个框架背后,可以清晰地看出黑格尔辩证法的正反合思考与展开方式。如对宗白华美学思想的中国因素的讨论就是"正题",对康德等人美学思想的比较性引入就是"反题",最后对这两者交融生成的美学思想的总结就是"合题"。这样的逻辑架构是欧美学术论文所遵循的基本框架,因此,ChatGPT 所给出的研究性问题的研究提示或者提纲,既不像我们所想象的那么简单,也不是一种面面俱到的"滑头"回答。

当然,也可以说 ChatGPT 的逻辑展开方式很像一个褶子,总是正与反、内与外、现象与本质,或是从中与西等两个层面或者两个方面同时展开,但这两者却又是你中有我、我中有你、共为一体。德勒兹在谈到有机体的褶子特征时说:"活的有机体则相反,它由于预先成形而具备一种内在规定性,这个规定性使有机体得以从一个褶子过渡到另一个褶子,或者无穷无尽地以机器构成机器。"①而 ChatGPT 的回答方式非常接近"有机体"的原因,就是将这种辩证逻辑"预先"植入的结果。但 ChatGPT 的逻辑架构非常清晰,所以才让习惯于线性思维、非此即彼的我们觉得困惑和不解。但这正是 ChatGPT 的优势之处,因为它语言资料的来源主要是英语等西方语言,其建立在西方传统之上的对话逻辑却可以拓展到汉语中来,不仅可以提升汉语的思辨和表达能力、增加汉语的容量和表达强度,更可拓展和重塑我们的思想方式与表达方式。

---

① 德勒兹:《褶子:莱布尼兹与巴洛克风格》,杨洁译,上海:上海人民出版社,2021年,第 12 页。

四、ChatGPT 意识形态世界机器：
话语的权力与询唤的他者

当然，ChatGPT 不仅是一种对话式的语言模型，还可能是一种有史以来最强大的网络话语生成机器，而且因其学习和训练的语料主要以英语及西方语言文化为基础，所以，不可避免地含有意识形态的成分。ChatGPT 创始人山姆·奥尔特曼及同事等也特别强调，ChatGPT 要坚持符合人类正常、共同的价值观，包括其所认可的欧美价值体系。而且，因为 ChatGPT 生成话语的机制以西方的逻各斯为框架，相对于其他语言文化，就产生了一种话语权力的挤压。与之同时，ChatGPT 空前的网络话语生成霸权，使其不仅成为阿尔都塞所说的意识形态国家机器，也成为了有着全球影响力的"意识形态世界机器"，从而发挥出无所不在、对人询唤的功能。

因为 ChatGPT 的训练是以英语及西方知识体系为基础，其生成文本的基本格式也是以英语文体为主，因此，它再次强化了英语及其所内嵌的话语权力的优势。如当 ChatGPT 因为短时间内登陆用户过多而超载宕机时，为缓解无法登陆的用户的焦虑，其页面生成了以好几种文体演示的对这种超载状态（ChatGPT is at capacity right now）的情况说明，这些文体有普通的说明文字，也有文学化的诗歌（poem）、莎士比亚风格的戏剧对白（the style of Shakespeare）、鼓舞人心的演讲词（inspirational speech），以及流行的说唱音乐（rap）的歌词等形式，但无一例外，这些都是英语的文体。同时，也因为中文语料在 ChatGPT 的学习中占比很低，用中文提问得到的回答信息量也远比英语要少，这也在某种程度上影响了中文话语的有效性和准确性，反映了本来就在世界话语体系中不占优势的中文话语权力的相对或持续减弱。

而更重要的是,ChatGPT 对话式的文本生成方式,尤其是其交互问答的形式,特别带有知识传授的"教育"特点,这个隐形的网络学校课堂,可以说就是阿尔都塞眼中学校或者教育的国家意识形态机器的在线化:ChatGPT 涉及传播、文化等各个领域,使其成为了不折不扣的新型意识形态国家机器。继脸书、推特之后,ChatGPT 的网络化及其日渐增长、遍布全球的天文数量用户,使其在最快时间内成为又一个"意识形态世界机器"。同时,因为 ChatGPT 独特的对话式话语生成能力,使其比脸书、推特拥有的功能更为强大,也有可能成为真正的意识形态世界机器。无论是国家意识形态机器还是世界意识形态机器,其根本的作用并无二致,阿尔都塞认为,那就是通过对人的"询唤"(interpeller)让其成为服从的主体(sujet)。阿尔都塞说:"所有意识形态都通过主体这个范畴发挥功能,把具体的个人呼唤或传唤为具体的主体。"①同样,ChatGPT 也具有把个人询唤或"生成"为服从的主体的功能。但是,与国家意识形态机器不同的是,ChatGPT 不仅把人询唤成服从的主体,还在很大程度上有意无意地把非英语使用者生产为他者。这在 ChatGPT 回答中文问题时可以看出,因为对中文文献的学习与训练有限,或者对中文言外之意的了解还不够准确,它不仅常常张冠李戴,并且还屡屡出错。这使得使用中文的提问人在与其互动的过程中,有一种沾沾自喜和中文更胜一筹的错觉,还有意无意地产生、并逐渐强化了自己的他者身份,从而产生疏离感和陌异感。

所以,尽管 ChatGPT 在回答问题时,经常把"作为一个中立的人工智能语言模型"这句口头禅挂在"嘴边",但其并未消除自

---

① 阿尔都塞:《意识形态和意识形态国家机器(研究笔记)》,陈越编《哲学与政治:阿尔都塞读本》,长春:吉林人民出版社,2003 年,第 364 页。

己与生俱来的意识形态姿态，而其所展现的以英文为主的话语权力也清晰可见，并且必然对其他语言的话语权力产生挤压。可以想象，随着 ChatGPT 的急速扩张，这种通过询唤而实现的对他者的生产也会持续下去。

结　语

时至今日，ChatGPT 还在以可见的加速度快速增强自己的能力，并同时急速拓展自己的用户，它所具有的褶子的生成性、知识生产的能动词典模式，以及强大的对话辩证逻辑，都使它对人们的生活越来越有影响，也可以迅速看到它对知识的生产与人们的实践逐渐产生的实际推动。当然，我们也不可忽视其作为未来威力强大的意识形态世界机器所可能产生的危害。但需要明确的是，ChatGPT 这种意识形态世界机器所产生的话语权力和询唤功能是不可清除的，因为如福柯所指出，知识本身必然与权力结合。所以，也没有必要因噎废食，因为 ChatGPT 不仅是 OpenAI 公司或优势话语的一个产品，它还是属于世界的产品。因此，更好地利用它为知识的进步与生活的改善提供服务，也是应有之意。我们还要"预先"考虑到，它使用中文的"扯淡"能力似乎没有我们想象的那么强，这并不是因为它真的很"傻"，我们必须意识到它所训练和学习使用的中文语料库只是很小的一部分，所以不能因此一叶障目，而低估它的能力。

也许，在 ChatGPT 出现之前，是机器向人学习的时代，ChatGPT 出现之后，人向机器学习的时代也正式开始了。

亚里士多德的梦魇与萨特的愤怒

——谈 ChatGPT 对文学创作的影响

张　生

（同济大学人文学院）

摘　要： ChatGPT 因其所具有的诗歌创作能力引发了人们对于人工智能对文学创作的影响的思考。本文从文学创作的角度切入，对这个问题进行了较为深入的分析。首先，从文本来看，ChatGPT 的文学创作能力主要体现在其对文学形式的掌握和运用上，但其对所表现的内容却缺乏建构能力。其次，从作者的角度和对现实世界的影响来看，ChatGPT 的创作不仅缺乏真正的作者所具有的情感，对现实世界的介入也缺乏主体性，因此也会影响到读者的接受。再次，从 ChatGPT 目前展现出的文学创作能力来看，它确实可以对文学创作的实践及理论研究产生积极作用，对文学教育也有促进作用。

关键词： ChatGPT；文学；形式；情感

　　ChatGPT 的出现，又一次引发了人们对人工智能的思考，而这其中，对于人工智能是否会对文学创作产生影响又是一个非常让人关注的问题。这不仅是因为 ChatGPT 本来就有"吟诗作赋"的功能，它所写的诗歌也是其上线后引发热议的一个焦点，还因为人们更多地把文学视作与人的非理性情感紧密相关的领域，如柏拉图就认为艺术作用于人非理性的情感部分,容易让人丧失理智,这也是他欲将诗人驱逐出理想国的重要原因。而文学的这种非理性情感的不可计算性,与理性的可计算性相比,对以计算为基础的人工智能来说似乎更难以把握,也因此,从某种意义来说,人工智能是否可以进行真正的文学创作并进而取代人类的文学创作,也就成了检测人工智能强弱的"试金石"。而 ChatGPT 问世以来,因其所表现出的比以往的软件(如"微软小冰")更为强大的文学创作能力,又一次把这个问题推到了风口浪尖,再一次促使人们去思考这个已经成为现实的问题。

而对于这个问题的思考,虽然有各种各样的角度,但从文学创作的角度出发来思考 ChatGPT 可以做什么,同时又不能做什么,或许可以更为清晰地看到 ChatGPT 对文学创作的可能性的影响。从中,不仅可以看出人工智能的文学创作在现阶段是否真的可以取代人的创作,也可以看出其未来发展的可能性。

一、ChatGPT 形式的能力:亚里士多德的梦魇

首先,可以看看 ChatGPT 投身文学创作后可以做什么,或者说从其所生成的文本来看,它完成或实现了哪些文学的要素。而从其现在在文学创作中表现出的能力看,它不仅可以作诗,还可以建构故事,这两者虽然有文体的不同,却显现出了 ChatGPT 文学创作能力的一致性,那就是对于文学形式的娴熟运用,或者说 ChatGPT 所具有的文学创作能力主要是一种文学"形式"的运用能力。所谓文学的"形式",不仅是各种文体的语言安排,如诗歌的韵律等,还有其表达的方式,如叙事文学的情节结构等因素。而文艺的形式正是文艺最重要的因素。

相对而言,在文学的各种文体中,诗歌的形式性最强,也更容易被规范或"计算",而 ChatGPT 对诗歌形式的习得和运用也最

为出彩。因为不管是否有语言与文化传统的差异,诗歌的诗行与韵律等都有定规或明显的规律可循,如欧洲影响巨大的十四行诗和中国的律诗都有明确的韵律要求,即使是自由体诗,也同样有节奏和韵律的要求,这使 ChatGPT 在创作诗歌或进行诗歌"演算"时,更为得心应手。这也是为何 ChatGPT 可以随时应用户之邀"口占一绝"的原因。有人看了它写的中文诗后,说它写的诗是小学生或者初中生水平,这多少贬低了它的能力,客观地讲,它写的诗,一般的初中生或者高中生是写不出来的,因为它的形式其实并不简单,而对诗歌形式的掌握,并非一日之功可以完成。对艺术家来说,这种形式能力的掌握是各门艺术最重要和艰苦的训练。歌德曾说,艺术的形式对大多数人来说是个秘密,普通人所关注的只是内容,只有诗人才能真正认识到其重要性。但 ChatGPT 经过预训练后,很快就能对文学形式产生强大的把握能力,这不是一般诗人可以相比的,所以它可以"轻松"地写出诗来。

人们之所以会对 ChatGPT 写的诗产生轻蔑的看法,实际上,更多是因为其诗歌形式下"内容"的"肤浅"或"雷同"。宗白华也如同歌德一样,认为"常人"欣赏文艺的习惯并不在于形式,"他偏向于艺术所表现的内容,境界与故事,生命的事迹,而不甚了解那创造的表现的'形式'"。① 人们在欣赏 ChatGPT 创作的诗时,也是如此。我曾让 ChatGPT 以"我爱同济大学"和"我爱交通大学"为题写首诗,因为同济、交大都在上海,而且都是理工科大学,所以我很想看看它的完成度如何。它"写"的关于同济的诗,应该说是不错的,特别从形式上来看,无论是从诗的韵律还是诗句的结构等方面,都比我想象得要好很多,内容上以赞美歌颂为主,也算

---

① 宗白华:《常人欣赏文艺的形式》,《宗白华全集》第 2 卷,合肥:安徽教育出版社,2008 年,第 314 页。

合格。但它接着写的"我爱交通大学",在形式上虽然也无可挑剔,但在内容上却和同济大同小异,这说明它的诗歌写作有基本通用的模式。后来,我又给它施加了限定,如同济大学的创立和德国有关等,其诗的内容就更加具有同济的"特色"了,但大致的诗歌形式并没有改变。

而 ChatGPT 在叙事文学的创作方面,同样集中于对形式能力的展现,这突出表现了它建构故事的能力。相较于诗歌的形式,叙事文学如小说、戏剧等的形式并不是那么"外显",但是其同样有着形式的要求,这最直接表现在其故事情节的建构上。亚里士多德在《诗学》中把戏剧分为六个要素,即"形象""性格""情节""言词""歌曲"和"思想",但认为情节的建构是最重要的。"六个成分里,最重要的是情节,即事件的安排。……因此悲剧艺术的目的在于组织情节(亦即布局),在一切事物中,目的是至关重要的。"①因为他认为,人物是靠行动来展现的,而情节就是对行动的模仿,所以,他才反复强调情节也即事件安排的重要性,"因为这是悲剧艺术中的第一件事,而且是最重要的事"②。因此,亚里士多德也从希腊悲剧中归纳出了其情节的两种最为重要的基本模式,那就是"突转"与"发现",前者指的是人物命运顺境与逆境之间的逆转,后者指的是人物发现对方与自己有亲缘或敌对的关系。而他所总结的这种对事件的编排方式其实就是悲剧最重要的"形式",也是叙事文学的基础形式。ChatGPT 的故事建构能力正是来自于对各种叙事文学情节模式的学习和运用,而这也是叙事文学最重要的形式。所以,当不少人让 ChatGPT 以《三国演义》或者《红楼梦》的人物编写一个故事时,尽管 ChatGPT 因为预

① 亚里士多德:《诗学》,罗念生译,北京:人民文学出版社,2002 年,第 19 页。
② 亚里士多德:《诗学》,罗念生译,北京:人民文学出版社,2002 年,第 21 页。

训中中文语料的占比较低,不能理解人物的背景,编出的故事让中国人有牛头不对马嘴之嫌,但人物情节的安排或者事件的编织却中规中矩,并不荒诞。

因此,可以说,ChatGPT 的文学创作能力最主要体现在对文学形式的熟练把握和运用上,这也是 ChatGPT 的文学创作让人震惊的原因。因为对于文学艺术来说,最为本质的就是其所具有的形式性,这也是其区别于哲学、历史等学科的最为本质的规定性;而 ChatGPT 的文学创作因为拥有规范的形式特点,从而体现出很强的文学性,也因此让人产生了未来的文学创作可能会被其取代的危机感。从这个角度来说,ChatGPT 对于文学形式的归纳能力是曾对希腊的悲剧形式做出归纳的亚里士多德望尘莫及的,当然,其对形式的运用能力也是亚里士多德所无法想象的。

二、ChatGPT 情感的零度:萨特的愤怒

ChatGPT 虽然可以在文学形式的运用上收放自如,但是如果从作者的角度和对现实世界的影响来看,它又无法尽如人意。ChatGPT 只能在真正的"作者"给出指令的前提才能进行"创作",与真正的作家或诗人相比,它不仅存在自身情感的匮乏,其创作的作品也同样缺乏情感。ChatGPT 对现实世界也缺乏即时的了解,并不能"主动"创作相关作品以介入现实生活,从而限制了它对现实世界的影响。

显然,与真正的作家或诗人相比,ChatGPT 最大的问题不在于其能否创作出"合格"的具有文学性的诗歌或者故事,而是它并不具有人的情感,也很难创作出饱含情感的作品,而情感正是文学艺术的根本内涵。正是情感的起伏变化,才使作家或诗人产生创作的冲动,同时赋予这种情感以形式,创作出作品。王国维在《人间词话》(删稿)中有句话说得非常好:"昔人论诗词,有景语、

情语之别。不知一切景语皆情语也。"①ChatGPT 的文学创作更多来自于文学"形式逻辑"的展开，而非"情感逻辑"的发挥，这也使它的作品在"形式逻辑"上可以做到自洽，却在"情感逻辑"上显得匮乏，不能给予读者情感的感染力，也因此让人觉得其所创作的诗歌更像是文字的游戏，而非情感的倾述。美国科幻作家菲利普·迪克（Philip K. Dick，1928—1982）曾改编为电影《银翼杀手》的小说《仿生人会梦见电子羊吗?》中有个有意思的设定，那就是负责追杀仿生人也就是机器人的警察里克在鉴别仿生人时，主要通过仪器来考察其是否具有人的移情能力。他在测试女仿生人蕾切尔时，问她看到一个裸体女孩躺在一张熊皮上，或餐馆的厨师把活龙虾扔进开水里时有何感想，尽管蕾切尔若无其事地回答了他提出的相关问题，但他还是立即得出了蕾切尔是个仿生人的结论。而 ChatGPT 作为一个"仿生作家"，虽然也可以像蕾切尔那样谈笑自如，但同样缺乏这种情感的感应能力。因为 ChatGPT 并不具有情感，如果有，那也只是零度的情感。

其次，就是 ChatGPT 所创作的作品对现实世界的影响问题。这可以从两个方面来思考，一是谁来阅读 ChatGPT 创作的作品的问题；二是它的作品对现实的介入问题。先谈 ChatGPT 作品的阅读问题，因为文学作品如果只是创作出来而无人阅读，那么其自身价值就无法实现，这也是罗兰·巴特宣布"作者的死亡"的重要原因，因为只有诞生读者，文学作品才能真正实现自我。但是，最初的新鲜感过去之后，ChatGPT 创作的文学作品，到底有谁愿意来阅读尚不得而知。因为 ChatGPT 实际上是个"非主体"的作家，缺乏情感使得它的主体性匮乏，也使人们在阅读其作品时，缺乏主体之间的那种情感交流的共通性，或者缺乏人与人之

---

① 王国维：《人间词话》，上海：上海古籍出版社，1998 年，第 34 页。

间的对话性,导致读者流失或失去阅读兴趣。此外,ChatGPT 的作品无法具有人所写的作品对现实生活的介入性。对于文学的介入性,有一点是共通的,那就是文学不仅是作家对现实生活的感悟,也是现实生活的一种组成,必须要使其在生活中发挥应有的作用。对此,萨特曾有过非常重要的表述,他认为文学必须"介入"现实,为捍卫读者的自由而写作:"因此,作家为诉诸读者的自由而写作,他只有得到这个自由才能使他的作品存在。"①而写作本身就是作家自由的表现,就是一种介入现实的开始,其目的是为了唤醒读者的自由。ChatGPT 虽然能进行创作,但从一开始就并非在"自由"的状态下写作,加上其所创作的作品缺乏意向性的读者,对现实的介入也就失去了针对性,介入的强度自然也较弱,对生活的影响也有很大的局限性。如果 ChatGPT 创作的作品无法得到读者的广泛认可,也就无法顺利实现自身的价值。

所以,ChatGPT 尽管可以创作出具有相当文学性的作品,但因为自身缺乏人的情感属性,只能从文学的形式出发,以零度的情感进行"创作",致使其创作的作品同样缺乏情感的感染力。同时,又因为 ChatGPT 缺乏主体性,使得其与读者的交流出现障碍,也使其对生活的介入降低,可能失去存在的价值。因此,如果让萨特来思考今天 ChatGPT 的文学创作问题,他应该不仅会对这种并非自由的写作异常愤怒,还会对其"创作"的作品嗤之以鼻。

三、ChatGPT 真实的影响:斯宾诺莎的窗户

当然,ChatGPT 对文学的影响并非空穴来风,从它开始"作

---

① 萨特:《什么是文学》,施康强译,《萨特文集》第 7 卷,北京:人民文学出版社,2000年,第 131 页。

诗"的那一刻起,就已经对文学产生了影响,这也是它引起文学界关注的原因。不过,在各种"狼来了"的呼声过去之后,也可以冷静思考一下 ChatGPT 到底可以对文学产生哪些具体的影响。从目前其所具有的创作能力来看,它可以对实践和理论两个方面产生真实的影响,此外,还可以对文学的教育产生实际影响。

对于作家的创作实践来说,ChatGPT 可以在作家给出一定提示后,依靠自己强大的形式创造能力,给出基本的形式架构。而这样的工作对作家助益很大,特别是叙事文学,ChatGPT 可以轻松地在情节的编排和与之相关的人物设置上提供框架性建议。作家之前的创作,主要依靠有限的阅读经验来积累和建立自己的形式感,再将其活化到创作中。然而,ChatGPT 的文学创作能力主要来自对世界上已有的文学文本的学习和预训,它超越了语言、地域和时间的局限性,这让它对文学形式的掌握令任何一个作家都望尘莫及。所以,ChatGPT 给出的文学形式架构可以拓宽作家的视野,也可以让作家作品的形式更为丰富。而且,因为 ChatGPT 预训的语料主要是英语等西方语言,其所提供的形式也主要是西方文学的形式,对于中国作家来说,也可以更好地拓展自己的文学形式创造能力,同时使自己的作品更具有跨文化性。这也意味着歌德、马克思等人所提出和设想的"世界文学"概念的进一步扩展和深入。

同时,我们很快就可以看到 ChatGPT 对文学的形式理论,尤其是叙事理论研究提供助力。鉴于 ChatGPT 强大的学习和归纳能力,人们可以借助它对文学的各种形式进行分析和归纳,就像亚里士多德的《诗学》通过对希腊戏剧(特别是悲剧)的研究总结出其情节一样,ChatGPT 也可以在未来总结出更多相关的文学形式理论,使人们更深刻地理解文学作品内在的结构及生成的法则。同时,就像亚里士多德的形式理论引发了后来的文艺理论家和戏剧家对"三一律"的研究、并对戏剧创作产生了实际影响一样，ChatGPT 今后可能发现的新的形式理论，同样也可以指导未来文学的实践。

当然，ChatGPT 对文学形式理论的发现还有待时日，它对文学创作实践的影响虽然已经开始，但也需要后续检验。而且，无论 ChatGPT 具有如何强大的形式给出能力，其所依赖的还只是过去文学文本的学习，文学的发展还需要与时俱进的新的创造。斯宾诺莎在谈到神与其创造的事物时，曾有一个很好的比喻，他说创造就像是为了让屋子里有光，或是点上一支蜡烛，让光照亮屋子，或是推开一扇关着的窗户，让光进来，但是点蜡烛也好，打开窗户也罢，这两种行为都只是动作而已，并不是光本身。但是，这个行动"为光可以照亮房间或进入房间打好了基础"。① 以斯宾诺莎的这个比喻来形容 ChatGPT 和文学的关系，或许也非常恰切。ChatGPT 只是打开文学或者点亮文学的动作，而不是文学本身，真正的文学还需要作家来创造。

结　语

就像之前人工智能的进展会引发其对文学影响的讨论一样，ChatGPT 所引发的人工智能对文学影响的讨论也不会结束。ChatGPT 虽然有着前所未有的文学形式的应用能力，但因缺乏情感的把握而使其作品缺乏情感的力量，从而影响到其对现实的介入。当然，ChatGPT 可以拓展作家的形式创造能力，使中国的文学进一步迈向、融汇世界文学，但对其过度借助也可能造成文学作品似曾相识的趋同性。但无论如何，ChatGPT 给出的只是

---

① 　斯宾诺莎：《神，人及其幸福简论》，洪汉鼎，孙祖培译，北京：商务印书馆，1987 年，第 157 页。

形式的框架,还需要作家起死人而肉白骨,不仅要将文学创作具身化,还要赋予其灵魂,这其实是个艰难的工作。

而我认为,真正的文学其实是非常个性化的,与作家的情感息息相关,最无法舍弃的就是作家的独特情感,这是人工智能目前所不能拥有的东西。当然,未来的发展无法预测,也许人工智能可以模仿某个作家的情感模式和文字模式,比如经常有人用鲁迅的口吻来描述现实中发生的某个事件。但无论人工智能如何生成,其模仿的还是属于鲁迅的风格。但黑格尔说,作家要塑造出只属于"这一个"的人物才行,其作品所传达的情绪等要素,也都需兼具普遍性和特殊性。作家本人需要成为"这一个",才能创造出那种成功的、只属于其本人的"这一个"作品。所以,最终文学的进步还是要靠人类作家来努力,而很难靠人工智能作家来完成。至于 ChatGPT 未来到底会给文学带来怎样的影响,我们只能拭目以待。

反正人脑比 ChatGPT 狡猾得多！

陆兴华

（同济大学）

康德在《纯粹理性批判》中提出了先验图式论：概念下辖直觉，范畴被强加到了表象上（the intuition be subsumed under the concept，the categories be applied to appearances，B 176，A 137）。居高临下地指挥和调度着我们的理解过程的，是先验想象，它动用先验图式（transcendental scheme），摆脱了经验地成为感性现实的纯粹中介，朝外处理感性，朝内处理智性（B178，A139）。

先验想象将先验图式套用到现实的数据材料（schemata）之上，用 schema 来收纳 schemata，使我们的理解走向更高程度的综合。ChatGPT 似乎就是想要替我们的先验想象完成这件事，目前，它虽有了更高的综合能力，但并没有达到人类理性中的先验想象所达到的那种高度。人类理性中的先验图式会不会允许它越俎代庖呢？它更不知道的是，人脑动用的先验图式中，含有比 ChatGPT 还"流氓"得多的人工智能。流氓遇流氓，你说谁怕谁？

如，在现实中，看到一个三角形，我们就会用思想中的三角形，也就是那一关于三角形的先验图式，去意会这个具体的三角形。又如，看见一棵窗外雨中的树时，我的先验想象通过直觉，在得到了这棵树的一些 schemata 后,就马上根据这些感性直觉材料,智性地调整、升级关于这一棵雨中的树的先验图式,再将后者强加给那棵树。所以,康德说,我根本没有看见那一棵树本身,在我定神看这一棵树前,我的先验想象就已将它自己得出的关于这一棵雨中的树的先验图式,强加到了这一颗特定的树之上。我是看不见树的物自体的,因为先验想象总自说自话地替我事先做了定夺,让我为先验图式背了书。

一、先验图式

为了说清楚这个问题,康德举了这样一个关于图式的例子:

Schemata:＊＊＊＊＊
Schemes:5
five
五
伍

这里,5、five、五、伍是先验图式,是我们的概念用来处理现实材料或数据时所使用的综合工具,即理性之先验领域内的综合工具。它提纲挈领,给大脑省去无数综合的麻烦,颇像是 ChatGPT 号称要给我们做的那些工作。

康德说,先验图式是"先验想象在空间中综合纯具象时所依凭的规则"(B180,A141)。而人人都会的这一图式术,其实是"深藏在我们灵魂底部的一门艺术","对它的操纵,我们几乎不会认为是发自自然,也不会认为是由我们的眼睛所指引"(同上)。似乎一种充满神性的 GPS,正在导航我们的理解过程。

我们的理解过程随时自带着先验图式(transcendental schemes)。

我们这样利用它来做概念工作：先让经验数据来训练我的理解过程中将要使用的那些先验图式，然后，这些被训练的先验图式就自以为是起来，开始逆转，居高临下地处理这些数据，忘了刚才它还在被训练的事实。大脑通过先验图式，来进行自己的深度学习。阅读是我们在给自己的大脑做深度学习，我们只是大脑的学习委员。大脑的深度学习一定能压倒计算机的深度学习。

所以，我身上的先验想象或先验图式自身就是一个深度学习高手，我只是在为它的深度学习跑腿。它也是一个"揩油"大王，专门想要占人工智能的便宜。它比人工智能更懒，想了各种办法来占后者的便宜，最后，只有它先顺利完成了任务。

但是，目前，大家却都在说，ChatGPT 将把人脑甩在后面，将永远压倒每一个人身上的先验图式，来替我们做更全面的综合。之后，我们都将成为一架本人小时候爱用的 808 收录两用机，一不小心就要被淘汰。这一说法或想法真是太蠢了，但它广泛流行，甚至也在哲学界流行。这是小看了我们理解过程中的先验图式，也是忘记了哲学的根本。

的确，在与人工智能打交道时，一开始，先验图式总会像青少年那样先沉迷其中，但要不了多久，它就一定会翻转，自说自话、颐使气指，拦也拦不住地要自己做主。它是人类身上潜伏着的上帝吗？齐泽克就认为，康德和黑格尔似乎都暗暗相信，人的大脑或思想背后埋伏着上帝。哪怕再高版本的人工智能，都不是我们的纯粹理性中隐含的先验图式的对手。

在康德看来，通过深度学习而得到的更纯粹的理性，仍将继续通过这一先验图式来展开进一步的机器学习和深度学习。它不光借了 ChatGPT 的东风，还借了控制论平台的东风，例如手机屏幕。比如作者用手机屏幕来写作哲学，就是本人的大脑借了手机屏幕—界面背后的控制论机器的东风。在手机屏幕上，我的大脑既在看抖音，也在写哲学。

二、人工"蠢"能

贝尔纳·斯蒂格勒（Bernard Stiegler）的《技术与时间》第3卷中，围绕着这个康德图式论，来讨论雷乃的《法国香颂》和费里尼的《访谈录》这两部电影。他认为，先验图式面对文化工业对它的诱捕时，一开始总是像肉包子打狗般有去无回；但之后，先验想象很快就会通过先验图式与深度回忆（anamnesis）而醒来、回来、逆转，利用第三预存（许煜）来反向递归、占先，居高临下地回头去处理一开始曾使它中毒的数据材料，之后，一切就又像费里尼电影的下半场那样欢乐和明亮了起来。面对ChatGPT，我们现在还处于费里尼电影的上半场，但欢庆也已在不远处，最后终将迎来先验图式得意的凯旋。但先验图式一旦能玩转GPT4，就会认为它太无聊了，就又要去找新技术来使自己中毒，去展开新的深度学习，再从毒性造成的休克中醒来，以便扑向更新的技术和媒介。

电视到来时，我们也曾以为它是某一种ChatGPT，觉得人类终将被毁在电视手里。电报到来时，尼采也曾认为它是ChatGPT，所有的现实都将漂浮在空中，世界将变成一个抖音舞台。书写刚从埃及传到雅典时，苏格拉底也曾以为它就是ChatGPT，为此发誓一辈子不写一个字，犹如今天一个书生发誓一辈子不用手机或微信朋友圈，是学生柏拉图用书写替他把他的思想记录了下来。

所以，根据康德的先验图式论，ChatGPT对人类的挑战，其实类似于电视曾经对人类造成的挑战。新技术对人类的挑战每次都显得十分严重，我们已经见怪不怪了。但不论怎样，所有新技术及其装置最后都将被我们当成旧电视机、扔进垃圾堆。

GPT4 之类的创造，最终也只是某一版本的收录机和电视机这样的老媒介装置而已。这是因为，人类大脑中自有其先验图式，后者会居高临下地综合一切，而且马上也会将 GPT4 们综合到自己之中。它还会对后者不满意，要自己亲自上马，亲自来思想，亲自来表达。

先验图式论本身简单粗糙，但它与今天我们应该如何应对人工智能这一问题高度相关。它代表了康德对人类理性的信念，但这也反映了康德的不彻底：这个先验图式到底是谁放到我们身上的？它为何如此万能？是上帝通过它在我们背后悄悄指引或操纵吗？因此，人工智能研究者们从来不敢来讨论这个先验图式。OpenAI 的工程师更是糊涂地说：等有一天 ChatGPT 有了"先验知识"后，它就能成为真正的人类对话者和对手。但是，工程师们将"先验"两字用错了。只有人能拥有先验知识，机器是断断不会先验的，将"先验"一词用到机器上是错误的；他们对机器的先验知识的期待，是必然要落空的。

三、必须解放人工智能

ChatGPT 是在模仿人类理解之综合（synthesis）能力，但人类的先验图式显然能综合得更游刃有余。提出人类大脑可塑性的哲学家马勒布（Catherine Malabou）在《智能的变形》中，也对人工智能采取了与康德的图式论一样中肯的立场。她说，今天数码平台上的"那些以脑为中心的、技术新条件下的知识是双重的：一方面，它使得对自我的改造的新实践、新生活方式和回路的发明、新的理论态度和实验式实践变得可能；但另一方面，也造成了反动的实证主义的一体化"（166 页）。我们从康德那里接受的"批判的任务，是要重新找到打断自动性（automaticité）的道路，以便更好地解放各种自动论或自动术（mieux émanciper les automatisms）"。

在她看来，OpenAI 和 ChatGPT 这样的人工智能从一开始就被锁闭在它的自闭症症状中，急需人类理性，也就是先验想象和先验图式去解放它，使它免于陷入自闭症。

人工智能非但不会战胜人类，反而需要人类集体智能时时去解放它、解救它。目前的计算机科学中，人类伟大的数学能力被限制于 OpenAI 的种种商业开发之中，错误地只为商业营销服务，但这种杀鸡用牛刀，也属于人类的自我奴役，一代代人都是如此，我们见得多了，可悲至极，但也没有办法。斯蒂格勒晚年经常对我们说，人工智能实际上是人工愚蠢，是人工"蠢"能，是人类智能的阴影；但我们一定要认识到，每次面对新技术，人类都是在愚蠢与智能之间荡着秋千、作出反应。刚迎接 ChatGPT 的到来时，我们总是媚态十足地摇着尾巴；但一会儿之后，先验图式就会在我们身上觉醒，开始它锐利的深度学习，马上就来抢人工智能的风头。所以，我们也千万不应该小看 ChatGPT 这种人工愚蠢。在先验图式完成新的深度学习之前，人类只能依靠这些人工"蠢"能。斯蒂格勒认为，人类是摆脱不了这种人工愚蠢的，哪怕今天摆脱了它们，明天，另一种新技术到来之后，我们身上又会冒出新的愚蠢。在新技术面前，人类总是一开始愚蠢地主动进入圈套，而后翻转，又觉得新技术是一架必须立即扔进垃圾堆的旧电视机。

因而，马勒布说，GPT4 之后的人文科学必须是"关于我们自己的一种历史本体论"（同上，158 页）。脑的可塑性（La plasticité cérébrale）应该成为哲学和脑科学的共同研究目标。因此，由 ChatGPT 所代表的新人工智能的信息动员的理想目标、真正目标，就不应该是对人工智能的升级，而是对人类集体智能的升级，是人类的共同深度学习水平的提高。ChatGPT 是为训练我们身上的先验图式而服务的，是为人类集体智能来跑腿的。但是，在当前,我们还会正常使用人类的集体智能吗?

四、人类集体智能才能解救人工智能

在哲学家杜威(John Dewey)看来,由算法和人工智能促成的各种虚拟社区,也是他眼中实验式民主的社会空间。在其中,我们非但不应害怕人工智能,而且还应该将人工智能从其自己的各种自闭症里解放出来,使它不至于成为人工"蠢"能;我们应该以积极的社会实验让人工智能在我们的社会中存活下去,而不是要用更高版本的人工智能来代替人类之间的社会关系。人工智能依附于本地社会和国家,正是广大用户身上的先验图式,才使ChatGPT 有了一点人类的味道。但是无论怎样,今天的人工智能还是高攀不起人类智能的。

同时,杜威的将新技术看作实验式民主的手段,这也要求我们更进一步明确:人工智能的真正目标,是让社会自己教育自己,使全体人民走向一种合作学徒制,走向一个学习型社会,去共同创造一片新的学习领土。只有人类理性熟练使用的先验图式,才能成为真正的 OpenAI。

在社交媒体、人工智能使人进一步变得愚蠢的今天,我们还应回到杜威的这一基本信念,来使我们在人工智能面前重新获得自信:只有本地的小共同体才能接得住 ChatGPT 那种人工智能的花样,才能使人类智能主动援引、挪用人工智能,阻止它直接伤害到社会:

有限的个人智性天赋的自由扩张和确认,是没有极限的,它也许来自社会智性的流动,也许来自本地共同体内的口对口交流。而只有在这一小共同体内的口对口交流,才能使公共舆论真正面对和基于现实。正如爱默生所说,我们正坐在一种巨大的智能的怀里。在它把本地共同体当作它的媒介之前,那一(来自人类集体的)巨大的智能目前还在沉睡,它的交流是被打断、不明确和微弱的。(John Dewey,*The Public and Its Problems*,1954:219)

杜威在 1926 年就已指出,只有在能够口对口交流的本地共同体之中,人工智能才能派上用场。开源式人工智能也只有依赖这种实验式民主之下的本地共同体,才能真正施展它的作用。本地共同体背后的集体智能,才是 ChatGPT 所依赖的真正的推广媒介。

走向数码超批判

陆兴华

（同济大学）

一、对数码物的定位和批判

我们所说的人与技术的关系，其实说的是人与技术物的关系，在今天，这就是人与数码物的关系，因为技术是不可被对象化的，而数码物并不存在，只是技术系统向我们放出的诱饵。许煜发展了西蒙东关于技术物的思想，用数码物这一概念为我们认识人与技术物的关系打开了眼界。他的《数码物的存在模式》一书试图"通过数码物来读哲学史，同时又通过哲学来读数码物的历史"。①

---

① Yuk Hui，*On the Existence of Digital Objects*，Minnesota University Press，2016，p.50. 技术根本上讲是哲学性的，而哲学如同技术一样，实际上是实践性和技艺性的。如今是工程师在建构着世界。创建万维网的专家其实是哲学工程师，尽管他们粗暴地对待了哲学。语义网将是一个哲学工程项目（Ibid.，p.239.）。许煜指出，如果当初计算机科学家读的是胡塞尔，而不是弗雷格，计算机科学在今天将会是另外一个样貌。如果他们读的是胡塞尔，那么，希尔伯特的决断论就不会出现，图灵也将不会发明通用机。胡塞尔的思想是一整个世界，而不是一个符号（Ibid.，p.189.）。在《论数码物的存在》和《递归与偶然》中，许煜已作出了下面的选择：作为关系物的数码物必须优先于海德格尔的四方域中的物，但这时，哲学和文化必须跟上，去实现人与技术环境和技术系统之间的新的融合。哲学与计算机科学的关系是：哲学家们认为，自己在研究的东西与计算机科学无关，殊不知，哲学早就被那些天真的程序设计员具体化到了计算机及其算法之中。生米已被煮成熟饭。哲学这时应该干什么？这时，哲学的任务是在技术和人之间实现综合和融合。而将技术与文化的融合的第一步交给美学之后，第二步就必须交给哲学，因为哲学探讨的总是关于基础的问题。这是要用新的关系理论去修改数字技术环境中客体之间的关系对主体间关系的修改（Ibid.，pp.178-179.）。

在对数码物的批判中，他回到了胡塞尔和海德格尔，去寻找我们与数码物打交道时可用的手段，来帮助我们清除围绕数码物而产生的种种形而上学迷幻。

首先，许煜这样定义数码物：一堆"关系"，其中并没有"物"性。[1] 数码物不涉及思辨实在论所说的那种"物"性，而完全是建构式的。他要求我们对数码物的这种物性持批判态度。照他看来，哈曼那种将物当作我们的认知工具的说法，那种用物去知物的态度，也是错误的。哈曼的这一说法根本无法用到我们对数码物的认识上。面对数码物时，我们其实是面对着一大堆关系，并同时被它们无限地摆布，怎可将它们用作我们的认知工具、与世界打交道的工具？数码物像钓鱼的浮标一样，引我们上当，比商品更像海市蜃楼，怎么能成为我们的认知向导？

就以我们用来搜索的"词条"这一数码物为例。打开谷歌时，我们先是在搜索框中放进一个关键词，使它成为数码物，然后将它交给谷歌的机器人。一开始，我们以为词条是我们放在搜索框中的诱饵，是我们在钓答案，过后，我们却被它"钓"了。我们被拖入这一数码物之后，被谷歌机器人无限地摆布，一路上被拖到各种广告、营销的套路之中，完全处于被动。

往谷歌的搜索框里打入关键词时，我们天真地以为是在虚心提问，看到屏幕上的回答时，还感激不尽。殊不知，我们这时就像坐上了过山车，正从电脑前被拉到了太平洋对岸的服务器中，又被吊在半空等待机器人的数据处理结果。而在得到我们的个人信息和搜索关键词之后，谷歌的人工智能后台就迅速地将我们的搜索词条交给了另外的机器人，要后者对我们所要搜索的关键词

---

[1]　Yuk Hui, *On the Existence of Digital Objects*, Minnesota University Press, 2016, pp. 56-58.

作语义分析,并通过其语素分析,再将我们关联到我们完全想不到的陌生的语义项那里大做文章,以便塞入与它的广告生意有关的其他语义关联项,完全是瞎搭胡搭,不知不觉地就使我们成为了其广告客户推销的潜在标的和它自身的数据蜂窝的组成部分。然后,它分析我们的个人信息,反复求证我们的欲望和幻觉,从我们已留下的各种数码足迹,来判断我们是一个有多少资产净值的客户,然后想办法将我们的有用性榨尽,并详细记录我们的资料,以备后用,甚至后来就将关于我们的资料全部打包卖给了广告商。在与数码物打交道时,这一连串的操作都被我们用户置之脑后了。我们眼不见为净,直到最近,看到脸书大规模出卖个人数据的事被公诸于众,我们才恍然大悟。

同时,像人工智能的朗读或语音回答中形成的数码物,如我们在耳机里听到的那些语调和思想,都会通过调整语调和重音,偷偷修改句子的原有意义,我们还没反应过来,就莫名其妙地上了当。这些语音服务都是像野猪套那样的陷阱,等着我们舒服地踩进去。而且,后台的人工智能把我们骗得团团转,实际上也不是为了什么重大的利益和目标,只不过是为了让我们为它的广告权重效劳。数码物只向我们提供被打乱的意义,不但不促进交流,反而会破坏、至少扭曲我们的正常交流,因为它绕开了人际间的社会交往。当前,人工智能也不带任何目的地篡改着我们的社会关系和个人关系,制造着后-真相,在我们的无知无觉中毁灭原有的社会关系及其伦理,不光是监控和控制。

在网上或任何数码赛博空间里,物被转换成数码物之后,想象就已不只属于主体,而是由算法和数码物来实时地维持了。算法操作后给出的图像和我们对物的印象,交互地形成了数码物。它的确是现成的,却是我们无法直接去经验的,只好先这样接受,接受得多了,就习惯了,便将它视为众物之一。所以,与数码物打交道多了，在越来越失去与物打交道的经验的同时，我们还会进入各种关于物的危险的错觉之中。

而这绝不是因为数码物是很强大的物体。许煜指出，数码物其实一脱离用户主体，就什么都不是了。而对于主体，时间就是一切，海德格尔说，命运是主体在时间中分枝；德勒兹也说，如果没有时间这种前结构（Vorstruktur），此在就不知如何去使用榔头了。① 在电子游戏中，我们需要先支付，购买到时间，才能得到认识和操持周围世界的诸物的机会。而我们用来支付给平台公司的钱，代表的就是我们自己的劳动时间。我们总要先献上自己这么多的劳动时间，才能得到电子游戏中所能感受到的自由。总之，是我们的主体时间、每一个人的生命时间，去维持了数码物的存在。我们献给它关注和使用，它才能变得强大。

据说，数码物也可被个体化，为每一个个人定制（personalized），特供给每一个人。但是，它也可以盯住你，骗你到底。因此，许煜认为，从现象学悬置的角度看，只将数码物当作桌子上的一个苹果，不光是错误的，而且还是危险的。② 我们都知道，只有在技术系统里，才会有数码物。③ 说到这里，我们可引入鲍德里亚对"汽车"的批判，来看我们对数码物有多深的幻觉。在鲍德里亚的《物体系》里，汽车被视作一种被组装的商品，是各种心理关系、社会关系汇聚成的一个物，是被搭建的，是一种设置和装备（setup）。但是，它与现代家具一起被混入日常生活的各种物中间。日久之后，我们也就习惯将它当成物。它的存在很像今天数码物的存在。像汽车一样，数码物的内容本身并不是关键。真正重要的，是在某

---

① Yuk Hui, *On the Existence of Digital Objects*, Minnesota University Press, 2016, p. 230.

② Ibid., p. 118.

③ Ibid., p. 183.

一技术系统中围绕它所构成的那种社会关系。数码物所构成的网络同时是一个关系的网络。[①] 能够生产出越多社会关系的数码物，就越有粘性，就越被认为是好的。这样，要理解每一个数码物，我们都应当将整个赛博空间当作一个参照系，也就是要将世界中的存在之总体当作参照，要让每一物都有一个世界才行：因为，我们要了解的不是"胡塞尔"这一个人，而是他所代表的这一整个世界。这是我们与数码物打交道而不是被它玩弄的先决条件。

所以，面对数码物的可疑，我们还应该同时问：数码物给我们带来了哪些伴随物？界面、屏幕、鼠标、屏幕上的其他实体、操作系统或硬件等，都与它关联。[②] 而且，我们也须警惕：这些数码物之伴随物之间的各种关系，总是先扭曲了数码物本身，扭曲了它所处的那个世界，扭曲了我们对它的看法。如何拉直它？如何直面它？我们也许应该拿出尼采永恒回归的态度：让数码物来得更多一些吧，让它无穷无尽地到来，来得更真切、更彻底。最危险的态度反而是：将数码物当作日常生活用品，就像我们将汽车这样的技术制品当作日常生活用品。我们必须学会与数码物亲密地关联，进一步走向人与机器之间的共生。[③]

[①]　Yuk Hui，*On the Existence of Digital Objects*，Minnesota University Press，2016，p.140.

[②]　Ibid.，p.116.

[③]　我们似乎必须去与机器共生（symbiosis）。因为我们必须在生理上、物质上（马克思）和认知上（西蒙东/海德格尔）去主动适应技术系统的节奏。我们不得不主动利用第四综合（即第三预存，如个人定制式服务）。人不再处于各种对象之间的中心，也不再是知识的中心。对此，许煜的立场是，只要保持我们先验想象的主动性，那么，我们哪怕是生活在由越来越多的工具和程序构成的递归逻辑场、云计算平台或数码技术联合场景里，也没有关系。而且，我们本来也无处可藏。活在当前的技术场景里，这本来就是没得选择的事。但今天嘴上挂着抵抗和批判的人误以为这是可选择的，这完全是抵抗者自己主动掉进了形而上学中（Ibid.，p.244.）。

可以说，数码物作为抽象商品也是资本的抽象（剥削）过程的产物。被参数化和可计算的大数据也成了数码物，最终成为平台资本家们的固定资本。它在今天已被那种最流行的标准本体论所代表和决定，其实本身也是某一种本体论的产物，却被普遍化，成为制约我们日常使用的规格。实际上，网络规则和条款一改变，它们的存在就会受到威胁。[①] 在我们的日常使用里，它们只是幽灵，是我们的关注，才使它们显得必不可少。

与实物不同，数码物是单生的（monothetic），缺乏对象间性和主体间性的支撑。[②] 几乎可以说，数码物并不"存在"，至少可以说不是像我们生活世界里的其他物件那样存在。它被用来填补人与人的关系（技术）中的不足。而本来，在技术系统内，我们就能用技术性（technicity）来填补人与世界、具体与背景之间的不协调。[③] 比如，计算机就是以协调技术系统诞生的，而它们现在也被平台大公司制作的数码物奴役了。我们在屏幕和界面上一面对数码物，就被拖到了网上。这时，我们的身体就不能成为技术系统中的嵌合环节，不能自己去完全地形成一个技术联合场景了。因此，数码物使我们成为更坏的观众，甚至是自灭的观众。甚至可以说，数码物系统正在将我们当作用户来装配，使我们成为它的零件。脸书影响美国选举，就是通过它对用户个性化投放倾向性新闻，以装配出新群众，来制造出支持某一候选人的选民群体，然后影响了大选的结果。

在数码物系统中，人类自然语言成了"语法和宗教神学"。[④]

---

① Yuk Hui, *On the Existence of Digital Objects*, Minnesota University Press, 2016, p. 68.

② Ibid. , p. 154.

③ Ibid. , p. 163.

④ Ibid. , p. 184.

自然语言的句法和语义被用来统治人类了。惊人的是，谷歌等平台公司用来统治我们的手段，都是从我们的自然语言中抽象出来的。它们用来统治数码物的抽象知识，也来自于我们自然语言的逻辑、句法结构。那么，要对抗数码物对我们的统治，我们应该如何用活的语言去激活抽象知识，使之成为我们自己的活知识呢？如何战胜数码物对我们的捕捉？ 如何不让互联网、社交网络来捕捉、架空和替代我们的经验？①

许煜的回答是：通过现象学式悬置。② 根据胡塞尔，对象性（客观性）是我的身体所感知的对象与生活世界之间的关系。③ 这就是胡塞尔曾倡导、但并没有全力执行的现象学式还原。在数码专政的时代，我们不得不接过这一现象学还原，认真地执行它，将它当作我们反击数码物的手段。甚至，我们应该比胡塞尔更重视

---

① Yuk Hui，*On the Existence of Digital Objects*，Minnesota University Press，2016，p.208，p.210.书写物也是技术物，不过书写处理的是单一数据流，而数码化是对大量超出我们想象的数据和知识作了逻辑综合。本来，算法也是一个思考过程，只是它比人脑用了更多的逻辑工具。算法 ＝ 逻辑 ＋ 控制。算法想要将哲学，比如弗雷格的形式逻辑、外延逻辑和胡塞尔的意向逻辑全部吞下，它当然做不到完全吞下。然而，它主动动用了它能用的哲学的全部。于是，在今天，人工智能已是一种不带"我"的先验哲学（pp.234-236）。这时，我们应该怎么去写哲学呢？

编程和算法也属于康德说的先验想象，但已大于人的先验想象，需用第四综合来驾驭它。斯蒂格勒晚期写作里反复说，康德说不清的第四综合就是梦。而许煜向我们指出，第四综合既可以是第三预存，也就是平台的定制服务，那一消极的第三预存，也可以成为主动的第三预存。所以，当我们利用这一第三预存，比如在手机屏幕上用拼多多购买商品时，我们就会陷入梦中的感觉，但快递一到，其诡异性（the uncanny）的一面就又裸露出来，使我们感到不对劲。

② Ibid.，pp.112-123.

③ Edmund Husserl，*The Crisis of European Sciences and Tanscendental Phenomenology:An Introduction to Phenomenological Philosophy*，Northwestern University Press，1970，p.96.

这种现象学式还原,因为那是我们手里仅存的武器了。[①]

那么,如何来开展一种胡塞尔现象学还原式的对数码物的批判和组织?许煜认为,海德格尔说的回到事物本身,就是回到技术物之中。[②] 而海德格尔说的"在世界中存在",就是要我们努力在技术系统中去存在。[③] 数码物是处于技术系统之中的,是在我们身处的技术场景中存在的,是我们生活世界中危险的伴随物,我们如何才能与它们安然相处?必须镇住它们,我们才能像海德格尔说的那样存在于世界之中。所以,一开始,它们仿佛是在考验我们,逼我们过关。我们要像塞尚对待圣维克多山那样对待数码物,将它处理成我们的存在适恰的保护性背景,这是不是一项很艰巨的任务?我们当前正面临这个任务。

胡塞尔的现象学还原教导了我们:客观物只能到主观物之中去寻找。他的这一教导可被这样转译到数码时代:只有人的经验和解释,才能突破算法对我们的捕捉;面对算法专政,我们可以用现象学式的解释学来脱身,然后逆转。我们这种以现象学还原为基础的解释学式的司法手段,才是我们手里反抗数码物的终极武器。

与胡塞尔的现象学还原方法平行的,是社会学家尼克拉斯·卢曼(Niklas Luhmann)强调交往高于认知的社会系统理论:那就是,交往必须为认知服务;社会交往会生产出新的社会物;社

---

① 据许煜,对于技术物和数码物的一种西蒙东-胡塞尔式技术-网络批判的眼光,是:自动化是机器完善化的最低水平/层面。我们必须使自动化成问题,然后将人融合到技术系统之中。在互联网和社交网中,通过用户个人标记就能鼓励他们对内容作出判断,而不是一味地按键;社交网络的最大问题就在于此。用户主动的标记和集体眼光下的个人判断,会打开集体观念直观的新过程,走向客观和物质上的理想化。因为,判断要追溯(追回)生活世界,激活其他人的经验和对物的直观(Yuk Hui, *On the Existence of Digital Objects*, op. cit., pp.215-216.)。

② Ibid., p.189.

③ Ibid., p.190.

会本身也是我们交往的结果。① 也就是说,系统论式、控制论式的社会交往,是能够克服今天认知资本主义式经济行为对于我们的社会系统的破坏的。② 这是卢曼的系统社会学留给控制社会中的我们的一个重要的提醒。今天的机器学习和深度学习要通过大数据,绕开来自人的解释学的司法工作,主动绕开人与人之间的交往(从而展开机器的自我学习、深度学习),所以,它其实是很虚弱的。机器在自动学习中生成的新的规则,与人的学习、理解和解释之主权性无关,后者对于机器太过复杂。③ 但其实,西蒙东强调,自动性是机器完善化的最低水平,也是对机器的错误使用。所以,我们解释学式的个人司法下对人工智能的使用,就必须不断使机器的自动化成为问题,时时将人进一步整合到技术

---

① Niklas Luhmann, *Die Gesellschaft der Gesellschaft*, Suhrkamp, 1998, pp.202-204, pp.405-409.

② 计算机理论和信息论同时绕开了符码和物质支撑,不触及生命,是空转的,只是资本主义系统用来捕捉我们的一种固定资本,而生命本来就是不分软件和硬件的。人工智能与生命的关系,也要从这个角度来被思考。斯蒂格勒认为,朱塞佩·隆戈(Giuseppe Longo)比维纳和薛定谔看得更清楚:生命是物理过程中的一个奇点,就如西蒙东所说,它是物理过程中的晶体和晶体化(Bernard Stiegler, *Nanjing Lectures*, Open Humanities Press, 2020, p.397.)。我,作为本地生命,可成为暂时的迟延,反方向地阻遏这个星球的熵增过程,但我作为向死而生的存在,随着能量积聚,也仍然会熵满而死。

③ 今天我们看到一条信息,与三万多年前一个猎人面对洞穴壁画而认出了自己身上的心智生命是一样的,只不过,信息在今天被如此地神秘化和意识形态化,以至于我们不再敢将它当成壁画,仿佛它与我们无关。信息是我们体外化的结果,并不来自机器和传输。我们的生命痕迹被捕捉和编辑之后,信息又来捕捉我们了。在社交媒体里,信息主要被用来拉我们去消费,与电视广告图像无异,但人工智能专家吹嘘机器学习和深度学习的神奇,在他们口里,仿佛信息堆积之后,就会产生神迹。须知,信息必须如怀德海说的那样有助于我们发扬活之艺术时,才不会有害,也才是药,而非是毒。活之艺术是要让生命长出新芽。怀德海指出,理性的功能就像是农民手里的镰刀,正、反都能使用,都将有助于生命的更好成长,将这一理性作用到生命上的方式,就是活之艺术,或生命的艺术,是生命自己艺术地去对待自己。机器学习和深度学习中,我们却只是企图在信息集合里挖出与单晶硅片一样复杂的微电路,这也相当于在人类排泄物里找到金子。

系统之中，使人与人之间的社会交往，重新成为技术之中的关键一环。①

我们已活在技术系统之中了，因此，我们不应该反对用新技术来创造新的可能性。但我们应反对将用户摆置到被动的主体的位置上，反对用用户身份这一被设计的位置，去绕开自由表达，直接与屏幕上的程序提示接应。② 我们必须通过交互对象之间的关系，从各种数码物对我们的规定中走出来，不断去重新形成一个个新的"我们"。③ 而我们的总目标是：在数码—算法专政的人工智能时代，重新去唤醒我们对物的经验，在克服数码物的同时，

---

① Bernard Stiegler, *Nanjing Lectures*, Open Humanities Press, 2020, p.215.

② Ibid., p.217.

③ 海德格尔指出，说物失去了它的物性，是指它不再是我们使用的工具，而由上手状态转为在手的状态。技术物是新发明出来的新客体，互相之间构成新的客体间性。我们使用技术物，是试图将客体之间的关系物质化，并解决内部与外部环境之间的不协调。今天，对于数据模式、本体和协议的开发正在使物与用户更加接近，并缩短了信息获取所需的时间和地理距离。它们为我们带来了一种新的（文化）融合，我们可以借此谈论物联网和社交媒体等。这个整体可被称为技术系统（Yuk Hui, *On the Existetence of Digital Objects*, op. cit., pp.154-155.）。由此看，海德格尔的壶的壶性，仍然不及数码物的物性，客体间性于是将构成新自然，逼迫人类去适应这一新的人工自然。这是《递归与偶然》中的进一步看法。因此，海德格尔说的回到物的物性，也许也是不对的。这一点也值得当代艺术在讨论物和物性时做参考。在许煜看来，数码物只是关系物。过去在哲学中被认为只在思维中发生作用的种种关系，今天居然已被程序员调用而变得可被物质化，且可被算法操纵。但我们也绝对回不到海德格尔想要的那一物性之中了。生物圈是技术圈，是体外化圈，自然里的物，从植物的萌芽到 6G 芯片，都将只是准-物（quasi-objects）。哲学家们却忙着讨论主体间性，不知客体间性早已被算法操纵。

今天，用数码物来追踪社交关系已成为微信和脸书等平台最重要的生产手段。物流为了数据追踪，用射频识别来将物变成网上的可管理对象。这时，不知不觉中，意义就被替换了。技术物和数码物使知识系统变得越来越依赖规则，使我们只会肤浅地与技术物和数码物打交道。而这才是大问题。胡塞尔《几何的起源》要我们走出纯粹抽象，在运动知觉中，在生命体的运动中去激活我们的知识。这一号召在今天仍然是有意义的（Ibid., p.193.）。

也使我们获得更高超的与物打交道的能力。①

技术总体上给我们带来了方便,但伴随而来的这种数码化过程所带来的种种技术优势,正在通过各种新的、关怀的机器形式,来破坏我们原有的社会关怀结构。② 而这种技术趋势是不可逆的,所以,我们必须从长计议,寻找新的关怀的结构来应付它。而许煜提醒我们,我们习惯性依赖的海德格尔的基本存在论,在这个新的关怀过程中,早已不够用。我们虽然有了执行各种关怀的新机器,但如何给它配上新的关怀结构呢?这就像有了孩子,我们就得努力去建设一个有利于教育他们的新的文化环境,而这几乎不可能做到,但我们仍得朝那个方向来努力,尽管我们最后得到的总是另一种结果。

作为数码物的文化环境的数码场景,是另一个世界,是一个奇怪的世界,既人工也自然,与我们所说的世界一样复杂,而且我们已身在其中。③ 这其中,对人的思想过程的算法式加强,反而会加剧对技术联合场景的破坏,数码物的内在动力,也会因此而无法被维持。所以,我们总需要更多的"人气"来撑活它,如滴滴、微信支付、共享单车,等等,都像在用我们的人气,来为各种数码物僵尸取暖。但正因此,我们也可以说,城市角落的共享单车的"尸

---

① 海德格尔在《存在与时间》中攻击笛卡尔将已在手(ready-to-hand)的东西当成了本体的基础。在他看来,对象和物的关系,构成了 ontic 和 ontological 之间的本体论差异(ontologische Differenz)。对象是存留者(Gegenstand),比如被工业开发的自然,而物(Ding)构成了表象和功能性之外的存在本身的存在论结构。在海德格尔看来,壶的壶性由它所处的四方域构成:围绕它而有天地人神(Yuk Hui, *On the Existetence of Digital Objects*, op. cit, pp. 99-100.)。因此,批判数码对象,就是将它带入我们当代生活的世界之中,使之成为我们的技术系统里的有机部分。这是将由计算机在句法上构建的数码对象变成数码物,而数码物是已被接纳到我们当前的技术系统中的那些数码对象。

② Ibid., p. 248.

③ Ibid., p. 48.

堆",也就是所有数码物的最后下场。

许煜指出,其实,我们对于云计算平台的经验,已越来越支持莱布尼茨的窗户说,而不是笛卡尔的镜子说。① 也就是说,我们可以认为:是递归和偶然的共戏和互析,构成了每一个存在者的奇性(singularity/奇点)。② 在共戏和互戏这一层面上,我们可看到,算法通过模仿人类的这种能力,偷偷瓦解人类的理性和行动。比如,在那场著名的人机大战中,AlphaGo 的创造性,只在于它在第37 步做出那一决定后,居然能在第 148 步被递归回来。它固执地先已想到如何在一百多步之后来利用这第 37 步。③ 机器递归时,工程师能很简单地用函数去勾连。但 AlphaGo 的这一递归能力仍是人类数学教给它的,或者说,它是从人类数学里偷学来的。而且,递归函数被执行到算法中,机器就不受时间和记忆的限制了,这是它可怕的地方,而人类仍是受时间和记忆之对冲的制约,会累、会疏忽大意。更可怕的是,人类在事后会将这种机器递归看作是人工智能本身的机器能力,而忘记了那也是属于人类集体的能力,是普遍智能的一部分。

---

① 莱布尼茨的控制论的第一方面,是将无限铭写到有限之中:也就是德勒兹说的褶子。他的单子是有机的、关系性的(Yuk Hui, *Recursivity and Cotingency*, Rowman & Littlefield Publishers, 2019, p. 117)。个人作为单子,从他们自己的窗与镜往外看,就构成了互联网,形成了宇宙。云计算平台上的主权统治应该被理解成不用能量,而用信息来控制。维纳将莱布尼茨认作控制论之父。他认为,电子就是单子,而单子是有机的(Ibid., p. 119.)。在量子物理学中,电子被理解为与其他单子处于一种先定的和谐之中。贡塔·特依布纳(Gunther Teubner)的系统论也越来越被认为是控制论的基础:作为反思的自我意识,是控制论回路中的决定因素。卢曼就将这一点用到了关于现代社会的系统论之中:个人总是潜回到社会集体的眼光背后去观察自己的观察,主动去自我修正。卢曼甚至认为这就是黑格尔所说的自我意识成为客观精神的过程。这其中涉及的控制论,正如许煜向我们指出的,被认为是积极的。

② Ibid., p. 6.

③ Ibid.

西蒙东的一般流程学向我们指出，机器内的操作与结构、科学与哲学之间的搭接，是由人在技术场景中完成的。在 AlphaGo 下棋时，机器只是在完成工程师们给它规定的功能，不是像李世石那样在操作。[1] 马克思在分析机器时，也没搞清楚完成功能与作出操作之间的区别。人跟着机器去重复执行某种功能，会使人忘了通过操作能力去追求自己的新知识，于是就主动成了无产阶级（失去活、做和思的知识和能力）。机器人抢夺人的工作，实际上是机器用其功能替换掉了人的操作能力。这一点在我们讨论人工智能与人类社会之间的关系时非常重要，但总被我们的技术形而上学所误解，被神秘化。机器学习和深度学习都在主动使用递归，因此，我们的编程中就需夹入随机性和偶然性，在云计算平台上，用后两者去获得行动的先机。

这里，我们就应关注控制论与人类生命之间的关系了。西蒙东、斯蒂格勒和许煜都强调，我们常常被人与机器人之间的这一虚假的，也许是恋物、拜物式的关系欺骗，这恰恰是因为我们不能理解由控制论机器搅动的人类技术本身的特性，不能完全理解人与机器和技术的关系。许煜在《递归与偶然》中提醒我们，浸入水中的涡轮发电机（机器是人，控制论式机器也是人）能与水流之间形成一个有机的共同场域，在这里，控制论的作用完全是正面的。[2] 通过技术，人能与自然达到一种共同自然性。这就是西蒙东说的宇宙式再生（cosmopoiesis），而其背后展现的相位学，则体现了魔法、哲学和审美的三结合。[3]

而人类的器官术与控制论机器之间，本来就构成一种交互学

---

[1] Yuk Hui, *Recursivity and Cotingency*, Rowman & Littlefield Publishers, 2019, p. 192.

[2] Ibid., p. 192.

[3] Ibid., p. 226.

习。斯蒂格勒从康吉莱姆对于生命技术的讨论中读出:器官术解放人的器官,同时也将环境当作一个有机整体,将它内化到个人身上。[①] 而柏格森其实早就这样讨论过器官术:游泳时,水不是阻力,而是人的行动的辅助,水不需要被几何化,不需被克服,而是可被组织的。[②] 人工智能也依赖于这种组织。它基于几何时间和空间,后者属于人类直觉。而人类在生命的海洋中行动。[③] 我们研究哲学,也只是为了理解整体和总体,然后融入整体或总体之中:在人工智能时代,哲学是人的天然智能迎向人工智能的积极、发自人类纯粹理性的理解姿态。而人工智能总是将物质几何化,递归式地去建构人工系统,比如,去建构当前的这个云计算平台。

但是,柏格森还认为,生命也是根本上人工性的:人反而能够主动用器官术来释放被智能僵化的创造力。[④] 人能够比计算机更好地去使用器官术、人工器官。最早,康吉莱姆从康德的官能(faculty)概念中读出:技术物源于器官的投射。后来,斯蒂格勒的技术器官学基于高汉(André Leroi-Gourhan)对人类器官与知识和技术之联系的理解,将人类的器官术与技术联系起来:技术既是记忆的延伸,也是对身体器官的解放。而人类的反思是意识过程向机器学习后的自我串联和加速:人类的反思其实也是一种控制论。[⑤] 所以,斯蒂格勒和许煜才号召我们:虽然海德格尔不要控制论,但是,我们在今天应该去开始一种关于控制论的哲学。既然海德格尔说,形而上学的终结是控制论的实现,这就要求我

---

① Yuk Hui, *Recursivity and Cotingency*, Rowman & Littlefield Publishers, 2019, p. 181.

② Ibid., p. 172.

③ Ibid., p. 166.

④ Ibid., p. 173.

⑤ Ibid., p. 106.

们在新的限定下来思考哲学及其他需要被克服的技术。

许煜更认为,我们甚至也要从对控制论的正面态度出发去解构哲学史。对海德格尔而言,有机性也是根本上机械—技术式的。有机性并不与机械—技术性对立,但不应该被后者压倒。①其实,从今天的云计算平台上看,黑格尔的思想是更靠近控制论的。黑格尔的思想带有控制论,只是当时没有概念工具来指出而已。比如,黑格尔认为,自然死后是精神的诞生,而精神能够将无机使用到有机的程度,如作为技术生命的人就能够搭建其技术场景,用无机物来生产出有机物。这在许煜看来,就是控制论在当时的哲学讨论中的流露。②

而在人类世,人类对地球的地质和气候变化更敏感了,这时,由于技术尤其是通讯技术的实时推进,地球表面就形成了一层活的皮肤,形成了盖娅系统(盖娅假设目前仍有很多争议)。盖娅也敏感于地质和气候,敏感于人类的敏感,这就形成了一个地球反应的控制论回路。盖娅理论说的,就是人类当前在地球表面的这种控制论处境。③ 还有,在许煜看来,冯·贝塔朗菲(Von Bertalanffy)的一般系统论既是控制论,也是有机论。④ 而梅亚苏(Quentin Meillassoux)的绝对的偶然这一概念,即所谓大系统之外的新认识论,也属于不再拘泥于控制论的宇宙技术式思考。⑤ 许煜一直在提醒我们:控制论式机器能将偶然当成工具,帮助我们更顺水推舟地使用算法。因为,信息只是衡量计算机这一控制论机器的

---

① Yuk Hui, *Recursivity and Cotingency*, Rowman & Littlefield Publishers, 2019, p. 104.

② Ibid., p. 103.

③ Ibid., p. 82.

④ Ibid., p. 74.

⑤ Ibid., p. 38. 比较系统的讨论参见:Yuk Hui, *Art and Cosmotechnics*, e-flux, 2021.

组织水平的尺度,而只有在某一个组织之中,才能体现它递归地整合偶然性的能力。我们当前被控制论机器和它的算法使用吓坏了,就忘了我们其实也能够更居高临下地使用算法,而且人人都能用偶然性来对冲递归,使算法也成为人类正面的力量。

到二十世纪为止,我们一路遭遇了机械论、活力论、有机论、控制论和系统论等对信息、算法和控制论机器的解释框架。今天,在云计算平台上,我们以为自己的哲学工程学已用光弹药,但许煜仍证明,偶然性是明显的可能性之外的那些可能性。它能挑战我们的当前理性,也能战胜递归。比如,偶然性也是大型机械装置中被打断的状态,我们也能够用它去挫败、阻断云计算平台上天衣无缝的运算过程。因为,程序或人工智能只有先发出命令(command),机器才跟从,而人才能作出判断。总是某个"我"开始了递归(费希特说,是我和非我之间开始了递归),但也正是那个我,才作出了决断。云计算平台试图绕开眼前的这个"我",但那是做不到的,因为人人都可以是云平台上的设计师,工程师只是躲在暗处的一群有组织、有纲领的"小偷"而已。程序里的递归函数所保证的那一递归过程,仍只是字面上的;外卖员、快递员实际所跑的线路,才最终完成了它。① 但那也只不过是递归的一次打印,并不关键。

二、理性是我们的读写过程

那么,康德到底要我们读者如何去处理《纯粹理性批判》这本书呢?真的是应该像上文说的那样,像对待一张唱片那样对待它吗?斯蒂格勒认为,在这本书里,康德要我们这样对待作为作者

---

① Yuk Hui, *Recursivity and Cotingency*, Rowman & Littlefield Publishers, 2019, pp.9-10.

的他：只将他当作一个作者，认为他手里的所有办法加在一起，也只代表着：我会写，会用纸和笔，会写句子。后代的读者也只是因为对他这个作者有兴趣，才去围观他的写，看他如何在写之中运用理性而已，就像在听他录制、传输给我们的思想唱片一样。在书中，他的意识之流像唱片那样存留，记录在书页上，成为他的作品，被我们当成唱片那样来使用。他的第一存留是他写作时脑中活跃着的思想，第二存留是他所面对的一个会读写的公众所代表的集体理性与他一起建构的存留材料。他像会计汇报账目那样，在这个公众面前，展览他自己的理性对于这个讨论主题的处理过程。出版的书到了我们手上，就成了我们在排练中能使用的第三存留。第一和第二存留是有待读者自己去综合的，转而又可成为客观记忆、第三记忆，也就是说，成为新的书或电影；最终又会被读者束之高阁。①

因此，《纯粹理性批判》有两部：一部是对康德本人的意识的历史记录，另一部是他自己对于这一种哲学意识的进一步档案化和综合。书的第 1 版发表于 1781 年，第 2 版发表于 1787 年。因此，我们看到的书里有两个不同的前言。康德在第 2 版前言中说，第 2 版对第 1 版没有大的改动，只是使之更清晰，编辑得不同罢了，但第 1 版仍是可靠的。② 我们应该怎么来理解康德的这一说法呢？

这意味着，康德自己已意识到他是在一群会阅读的公众面前主动示范如何去重写自己意识流动的过程。重写，然后将自己对于自己的思考过程的记忆当作灌录的唱片，播放给自己听，再播放给读者听。所以，《纯粹理性批判》的第 2 版是对第 1 版的"自

① Bernard Stiegler, *La technique et le temps*, LLL, 2018, pp. 642-645.
② Immanuel Kant, *Critique of Pure Reason*, trans. by Marcus Weigelt, Penguin, 2007, pp. 29-33.

听""自拍"和重拍,然后对它做了更高眼光指导下的编目。于是,其思想过程就这样被展示到了一个会读写的公众面前,也被展示到了今天的我们面前。而我们也必须继续这样做,才能守住自己的新理性,作出新批判。但是,在大数据时代,已经快轮不到我们这样做了。谷歌和 ChatGPT 们的算法构架正在代替我们身上这一能够自我编目的理性及理解能力,它们正在代替我们的批判能力。谷歌正在穿刺和架空我们身上的这种批判能力。它是我们的数码超批判的敌人。

康德在 1781 年版的《纯粹理性批判》第 1 版里意识到了"我"的问题。他吃惊地发现,是"我"在修改"我"的书稿,是"我"在看"我"自己写。书写和印刷给我们提供了这种迂回的可能性。就如在今天,我们发现,我们自己也只不过是大数据里的那一丁点"已知",但尽管如此,我们仍都在光天化日之下直面上面的这一事实,想从大数据里寻找到关于我们自己的那些零零碎碎。黑格尔在《精神现象学》里指出,意识只有通过自我(技术式)外化,才能形成对自己的意识。意识只有在各种踪迹的形式下自我客观化,或通过另外的中介,才能进入其他人的意识。书就是来帮我们走通这条路的。因此,康德也只是像胡塞尔那样向我们点出了:使用了第三存留,我们才能将自己的思考过程展现于会读写的公众面前,就像我们在思考时主动假设了大家都已学过基本的几何,都一起生活于一个几何共同体里一样。①

可以说,正是康德对自己的意识流动的一字一句的录制,才产生了这本《纯粹理性批判》。各种技术录制成了我们分析我们所依赖的意识活动的根本条件。康德的思想作为书来向我们呈

① Immanuel Kant, *Critique of Pure Reason*, trans. by Marcus Weigelt, Penguin, 2007, p.87.

现这一点,他也是这样来使用别人的书的。他的所写也是这样以书的形式向他自己呈现的,在其写作过程中就是如此:可以说,《纯粹理性批判》就是他剪出来的蒙太奇,就在他自己的意识之内放映:纸张是他所要投射的屏幕,是纸张支撑着他的思想,那是他理解自己和别人、我们理解他时真正的技术支架。[①]

所以,可以这样说,我们的意识中,在我们感到自己在思考时,都是我们在自己的意识里拍、剪、放那一部叫做《纯粹理性批判》的电影。我们的读写就是我们的理性,但这一理性需要通过书和唱片这样的第三存留,来被不断批判、升级。而作为"我"对"我"的批判的我们的理性,也须从第三存留里不断分枝出来。《纯粹理性批判》是一本理性批判手册,是要帮我们将自己的理性从当前的大数据平台上分枝出来,不要被后者捕捉。

此外,斯蒂格勒还提醒我们,在《纯粹理性批判》中,康德的这些句子被保存、固定、比较,书的统一性被呈现,也同时成为他的思想的统一体。康德对于他的句子也只能做到如此:它们是对第一存留和第二存留的客观的物质化,而正是这第一存留和第二存留,才使书和思想可被操控。[②]

正如上文所述,1787年的康德对自己在1781年写作的电影特性,已有了认识,看到了他的修改是对于他之前的写的延异。这意味着从1781年到1787年,康德能够更严格地来审查他自己的意识流动,来研究如何对他将要到来的意识流动作更持久的保存。就像晚年的费里尼在每一部电影里都在回顾和致敬他之前的全部电影一样,所有以前拍的电影,都在他后面的每一部最新的电影里到场。康德也通过物质化、材料化,来固定、识别和联合

①　Immanuel Kant, *Critique of Pure Reason*, trans. by Marcus Weigelt, Penguin, 2007, p.82.

②　Bernard Stiegler, *La Technique et la temps*, III, op.cit., pp.82-83.

他的思想的各个方面。他自己也（在他自己面前）成了对象本身，成为一种反思性的批判的对象。他在其中自我感知着：也只有这样，他才能着手检查他自身的可能的条件，而后者也是他面向的所有对象的可能的条件。[1]

　　这种批判既分析又综合。但只有先把控了时间，才能同时运用这两者。也就是说，正因为时间成为了我们能够使用的纯图式，它才能成为我们的行动的框架，我们才有可能玩第一存留和第二存留之间的游戏，并将第三存留加以物质化和材料化。用激进的马克思主义美学家雅克·朗西埃（Jacques Rancière）的话来说，我们在每部电影里都"必须重拍一切电影"（在费里尼这里，这是自我致敬：在下一部电影里重拍自己以前的所有电影）。而这样重拍自己，不是为了装情怀和境界，而只是为了能够像劳动者那样地去写诗。[2] 也就是用写去找到自己的那一片天空，而不是要被解放、被落实政策。我们要用写、用拍去修正之前的写和拍造成的不正义。

　　而康德在1787年似乎已意识到，作出批判的"我"，其实次次都能够变得不同，换句话说，所有的现象都要到我身上报到，也就是说，它们"是对我的同一之我的确定，表达了一种在一个、单单一个的知觉中，对这些确定的总体之联合之必要"。自我并不只是简单地在它自己里面，而是原初就在它自身之外。自我在"自身"的场地中，也就是说，自我是它自身的对象和假肢，这一场地里不只有它自己，也有它的他者。这就涉及前置于自我的那个他者，一个已经在场者，一种未被经历的过去和那种不成为它的未来就将不是它的过去的东西。这种作为存留的第三性之基础的

---

[1]　Bernard Stiegler，*La Technique et la temps*，III，op. cit.，p. 83.

[2]　Jacques Rancière，*Et tant pis pour les gens fatigués*：*Entretiens*，Amsterdam，2009，p. 305.

假肢式的前置性（précédence pro-thétique），是意识投射的支撑：允许意识去继承前置的所有意识的过去，再包含当前的我们自己：作为康德的书的公共读者的集体，也正是允许康德自己去投射（想象）出一个未来的"我们"。①

根据斯蒂格勒，这个正在写的"我"也是次次不同的，后面的那一个"我"能回收前面的所有的我。它是在新的场地里一次次重新开始不同的批判之后得到的一个个结果。1781 年写《纯粹理性批判》的康德的"我"，与 1787 年修改它的那个康德的"我"是不同的，后者回收了前者。这就有点像费里尼的电影《访谈录》里的老年女演员阿尼塔在电影中望着那个年轻的、正在表演的阿尼塔：在新电影中看老电影里更年轻的自己。而这种恍然正是康德在《纯粹理性批判》第 2 版前言中所感叹的。

由此看，《纯粹理性批判》与电影《访谈录》是两个平行的作品，都是将一段思考空间化、物质化到一段时间里，主人公也都很无奈，都将这种"逝者如斯夫"押入某种技术—书写之中。斯蒂格勒要我们认识到，在今天的云计算平台上，我们也像康德和费里尼那样无奈，但这也正是人在技术系统中真正的处境，而且我们是自愿的：我们的技术式生命形式也正是这样半推半就地拖着自己往前，将一个个旧我搁在身后，来完成自己的体外化式进化。我们人人都是康德和费里尼。我们都在自己的意识里一路回看着自己不停地续写、翻拍属于自己的那一本《纯粹理性批判》或那一部《惊回首》。

三、数码第三存留、先验图式与当代知识

数码第三存留就像每一种新的存留那样，正在激烈地改变现

---

① Bernard Stiegler, *La Technique et la Temps*, *III*, Galilée, 2001, p.84.

存的存留和预存方式,因而也在改变当代知识的所有形式,尤其改变了我们如何去做、如何去活和如何去思的知识的形式。这种改变要求我们拿出新的器官术式、药术式手段,因为知识本身也具有药性,同时会使我们中毒和被治疗。① 获得新知识之后,我们又必须基于当前各领域的实验和创新,去开发我们的实践式器官术,继续我们的体外化进化,并没有回头路可走。今天,我们必须重新去学习帕斯卡(Blaise Pascal)和莱布尼茨(Gottfried Wilhelm Leibniz)这样的哲学家的开放式实践,但只能像黑客那样去探路,因为我们来到了新的技术平台上,必须动用新的器官术,必须承受新的药性。

斯蒂格勒认为,第三存留是西蒙东所说的"跨个体化"的支架,总是后者的条件,形式多样,支撑着处于跨个体化过程中的个人的释义过程。个人如果是南瓜藤的话,第三存留就是那支持它不断发出新枝然后往前爬行的支架。个人正是一边释义,一边沿着那个支架向前爬,并同时生产出新的知识和意义。

正是知识引导我们去生产出意义。或者说,意义反而是跨个体化也就是个人获得说、做和想的新能力所带来的结果。对于每一个人都必须作出的心理-集体的个体化而言,所有的知识形式只代表了生产的某一种模态:知识生产意义,而意义是对个人的

---

① "做的知识是那种使我自己不崩溃、不走向混乱的知识。为了活得好而去追求的知识,也就是那种能够使我们活在其中的社会组织更加丰富、更加个体化,不会不小心毁灭了它的那种知识。还有概念性知识,也就是我们只有改造它才能继承的那种知识,只有通过我们的长记忆(苏格拉底说的 Anamnesis)才能激活它的那种知识,这是一种在结构上超越了其本地的知识。知识总是在这一或那一人类存在场地上,用来集体地定义如何才算是逆熵的那一方式的新标准。"(Bernard Stiegler, *The Neganthropocene*, Open Humanities Press, 2018, p.54.)但知识本身是有毒性的,哪怕以上这三种知识也是。而新知识是我们摆脱这种知识的毒性的手段。我们不是只为了得到知识,而是要用新知识来使我们走向新的跨个体化,不要像粘虫那样被窒息在自己的排泄物之中。

存留和期待的重新安排。正因此，知识本身也必须构成个人的关注形式。正是因为想要获得新知识，我们才培养出了自己的新的关注能力。①

　　但是，今天社交媒体上的数码第三存留正在摧毁几代人的关注。但反过来说，也只有通过这些社交媒体上的数码第三存留，那些跨个体化循环（因为它想要卷入社会化的第三存留）才能训练出个人的存留和预存方式，从而改进个人的关注能力。也就是说，虽然社交媒体使我们的关注碎片化，但也只有通过社交媒体上的数码第三存留，我们的关注才能得到训练。因而，社交媒体上的跨个体化过程也训练了个人的关注能力，因而也拔高了他们获得新知识的能力，这正如火中取栗那样。同时，个人在跨个体化的同时，也获得了新知识，而新知识转而推动了跨个体化。在手机屏幕上，我们不是因为好奇，才去学习知识，而是我们不得不作出跨个体化，于是顺便也生产出了新知识，像树生产出了氧气的副产品，却反过来进一步引领了我们的跨个体化。我们作为技术式生命形式不得不把知识当作拐杖，"学"着走一步、看一步地

---

① 　理查德·塞内特（Richard Sennett）或马修·克劳福德（Matthew Crawford）说的手的知识（Richard Sennett, *Ce que sait la main. La culture de l'artisanat*, trad. P.-E. Dauzat, Albin Michel, 2010；Matthew Crawford, *Éloge du carburateur, Essai sur le sens et la valeur du travail*, La Découverte, 2009.），或温尼科特说的足够好的妈妈（the good enough mother），也就是在养育孩子时一边劳作，一边完成自己的作品，专门培育出一种关于她自己的孩子的知识，并将某一种只有她自己才有的知识传输给儿童（Donald Winnicott, *Jeu et réalité：l'espace potentiel*, Gallimard, 1971.）。父亲也可以成为这样一个足够好的妈妈。而这样的一种经验知识既可以是工匠意义上的关于大艺术（ars）的知识，也可以是艺术家意义上的知识，也可以是一种体育知识（Bernard Stiegler, *Avec le Collectif Internation*, Bifurcate, op. cit., p.34.）。斯蒂格勒不断将这样的足够好的妈妈、将要毕业（从对儿童的养育事业中毕业，是妈妈要在养育中使自己成为合格的妈妈，妈妈也必须学习着成为妈妈）的妈妈的知识，称作天才知识，因为，这种知识不会在现有的教科书里，只在某一对妈妈与孩子之间产生。

往前走,没有人能够例外。

而根据康德,个人是通过其先验图式,用时间和空间这样的先天直觉,去重编第三存留,使其成为学习和发明的基础。那么,什么是斯蒂格勒指责阿多诺读错的那一康德的先验图式(schema)呢?

在几何中,图式是让数量服从于"某个概念"的那一手段,是要用一个图像去代表无数个东西。有1 000个数字,但我们不用真的去逐一计数。"一千或1 000"这个观念和图标,是我们所用来代表一千个的那一个图式。康德认为,图式先于图像。① 两者处于互相翻译的关系之中。个人脑中先有了图式,再去感性地响应图像。而正是我们脑中的先验想象中含有的图式,前去收服了图像。

我们也正是用自己的先验想象中的图式去收服技术式短记忆的第三存留的。后者是此在的过去留存至当前的事实性材料,但也同时是我们打开其未来可能性的途径,而这一过去在原初就已被第三存留化,也就是说,被主体综合为各种假肢,做成了技术制品或人工器官。比如说,我们对《纯粹理性批判》的再批判,即对其作出某种新的批判,必须一开始就去直面这种原初的外化、直面它最初的第三存留化,再从这个基础上,去开始我们的再批判,来激活这本书,使之成为我们当前的集体第二存留。在今天,必须从云计算平台出发去批判《纯粹理性批判》,来得出我们的数码超批判能力。也就是说,康德的《纯粹理性批判》刚与我们照面时,还只是一种被第三存留化的记忆材料,我们总必须从面对一堆第三存留开始,然后用我们自己的先验想象去综合它们,从中找到我们自己的未来,没有其他的路。在数码时代也必

---

① Immanuel Kant, *Critique of Pure Reason*, op. cit., pp. 176-179.

须这样，只不过，数码第三存留是被参数化的更大的数据集群，需要我们拿出训练得更好的图式去收纳它们。这个过程被称为编目（categorisation，区别于计算机科学用的 categorification／范畴化这一概念）。

　　第三存留也构成了继承也就是说接纳的可能性。就比如，电影刚拍完，留下一堆道具，在拍下一部电影时，我们就必须从这一堆道具出发，继续往下拍。我们不得不掖着它往下走。康德原来已经算计得很清楚：批判是我们的理解从第三存留回退到了第二存留，通过让先验想象服从于理解的管制，从而使第三存留服从于理性的司法。我们读到了文本，讨论它，同时公共地在公众面前使用我们的理性，然后与他人共时地回到第一存留，也就是回到当前的讨论，而这就是康德说的批判。这是先验对于经验的批判，是我们脑中的图式对于图像的重新归类和编目。但是，正如上文所论证，海德格尔未能看到这种批判的必要性。他只看出了外化（人出生时不得不面对的世界历史性）是一切投射的第一步。他让我们不要将自己生来就面对的第三存留当做药罐，去悲剧式地成长，而是要我们躲进人的真正的存在之中，去到世界之中存在。他逃避了那作为药罐的第三存留。这是海德格尔技术思想一个很大的局限。

　　在今天，我们必须从一堆信息垃圾之上去开始我们自己的技术生命的进化，没有它途。一堆混乱的大数据里才含有我们的未来。而且，没有一堆大数据是不混乱的。我们必须用先验想象，通过康德说的"先验图式"，来收服大数据，去与 ChatGPT 们的人工智能式编目赛跑，通过云计算，来做我们的新的编目，从而去找到我们的未来。

　　今天，抗拒大数据对我们的捕捉，具体是要抗拒谷歌式的可分析、可定性、可量化、可联结、可处理、可估值、可修改、可索引、可加注、可频道化和可销售的数码式第三存留分类方式。① 我们不是反对谷歌式的编目本身,而是想要强调:我们意识中的先验图式是会自己来分类和收编的,相对于人类社会智能、集体智能和个人智能,谷歌式的分类和编目是专制的、愚蠢的。而我们的任务是要使我们自己头脑中的先验图式压倒谷歌对我们的第三存留的编目,然后自己主动去编目。

　　康德的先验图式论在鼓励我们:我们与数码性的战斗是有胜算的,因为我们意识中的先验图式一定能够压倒谷歌、ChatGPT、百度式的检索和分类。后者只是给我们归类了数码第三存留而已,它仍然等待着我们的先验图式接着它编目下去。

---

① Bernard Stiegler, *Pharmacologie du Front national*, op. cit., p. 122.

在杜威的方法中成为"公众"

黄陆璐

（同济大学）

摘　要： 议题识别的公众，通过传播和实践检验累积智识，在社区面对面的场景中完成从"个人性"到"公共性"的转化，是杜威应对20世纪美国民主危机的方法。杜威与李普曼的主张构成了美国公众问题"理想主义"和"现实主义"的道路之争。本文旨在廓清杜威民主的实现方式，尝试应对当代公众困境。

关键词： 民主；公众；议题；社区共同体智识主义

20世纪20年代，经历了技术和工业大生产的美国社会，领先全球进入了媒体勃发的阶段。这一时期，以《公众舆论》声名大噪的李普曼对民主发出最强的质疑声，并提出"公众"是幻影，舆论则要"通过许多渠道的折射、源头上的检查与保密，通过另一端的物质与社会障碍，通过飘忽的注意力、贫乏的语言，通过涣散的精神，通过无意识的情感丛，通过损耗、暴力和千篇一律"①才得以形成。李普曼指出公众舆论的缺陷注定了公众无法实现古典主义民主对"人民"在民主制度中的赋权，完成民主制度理想化的政治图景的目标。因此，李普曼主张一面用技术的加持对外部世界进

---

① 沃尔特·李普曼：《公众舆论》，阎克文译，上海：上海人民出版社，2002年，第62页。

行完整、系统、客观的记录,以保证用于理解和重组来体现事物复杂性的信息的可靠性;一面由专家及专业人士对已经进入工业及城市化发展的"大社会"进行有效的"解读",从而影响公众,在有限的时间和范围内形成对外部世界更明智的认识。公众在以投票方式行使民主权力时,可以做出最符合民主政府理性而正确的决策,实现"大社会"的有效民主。李普曼的"民主"方式,反映出他长久以来对媒体时代的公众没有信心,担心混乱的舆论将影响民主制度的实施,从而发展出极端"民粹主义"政府。

李普曼的主张为他在民主与舆论的传播学发展中赢得一席之地,而他与约翰·杜威之间的公众哲学辩论引来了学界近一个世纪不断的回溯与讨论。在李普曼看来,当代资本主义社会发展得太庞大、太复杂,普通公民无法掌握关键事件。因此,李普曼对民主原则的重新思考最终导致了与约翰·杜威就传播、交流的适用性产生的更广泛的哲学对话。杜威肯定了李普曼的现实主义诊断,但随后转向了更具思辨性的哲学问题:如何改革现代社会秩序,使民主公众成为可能?

本文将在李普曼对公众问题的阐述中,重读杜威写于 1927 年的《公众及其问题》,在杜威的方法中,探索出与李普曼截然不同的"公众"。

在杜威看来,"民主"有两个层级:首先,它是一种社会观念;其次,它是一种政府体制。作为观念的民主,一直朝向确保公众的利益而努力;民主制度则有关实践的层面,关于实践中的结果与问题。民主观念应该基于有效的实践,被不断扩充和发展;民主实践的好与坏都将对民主的观念产生新的作用;民主观念的不断澄清和发展,也可以对政治制度进行批判和改造。

李普曼指出的那些民主制度的问题,在杜威看来是一种混淆民主观念和制度的做法,并且民主观念被误认为"终极"不变的教义。杜威认为当现实社会发生改变时，这种思维方式极容易出现民主制度和观念的脱节及矛盾。当民主被置于"观念—制度"的结构中时，民主即上升为一种努力的方向，而不限于处理现实处境的制度，并与现实构成不断变动与发展的动态关系。

民主观念若要不成为乌托邦，就有赖于现实社会中"共同体"的出现：通过联合行为，民主观念可以产生具有明确标志和特征的公众，从而无障碍地分享联合行动的成果。郑国玉在《杜威式民主基础的困境与难题》中指出，杜威在阐释民主问题时，无法提供定论的证据，更像是将民主视为一种信仰。这一看法没有认识到杜威式民主的动态结构，这一结构以传播建构智识体系，在社区中完成公众孵化，从而形成民主社会的动态公众，其冲击力在于"呼吁重建政治生活"[1]。

杜威将民主界定为一种实践，而非终极的真理和教义。"进步主义"时期，[2]美国的民主制度与民主观念发生了偏离。现行民主制度，是科技和经济发展以及文化积累的结果，正如封建制度服务于封建主一样，当时的民主制度坚持政府的主要任务在于保护资产。一方面，它推动社会变革，在某种层面上表达了民主的观念；另一方面，个体为了自主进行商业活动，从地方共同体中分

---

[1] 詹姆斯·古安洛克：《公众及其问题-导言》，《杜威全集1925—1953，第13卷》，冯平等译，华东师范大学出版社，2015，第266页。

[2] 进步主义是美国复杂的、不断发展的改革主义运动，始于19世纪末。20世纪20年代前是这一运动发展最快的时期，作为一种美国的全国性现象，在20世纪初就已经消亡。19世纪的美国是一个与欧洲或南美截然不同的样本：它没有与自由主义对抗的君主制、贵族制或教会机构。相反，自由主义在美国的宪法结构、政治文化和立法中根深蒂固。后来，进步主义运动作为现代自由主义的最重要表现之一出现了。进步主义运动是对1865年南北战争结束以来资本主义无节制发展所造成的贫穷、无知、不公正和痛苦的社会局面的反应，也是为了推行改革以缓解和纠正严重的社会弊病。一般来说，可以看出它是关于改革主义的，而不是激进的或革命的：进步派赞成现代化，但他们也热衷于科学、技术、结构和教育。

裂出来，个人主义、私有制以及历史成因与资本主义利益绑定，被限制于制度化的现实，无法更充分地体现民主观念。这正是工业社会转型期的民主疾病。以制度的形式来为私利和欲望的膨胀正名，恰恰是经济和制度对于真正民主的遮蔽。杜威将公众的衰落归咎于用劳资关系制度取代了当地的地理联系；无处不在的利益联合体与被"民主制度"推崇的个人主义，导致了民主制度与民主观念的冲突。为了重新启动一种公共性的生活，为了突破为私利而服务的制度和政府，杜威揭示了截然不同的公众观和民主观。

一、识别公众的条件：议题

在由工业化发展而来的"大社会"中，公众无法跨越距离和经验，对社会发展的后果作出反应，难以理解其产生的条件和后果。李普曼对民主的诊断由此而来：符合民主观念的公众是不存在的，在民主制度中，公众仅仅是实现民主观念的储备力量，只在被需要的时候才被动员。面对民主遭遇的危机，杜威直接澄清了"什么是民主"——公众即是民主。他坚持认为，人们需要关注社会探究并进行"充分而动态的交流"，创造产生社会智识、围绕议题而形成动态的公众。杜威不仅认为公众必须得到国家机构的保护和支持，而且更激进地认为公众就是国家。当团结一致的公民聚集在一起，监管和管理私人协会和团体行为的意外后果时，国家就产生了。

杜威认为公众的"力量"没有因为"幻影"而消失，就构成国家并代表公共利益的特定公共职能而言，只有从实际议题出发考虑公众才有意义。从这个角度来看，不应将公众理解为一个不确定的"领域"或"声音"，而应将其理解为以公共或代表性（非私人）的身份行事、出现在具体场景之中的人们。通过事件产生的议题，公众呈现出的能量被转化成新的推动力；"参与联合行为的每个人都喜欢这种意义,某种善被所有人分享,大家都期望它并维护它,这样,拥护同一种善与集体目标的独特个人之间,就构成了共同体"①,民主作为观念,在这种情况中间运行。

议题可以由富有深度或者被制造出来的事件启动,让民众在所有变动、不稳定的关系中找到一种普遍共性。齐泽克曾追溯先验论和存在论的哲学渊源,指出事件即是一种打破日常"和谐与统一"幻像的状态,是主体突围"缩回到自我"的契机;黑格尔指出纯粹自我的内向性"必须同样也进入经验之中,成为其对象,并通过与其自身内在性的对立而成为外在物,从而返回存在"②。齐泽克没有在唯心主义和唯物主义路径间多做逗留,他将事件视作超出了原因的结果,认为其具有贯通先验和存在之间的沟壑的可能性。

杜威也把事件当作启动人和外部世界的联结,他更侧重事件后果所导致的议题,通过议题育成越来越多的参与者。人们在议题中共同实践,从而获得共同经验,并在经验中形成意义、进行"传播"。通过这一过程,经验的结果被思考、被传递。欲望和冲动附着在公共意义上,"既然它们暗示着公共的、能够相互理解的意义,代表的是新的纽带,并且把共同的活动转化成利益和努力的共同体,那么它们就能被转换成欲望和目的"③。杜威倾向于强调通过议题的实践、传播所形成的文化和意义中蕴含的整合力量。

议题包含了行动和传播,在杜威的国家理念里,议题是推动和问题相契合的制度的形式;没有为了利益群体而确定下

① 杜威:《公众及其问题》,《杜威全集 1925—1953,第 13 卷》,冯平等译,上海:华东师范大学出版社,2015,第 266 页。

② 斯拉沃热·齐泽克:《事件》,王师译,上海:上海文艺出版社,2022,第 108-109 页。

③ 杜威:《公众及其问题》,《杜威全集 1925—1953,第 13 卷》,同上,第 267 页。

来的制度,制度始终围绕着议题。制度在议题的具体展开和操作中,以群体探究的方式被决定;所以,没有政府可以把持、操弄制度。一个议题就形成了一个公众,围绕议题参与其中的公众,就可以影响此议题的制度及程序,制度则是不断变化的动态公众完成社会探究的工具。当制度和国家以现实问题为导向,不再服务于特殊利益团体时,公众就决定了现实问题的解决方式,这就是民主。议题不断排练出公众,国家也由一次次围绕当前最重要的政治议题的排练而产生。杜威眼中有组织的公众并不是一个抽象或浪漫的关于公共领域的理想;在该概念中,公众被理解为致力于确保公共利益的群体,聚集在一起调查、确定、解决或治理各种类型的问题。由此,私人成为了代表公共利益的公共公民。

许加彪在《作为经验共享的传播》中注意到,杜威的传播理论属于其实证主义方法的一部分,"其本质机制在于使单个人构建成共同体,将人与议题、媒介作用后的有机体质变为社会人"①。因此,由事件生发的议题、用共同经验激活的群体、被产生的意义整合,是"共同体"形成的条件。"可能会产生概念上所称之的共同意愿和社会意识:代表共同活动的个人欲望和选择,通过符号的方式,与所有涉及其中的人交流和分享。"②

由议题形成的群体,通过共同行为促使共同体实现共同利益,不断地融合和调节,生成理念和渴望的目标。议题作为条件,即是充分开发每个人参与共同生活的潜力。通过事件——议题中自由的实践参与,个人在"共同体"中得到完整人格,获得个人自

---

① 参见许加彪:《作为经验共享的传播:知识思想史视角下杜威传播观再解读》,载《新闻与传播研究》,2018。

② 杜威:《公众及其问题》,《杜威全集 1925—1953,第 13 卷》,冯平等译,上海:华东师范大学出版社,2015,第 267 页。

我实现的可能。

二、成为公众的方法：智识

杜威意识到，共同体通过议题分享"意义"的概念过于理想化，因此，他进一步说明，共同体的转化不是一次性发生的，而需通过学校实验性的教育过程与社会智识的进化。对民主形式发展中隐含的个人意志与普遍意志的冲突，杜威巧妙地通过个体教育促成群体智识的转化，使之达成一致。

（一）经验验证的知识

杜威指出知识并非是抽象的。人的行为和后果不断交织、检验，使智识反复更新累进。知识在杜威这里不是名词而是动词。"事物的革命走在了观念前面"，杜威认为这是美国"进步主义"时期民主所产生的各种问题的原因。

传统生活中，"习惯"依赖于群体，维持着社会阶层。"习惯决定着思想运作的通道"[①]，遮蔽了人们所选择的生存模式，令人以为自己的生活是自动的。杜威在《人性与行为》中指出，所有的习惯都是后天养成的，正是通过后天养成的习惯，我们才能在特定的情况下采取行动："……所有独特的人类行为都必须学习，而学习的核心、血液和肌肉就是创造习惯。"[②]他的实证主义态度表面上将习惯视为人类共同经验积累的结果，新智识的完成即是对新习惯的塑造。

积累的知识、技术和工具达到了某种状态，就会外在地表现出某种明显的特征，即成为"习惯"。当事物发展的结果超出观念

---

① 杜威：《公众及其问题》，《杜威全集 1925—1953，第 13 卷》，冯平等译，上海：华东师范大学出版社，2015，第 270 页。

② 杜威：《公众及其问题》，《杜威全集 1925—1953，第 13 卷》，同上，第 270 页。

时,"习惯"就在人、物、事交互的经验里不断被冒犯和更新。杜威认为,要让事物与知识的验证,带动人的更新和变化。杜威实验主义的拓展体现在对事物工具性质的强调上:物质和工具以平等的方式被拉入到人和世界之间,当事物被界说为工具时,它们的价值和有效性在于由它们而产生的结果中,以各种可能性赋予事物丰富的意义。

杜威将习惯、积习被冲撞、突破的过程,作为达成新智识的标识。社会在智识作用下发生改变时,旧的惯习将对新形式造成破坏和扭曲。惯有的模式对经验表现出激烈反应:人类以此对从未有过的经验做好准备,任由经验和结果对已经形成、正在形成的观念产生冲击与刷新。我们在结果与检验、现实与人的认识之间不断往返,最终积累为智识。拉图尔在其著作《探索》中分析了李普曼和杜威:政治不只是人类活动领域中的权力游戏和语言游戏,而是由人与物杂交而成;政治永远是意外,而非确定知识。

杜威的智识主义是动态过程的建构,实践经验借此达成对旧有认知的突破与促进:人在现实实践中产生的经验,要经过传播媒介的技术实践与现实政治生活实践的增进和纠偏,在现实、物与人的认识之间不断往返。杜威的智识主义是以对象为导向的政治方式,它开放、宽容、具有实验性,对事实和真理的概念是流动和偶然的。

智识的积累、达成就是结成为公众的过程。智识的传播和传承被实现之后,就会产生"伟大的共同体",产生相应的政治形式。"智识是具有公共性的,也必须具有公共性;只有在传播中记录和交流,知识才能被获得或者被检验。"[1]实践经验的不断迭代将达

---

[1]　杜威:《公众及其问题》,《杜威全集 1925—1953,第 13 卷》,冯平等译,上海:华东师范大学出版社,2015,第 278 页。

成社会智识的传播与积累,改变社会的惯习与旧俗;社会进化在智识主义的运作中是可实现的。

(二) 经验教育:民主的实验和革命

李普曼认为,公众对公共事务认识不足,只能把它交给专家,自己仅需监管其程序是否合理与正当。杜威指出,公众通过关注程序来参与政治,实际上是一种寡头政治。这会使统治者成为一个专业阶层,人为地关闭了知识本应服务于社会需求的大门。杜威认为,智识应由权力、行政部门参与建构,让知识在传播中被认识和检验,从而具有公共性,才可能实现社会智识的进化。

以公众无知、有偏见和不稳定为由放弃知识的公共性,等同于放弃了民主。"在一个处理社会事务更智慧的国家里,人们掌握的知识越多,智力受到的影响就越直接。"[1]教育水平能够达到的高度,对于公共问题的判断具有决定性作用。杜威的《民主与教育》将教育作为实现智识与民主的关键。

与公众判断力相关的教育包含这样几个面向:首先,教育是智识积累和传承的关键环节。"意义能够作为思想和交流工具的语言,在所形成的通道中运行"[2],教育是要将复杂社会的资源和成就传递给孩子们。学校过滤了孩子所处的原生环境,平衡目前社会环境里的诸元素,使每一个孩子都有可能逃脱他们所处群体的局限,与更大范围的环境交流。对共享关怀的扩展、对个人能力多样性的解放,能将上个时代个体化的成就传递下去,使阶层获得更大的流动性,使个人在变动得更快的社会里更有创发性、主动性和适应能力,不被巨大的变化吓坏。

---

① 杜威:《公众及其问题》,《杜威全集 1925—1953,第 13 卷》,冯平等译,上海:华东师范大学出版社,2015,第 293 页。

② 杜威:《公众及其问题》,《杜威全集 1925—1953,第 13 卷》,同上,第 267 页。

其次，教育应当成为社会实验、革命的操练方式，引导个人潜能的释放，以达到自由扩展知识的深度。杜威经验主义的革命是从教育展开的，以"物"为导向的实践教育取代了观念教育。他指出，用这种实证和实验的方式进行教育时，将批驳因果关系的研究方法对社会科学造成的影响：观念先行固定了从观念而生成的逻辑关系，无法与现实情况进行有机的互动，强大的理念和逻辑完成了对社会事务的探求，直接导向成见及权力的偏移。杜威用"物"纠偏了"人—媒介—现实"中，向人和以人为中心的技术倾斜形成的传播认知，从而进入了围绕"物"展开的实在的关系网，重塑人面对世界的认知视野。正是依靠经验，杜威才完成了他对精神和物质二元世界的联通，从而使深陷于人类中心主义现代性漩涡中的观念被突破，赢得转机。

教育的目标必须在教育过程中去寻找，打破原有的社会习惯和机构，迫使其重构，使教育适应社会的改变。"实在论"思潮的代表哈曼认为，杜威的实证经验方法可以成为实现民主的突破口，以对象为导向的政治之关键是公众和个人在人与物、在权力游戏之间的感受，是因事而变的。在这样的方法里，不存在不变动的权力，也没有一套需要被奉为圭臬的政治真理。变量的关系里，人、物、事、机构都在协作碰撞中涌现出某种形态，是真正的平权。如此激进的方法在得到运用前，一定已经在学校教育里得到了充分实践。

对杜威来说，民主是为了形成共识；对李普曼来说，民主则是为了继续辩论，因为分歧很重要，不容易被消除。正如古德温总结的那样：

承认辩论的尊严使我们能够承认，我们大多数人在大多数时候只是他人论点的旁观者。这种见解在杜威框架内不可能得到突出,因为它强调所有公民在社会知识建设中的积极合作。但它为我们长期以来对公民观众技能的强调提供了动力。①

根据这一说法,作为个人,我们要么被定位为争论的旁观者,要么被定位为社会知识的积极合作者,在个人、团体、社区和组织之间协商影响的方式。一个人如何才能形成既不影响自己也不影响他人的行动方案?杜威将学校作为一个社会实验室,让年轻人探索自己的力量,加强与他人合作的习惯。通过这种方式,他们的民主能力可以得到发展。

杜威主张在实践中学习,准确地说是"从经验中学习",获得公共权力所需的技能、惯例和能力,在这些公共权力中,适当的行为和美德将通过参与代表性活动(学校、政治组织、社会生活等)而得到体现。在杜威的方法中,以物为导向的实践将教育引向一种永久的动态,不会有值得和应该被固定下来的模式。学习是要让个人有面对这种变动,持续更新、成长的能力。只有社会惯习和机构资源受"平衡分布利益"的影响不断进行重构时,民主与智识才能互为条件。

三、成为公众的实践:社区民主

公众舆论是公众意见的集合,公众汇集的舆论并非天然就具有公共性。李普曼正是通过这一点来指出民主观念的"天真"。杜威认为,针对公共事务联合产生的后果及其意见和信念的传播,我们必须有方法测量、追溯其影响,否则所谓的公众舆论只不过是贬

---

① *Towards a Society of Equals: Dewey,Lippmann,the Co-Operative Movement and Radical Democracy Undermining Neo-Liberal Forms of Schooling*,John Schostak, Emeritus Professor, Manchester Metropolitan University, UK Power and Education 2018,Vol. 10(2) 139-165.

义的"意见"。把未经检验的公众舆论等同于公共性，由此去否认民主观念是错误的。很明显，对杜威来说，没有某种公共身份的生活是一种不完整的生活。

实现公众的公共性，必须通过其作为"共同体"的行动，与社区进行面对面的交流与传播。"这个舆论的形成［必须］是集体智识有效、成系统的探究形成的对公共事务的判断，是社会探究结果的传播"①。

杜威在《公众及其问题》中分析了舆论对实现公共性的障碍：

其一，技术和科学被私有化，作为现有经济体系的一部分，媒体出于商业目的收集和销售有关公众意见的素材，使媒介内容的生产也被纳入到私有获利的体系中。其二，科学与技术被视为对象化的手段，导致与人的世界的分化，社会科学的发展走向了学科分类的断裂，没有在物导向的关系网中被建构。这两者都造成了形成"智识"的障碍，现实中社会科学系科的分化，使新闻在进行系统解释及研究应用、指导公共意见时显得无能，也就没有办法去推动知识的检验、后果的呈现，以及动态的整合。无法建立起关联、构成议题，是社会科学的失灵，是知识不完善的表现。其三，关于政治事务普遍形成的判断是如此重要，如果在民主社会中没有教育，少数人盲目的知识积累，便将外在地指挥他人的行动；人为宣传导致意见和判断与知识分离，很容易陷入政治的操控。

上述分析，放在 ChatGPT 智能媒介技术的背景下仍有效。十五年间，商业开发的社交媒体已经将公共空间"切割"成窄小的碎片，大多数人都成为了李普曼所描述的"世界看客"。新冠疫情期间，"逼仄的生存现状"和"全球化视野"，让人们深陷于舆论的

---

① 杜威：《公众及其问题》，《杜威全集 1925—1953，第 13 卷》，冯平等译，上海：华东师范大学出版社，2015，第 278 页。

两厢撕扯中。媒体已不再是任何可靠事实细节的来源，它已经完全沦为了情绪装置。技术助推着人们与自己生活场景的分离，各种古老而世俗的教化及阴暗充斥其间，嫉妒、自恋、自大从新媒介技术打开的"大门"中顺势遛入，将频繁使用社交媒体的人群变为跳动闪烁的欲望字节和数据模型，服务于企业的商业模式。媒介技术正在以李普曼所警告的方式愈演愈烈，让人们越来越陷入"拟态环境"中，造成人与人之间的巨大分裂。

杜威的主张在这时就显得更加具有行动指导意义。

杜威在《经验与自然》中，阐释了生物人转变为社会人的传播机制，指出人与人通过角色扮演与移情互动，在交往中获取经验、达成共享①。个人在社区中通过共同实践发生移情，"个人才能集体地站到公众的位置上，完成个体到社会的演化"②。建立人和人在现实中的联结，才能催生有效的移情与扮演，才能从个人的立场演化出公共的角色。

这就是杜威实现"大社会共同体"的革命之路。

激变的时代中，"生活被外来的、无法控制的力量入侵和部分摧毁，是当前时代不稳定、不完整和不安定特征的源头"③。社区的共同体生活被恢复，重新建立联结，公众才能找到、识别和认同自己。从住家开始的民主，从社区出发的议题，才是对抗现实的出路。不论怎么冒险和创新，人们总会回到那些持久、确定的个人关系之中。社区是最终实现普遍性的基础单位。

我们要保证教育实验在学校中的实施，保证将媒介纳入社会

---

① 参见许加彪：《作为经验共享的传播：知识思想史视角下杜威传播观再解读》，载《新闻与传播研究》，2018(8)第 53 页。

② 同上。

③ 杜威：《公众及其问题》，《杜威全集 1925—1953，第 13 卷》，冯平等译，上海：华东师范大学出版社，2015，第 294 页。

科学实践的进程,成为民主理论发展和重建的重要环节。社区,作为知识实践和累进"智识"的现实场景,可以成为个体开发、拓展社会空间的孵化器。在社区事务中,人们可以认识到个人在社会互动过程中的发展,并通过社区实施行动。"对杜威而言,交流确定个体在相互关系和共同目的体系中的位置,为共享的机会、话语和反思提供机会。"①社区可以成为提供这个机会的合适尺度,推动公众舆论达成公共性,在社区中创造有效交流的位置。智识在实践中得到验证,在共同经验中产生象征,经过传播交流,完成了从"个人性"到"公共性"的转化;"大社会'共同体'的理想必须在社区中的日常联结、地区民主生活的现实层面上"②才能实现。

面对面的真实生活中,我们以日常交往为基础,建立起相似的实践、排演经验。社区共同体将以"对象"为导向的经验在现实中进行扩大实践;基于现实生活议题的操练、排演,让面对媒介技术和形式的人们不再无所适从,从而有能力去完成技术、工具和个体经验的有机重组。杜威正是要通过智识去改造人使用技术及媒介的方式。杜威对于新技术是乐观的,技术激烈地繁殖了公众,导致其数量的增长和行为的过度。然而这时,我们就可将技术的潜能彻底发挥出来,确保公众之间的纠缠。社区将人建构为共同体中的独特个体:一个好公民将参与家庭生活、社区实践,扩展个人公共空间,从科学和艺术探究中发现自己的行为的丰富性和价值。

开展社区民主、形成公众是杜威看来最有效的方法。社区公

---

① 汉诺·哈特,《传播学批判研究:美国的传播、历史和理论》,何道宽译,北京:北京大学出版社,2008年,第38页。

② 杜威,《公众及其问题》,《杜威全集1925—1953,第13卷》,冯平等译,上海:华东师范大学出版社,2015,第296页。

众的实践场景协助个体在共同体中成长与完善，个体在社区中实现公众转换；来自"大社会"的流动个体，通过成为社区公众，让固有的地方群体得到更新，完成社区公众与民主政治的补给。杜威的民主观念看似过于"理想化"，但对当代社会公众的困境而言，社区民主恰恰是最现实、最可行的道路。

结　语

李普曼关注的是"伟大社会"对全面参与式民主理想构成的挑战，杜威则设想了一个更美好的未来，即创建新的对话交流，以产生一个能够自我治理的、开明民主的公众"伟大社区"。杜威认为李普曼对政治制度的关注过于狭隘，并认为民主必须渗透到所有制度和关系中。如果没有更广泛的文化滋养，人类的解放就不可能在政治领域实现。

直言与真理

福柯话语权力视角下国际会议传播机制研究

狄　丹　张胜利

（上海对外经贸大学会展与旅游学院；

嘉兴学院）

米歇尔·福柯,法国哲学社会学家、后结构主义学者,是第一位将话语研究带出语言学学科研究藩篱的学者,对人文社会科学研究中语言学转向话语及话语理论研究发挥了关键性作用。"话语"被置于社会学研究范畴,话语、知识（话语意义）与权力的互嵌互构也成为福柯众多经典论述的标志性理论。勃兴于 19 世纪的国际会议是国家行为体进行沟通交往的主要形式之一,"二战"以来,国际会议解决国际问题的功能更是逐渐显现,与会国主体的话语与话语实践成为达成国家间共识、协调国际社会权力关系的重要工具。福柯的话语权力观有别于传统话语权力理论,话语与权力作为一切事物溯源的前提假设,拓展了话语的指涉范畴;话语成为一种规则和控制力,权力成为不对称力量的复合体,话语权力则成为阐释国际会议传播的全新视角。

一、福柯的话语权力观

福柯对话语的研究历经考古学和谱系学两个阶段,其谱系学阶段主要关注话语形成的规则和权力在话语中的运用。福柯阐释的话语具有建构性、实践性等特点,它被视为一组符号序列的构成,以话语实践形成知识并建构权力。而权力则反作用于话语,甚至控制话语,并在话语实践中对话语主体间的关系产生影响。

1.1 话语表征权力

福柯在其早期著作《知识考古学》中将话语界定为符号的构成①,阐明了话语的符号形态。之后,他又在《话语的秩序》中阐述了话语通过生产意义表征权力的观点,推动了话语研究从语言向含义、符号、认同、交往形式等②内容的转向。在福柯看来:"如果没有某种话语的生产、积累、流通和功能发挥,这些权力关系自身就不能得到建立、巩固和实现。如果没有某个特定真理话语体系借助并基于这样的联系来运作,就不可能有权力的行使。我们受制于通过权力生产的话语,除非通过真理的生产,否则我们无法行使权力。"③一方面,权力定义和诠释规则,你只知道那些允许你知道的或被认为是合法的知识;另一方面,知识产生权力,因为你所知道的决定了你能做什么。

福柯还提出,"话语是一揽子流动于社会关系中的具有限制和被限制功能的意义",④进一步明确了话语内容的丰富性影响了人们对话语范畴和话语意义的认知,除文字、话语、图像等传统话语表现形式外,面部表情、身体姿态、话语规则、话语内容结构和

① 米歇尔·福柯:《知识考古学》,谢强、马月译,生活·读书·新知三联书店,2007年,第53页。

② 倪世雄:《当代西方国际关系理论》,上海复旦大学出版社,2001年,第202页。

③ M. Foucault, *Power/Knowledge: Selected Interviews and Other Writings 1972—1977*, Edited by Colin Gordon, Translated by Colin Gordon. New York: Pantheon Books,1980, p.93.

④ Michel Foucault, *Dits et Écrits*, Ⅲ (*1976—1979*). Pairs: Gallimard, 1994, p123.

外部世界规则等非语言要素逐渐成为影响话语体系建设的重要因素。在话语实践中，话语和话语体系在传递意义和表达思想中，呈现出偶然性、差异性、非连续性、建构性及传播性等特点，由话语形成、产生和扩散所组成的话语实践过程与其表征的权力作用过程相一致，为持续表征动态化的权力关系奠定了基础。

1.2 权力重构话语

话语与权力之间具有不可分离的特性，话语实践的过程被视为权力发挥作用的过程，因此，权力重构话语符合话语与权力间互动互构的模式。福柯从微观视角界定了权力的概念，话语与权力不能等同①的观点为权力生产的分析提供了思路，也为话语实践与权力关系的勾连提供了内在逻辑。福柯认为，"话语是一系列运作于权力普遍机制中的元素"。② 权力关系决定了话语的生产和传播，话语则是权力存在和发挥作用的前提。权力的运作制造出新的知识对象和信息体系，③表现为新话语和话语资源的不断涌现，而新的话语知识又成为重塑权力关系的工具。话语生产过程所遵从的程序和规范同样蕴含着话语主体间错综复杂的权力关系，这一权力关系控制了话语结构、话语范围、话语内容、话语组合以及话语策略的原则与程序，话语在权力的干预下实现了内容与实践的制度化和秩序化。

福柯对话语权力观的阐述倾向将权力理解为关系的权力。"权力不是一个机构，一种结构或一种某些人被赋予的力量；它是

---

① 王治河：《福柯》，湖南教育出版社，1999 年，第 185—186 页。
② Michel Foucault, *Dits et Écrits*, Ⅲ（*1976—1979*）. Pairs: Gallimard, 1994, p465.
③ 乔治·拉伦：《意识形态与文化身份：现代性和第三世界的在场》，上海教育出版社，2005 年，第 126 页。

给定社会中复杂策略关系的总称。"①权力的关系属性使其生产与作用表现为行为主体间的相互影响、安排和设置,因此,通过改变构成权力主体的内在和外在因素也是重构权力关系的重要路径之一,即福柯所言,"不存在和知识构成无关的权力关系,同时也不存在与假设权力关系存在并与其构成无关的知识"。②由此也印证了福柯话语权力理论的核心思想:话语即权力,权力即话语。

二、国际会议传播的本质

会议是面对面话语互动的传播方式,是人类社会交往的传统形式之一,也是现场集聚化、组织化、秩序化的话语实践活动。通过会前召集、会中议事与会后执行与监督,话语实践的内容与形式被不断具体化和丰富化,形成了以话语互动为表征、以权力关系互构为核心的会议传播形态,国际会议传播更是突出表现为与会国主体间的话语互动实践和与会国个体追求国家利益、建构国际社会权力关系的平台。

2.1 意见表达

会议赋予与会个体表达自身观念的权力,与会者意愿的表达与展示也是与会主体参会议事的基本权利和义务。在会议沟通中,与会者的意见表达是具有目的性的话语实践活动,是在遵循会议议事规则前提下展开的"陈述",包括会议议程、表达规范以及内容相关等原则共同作用于与会者意见表达的内容和方式,与

① Michel Foucault, *Power and Knowledge*, New York: Pantheon Books, 1988, p. 236.

② Michel Foucault, *Surveiller et punir*, *Naissance de la prison*, Pairis: Gallimard, 1975, p32.

会主体在会议议事中的意见表达需满足主体身份角色和会议主题要求，在此基础之上，相互协调观点和意见、共同建构会议话语体系。

福柯提出："个体话语是已知的和可靠的，其所属语言系统展示出话语主体的身份。个体话语因其形成于特定社会时期而难以定义界限，随着社会发展与个体心理变化，个体话语体系中或融入新话语，或是原话语被修改，所形成的话语体系具有创新多变的特点。"①个体话语主体所处地域、历史发展、社会文化及政治经济发展现状的差异决定了个体话语内容有先天个性化和多元化的属性，话语主体在自身话语内容发展历程中始终处于不断变化的进程，创新、筛选、淘汰、融合成为个体话语主体建立个体话语体系的策略与惯习。国际会议为个体国家主体与个体国家话语内容的集聚提供场域，个体国家话语存在于自主提案、发言、辩论及决策等会议全过程中，话语实践表现为国际会议话语的竞争性和权力性。

国际会议话语竞争性主要体现在个体国家话语体系内部与国际会议主体国家话语间的竞争，前者是个体国家在自身话语体系内部筛选决策所形成的自主提案，后者主要指国际会议发言与辩论中，不同主体国家话语内容通过冲突与融合所建立的国际会议话语体系。例如，1955年，由29个亚非国家和地区政府代表团在印度尼西亚召开的亚非会议——万隆会议的议题主要包括保卫和平、争取民族独立和发展民族经济，我国在分析国内外形势和与会国间权力关系的复杂性后提出了互相尊重主权和领土完整、互不侵犯、互不干涉内政、平等互惠和和平共处五项原则，即

---

① Sylvere Lotringer，translated by lysa Hochroth and John Johnston，*Foucault Live Collected Interviews*，1961—1984，Semiotexts，p19.

与会国个体话语和话语体系。中国作为本次国际会议与会国,个
体话语体现出中华人民共和国成立后发展国内经济与开展对外
交往的意愿,是国内话语竞争与国际话语竞争共同作用形成的个
性化话语体系。万隆会议最终达成的十项原则作为会议与会各
国个体意见协调后的认知共识,对与会国具有道义上的约束功
能,而中国的个体话语和平共处五项原则也成为会议共识十项原
则的基本内容,极大提升了中华人民共和国在国际社会的影响
力,进而也实现了对内强化思想观念和对外塑造国家形象、争取
国际话语权的功能。

2.2 建立共识

福柯认为:"考古学更多是这样一种研究,其试图寻找认识和
理论成为可能的原因;根据何种秩序空间,知识才得以形成;依据
何种历史先验并在何种实证性元素中观念才得以出现,科学才得
以构成,哲学中的体验才得以表现,合理性才得以形成、解体和快
速消失。"①人类社会知识的形成依赖于主体认知、认知情境及认
知规则的共同作用,知识并非仅仅是话语的表象,而是集合了制
度、文化、空间等因素的综合体。已建构的知识和知识体系则规
训主体的认知和行为的真理。在福柯对知识的分析中,知识的工
具理性属性逐渐显现,"知识是让我知道那些必须作为个人来保
护的东西的存在,作为对外部世界的理解,知识也是生存的手
段"。② 人类社会诞生之初,伴随着主体人之间的沟通互动活动,
随着个体认知能力的提升和外在环境的变换,潜藏着知识主体的
本能、冲动、欲望、利益、意志等内容的知识和知识体系始终处于

① Michel Foucault, *Les Mots et les Choses*, Paris: Gallimard, 1966, p13.
② Michel Foucault, *Politics*, *Philosophy*, *Culture Interviews and Other Writings 1977—1984*, edited with introduction by Lawrene ed. Krithzman, 1988, p36.

不断建构的进程中,知识主体不仅忠实于自身的原生知识,且以其作为理解客观外部世界的参考和依据,进而发展自身的原生知识和知识体系。

国际会议传播是国家行为体认知自身与国际形势的重要平台,具有个性化的国家主体话语与知识体系,通过国际会议传播情境习得与会议主题和议题相关的话语和知识,并在和与会他国主体间的沟通互动中建立共同认可的知识体系。在国际会议传播中,话语是建构知识的基础和前提,经由话语演变成的知识是建构权力关系的重要依据,也是知识被与会国主体动态化建构的载体。国际会议传播为与会国主体提供了争取个体权力的平台,与会国主体通过会议的环节设置,利用发言、提问、辩论、决策等方式展示和表达个体话语和话语体系,与会国个体话语和话语体系在会议中被优化、调整和协调,形成与会各主体国家共同认知与认可的国际会议话语体系,建立属于国际会议传播下特有的权力关系结构。1945 年的雅尔塔会议是由美国、英国和苏联三个大国就制定战后世界新秩序和利益分配问题而发起的一次关键性首脑会议,会后形成的雅尔塔体系对战后世界格局产生了深远影响,其中确立的"大国一致"原则,巩固了苏联在联合国的牢固地位,获得了其在远东地区的权益保障,提升了苏联在联合国和远东地区事务影响力的同时,会议所确立的战后和平与安排的话语和话语体系成为与会各国家主体就国际秩序和战后安排问题进行话语再塑造的依据。

2.3 协调关系

福柯所阐述的权力关系是指人与人之间、事物与事物之间以及人与事物之间的相互作用和相互影响,交往实践是关系建立的基础,话语作为影响权力核心关系的变量,是存在关系和存在方式的生产性力量。福柯提出,"差异体制、对象化类型、工具模型、机构化形式及合理化程度是分析权力关系的主要因素"。① 权力关系形成的内在复杂性融合了权力对象、权力主体、权力关系建构机制等多方变量因素,表现为权力关系始终处于"不稳定"状态。国际会议传播中权力关系的调整,与国际形势、主权国家、会议主题与制度及与会国间的互动等因素密不可分。例如,哥本哈根世界气候大会(2009)是《联合国气候变化框架公约》第 15 次缔约方会议,与会 192 个国家的谈判代表以商讨 2012—2020 年全球减排协议为主题,目的是在未来应对气候变化的全球行动中形成责任共担的模式。与会国鉴于本国经济社会发展的现状对会议主题的辩论异常激烈,参会发展中国家主体和发达国家主体表达了具有竞争性的观点与言论。最终,哥本哈根世界气候大会以失败告终,并未形成会议共识,使得与会各国在承担全球气候变暖责任的问题上,呈现出复杂混乱的关系秩序。

　　国际会议传播中关系的协调主要是以信息的沟通、态度的传递、情感的融洽等方式增进相互间的了解和信任,并由此建立和谐的话语互动模式,建立以共识为基础的"制度性话语"约束机制,并依托国际机制(国际会议)有序调整与会者国家间的权力关系。国际会议传播权力关系的建构进程体现了各国家主体间话语互动的过程,主体国家通过建构主导性、竞争性话语实施与参会国家主体间权力关系的协调,进入他国所设定的议题话语体系,是开展议题与提出权力互动的基本途径。与会他国通过国际会议所提供的与会各国公平、公开、公正参与议事的机制,以议题(话语)影响他国认知和观念。

① 米歇尔·福柯著,汪民安编,《自我技术福柯文选Ⅲ》,北京:北京大学出版社,2015 年,第 133 页。

三、国际会议传播的特点

福柯认为,话语实践受到权力生产和作用机制的影响,话语对象、话语领域、话语表达方式等话语实践要素构成了权力生产的内在逻辑。话语实践是国际会议协调国家关系的必要手段,与会国主体本着个体意志在固定时空下实现了与会国代表建议主张的集聚,通过遵循会议制度规则,各国间就会议特定主题和议题的传播互动(话语、行为等)达成与会各国的共识(话语体系),进而建构与会各国主体间的权力关系。国际会议传播的本质分析是福柯话语权力理论不同面向的展现,从话语权力的传播维度,国际会议传播具有如下特点:

3.1　互动性

人的社会属性决定了人在生存过程中必然与他者存在交往互动的行为。17 世纪,洛克从认识论的视角论述了交往,隐喻了互动存在于人类交往行为中的必然性。上帝既然意在使人成为一个社会的动物,不仅把人造得具有某种倾向,还在必然条件下同他的同胞为伍。① 洛克的论述明确了人与人交往的契约关系,奠定了现代社会人际交往的重要基础。关于人类交往,孟德斯鸠提出了和平共处的重要性,强调人类生存发展过程中的互助需要,而和平共处与互助需要本身也是对交往互动本质的回归。马克思在《德意志意识形态》中也曾提出"个人彼此之间的交往""和他人的交往""互相交往""内部和外部交往""普遍交往""世界交往""各国彼此交往""广泛的国际交往"等诸多交往形式②,而互动

① 洛克:《人类理解论》(下册),关文运译,北京商务印书馆,1995 年,第 383 页。
② 侯才,阮青,薛广洲:《马克思哲学史论》,北京:中共中央党校出版社,2005 年,第139 页。

则作为人类交往实践的核心,表现为话语和话语实践的基本形式。

现代会议的出现将洛克所阐述的人际交往的契约关系置于会议召集的前提下,并作为与会者参会、议事和执行共识的保障。国际会议与会国以国际机制赋予的契约关系参与话语实践,一方面推进了与会国参会行为的社会化,另一方面也提升了与会国建立规范化交流的惯习。国际会议传播中与会国主体的个体需要是推动与会国参会的根本动力,与会国个体诉求也是促使其展开话语实践的重要动力,突出表现为与会国利用多样化的对话交往,促进与他国的话语互动实践,表达个体意志的同时协调他国的差异化观念。国际会议为与会国提供了面对面对话交流的平台,实现了人类交往行为互动性本体的回归。

3.2 仪式性

源自于古典神话的仪式早期被视为人类宗教领域的行为和实践。仪式研究的先驱涂尔干曾提出宗教现象的两个基本范畴,其中包括了信仰和仪式,前者是舆论的状态,由各种表现所构成;后者则是某些明确的行为方式。在对仪式概念的界定中,涂尔干强调了各种行为的准则是仪式,它规定了人们在神圣对象面前应该具有怎样的行为举止。[①] 仪式不仅是行为表现,还是社会实践的综合反映,其内涵具有丰富性、多元化等特点。仪式内涵的丰富性在詹姆斯·凯瑞所阐述的传播仪式观理论中被深入论述,有秩序的、有意义的文化世界在形塑人类行为中发挥了积极作用,而仪式的形成与建立离不开话语规范的塑造和话语实践的巩固。

---

① 涂尔干:《宗教生活的基本形式》,渠东,汲喆译,上海人民出版社,1999年,第42—47页。

国际会议传播的仪式性体现在参会行为、参会程序等方面，从与会国代表履行参会义务到会中发言、辩论和决策，其仪式性行为建立在与会国共识性认知与惯习的基础之上，突出表现为制度化和持续化的仪式活动，而话语和话语实践则渗透在仪式活动的各个环节，话语实践形成的知识、制度、真理成为构成仪式的重要内容。仪式包括内部意义和社会关系。① 国际会议传播中的创新性仪式也被视为话语实践的创新形态，创新性仪式活动兼具象征意义和塑造关系的功能，而后者也与传播仪式观密不可分。国际会议仪式作为与会国代表话语谈论和行为实践的对象，呈现日渐丰富、多元的内容与形式，与会国对仪式活动的参与同样印证了话语在国际会议传播中所具有的建构意义。

3.3　功能性

会议自诞生之日起就带有功能属性，这种功能性是指会议能够满足与会者特定的需求，一般包括参会者的现实需求和潜在需求。从人类社会早期的宗教性集会、氏族部落会议，到近代议会中的参政议政，再到现代社会政治、经济、文化等多领域的集聚性交流，充分展示出多元化与多样化的会议内容与范围。会议具有决策、分权、交流、现实和晓谕等诸多功能，适当的会议对于联络交流感情、促进人际关系的和谐等方面发挥着积极的作用。② 国际会议传播具有传递信息、展示态度、沟通情感、分配权力和利益以及塑造各与会国行为等特点，其功能性特点的本质在于各国家主体能够通过面对面的对话实现具体问题的有效

① 刘锦春:《仪式、象征与秩序》,天津南开大学,2005 年,第 10 页。
② 陈闻晋、王怀民、姚忆:《会议研究初步》,武汉水利电力大学学报(社会科学版) 2000 年第 5 期,第 62—66 页。

沟通,协调各与会国分散意志的同时,扩大相互间的认同和认识,进而促进国家主体间情感的融洽和问题的妥善处理。国际会议规则、规范与制度规定了各主体间话语与话语实践的方式,国际会议话语被一定的程序控制、组织和再分配,为与会国个体建构身份角色、权力关系提供了机制化的保障。国际会议传播与会国基于会议的议事规则、议程日程、主题惯习,协调个体诉求与参会他国的共识性话语和话语实践,进而实现与会国个体、国际会议等多方诉求。

3.4 集聚性

汉代焦赣《易林·讼之咸》论及"仁圣相遇,伊吕集聚",其中集聚代表了会和与聚会的含义,强调在某一特定的时间和地点,各要素为特定目的而快速集中。会议沟通的特点正是主体、信息、权力、关系等各要素的现场集聚,为与会主体话语实践和权力关系的建构提供了外部基础,权力内嵌在会议沟通的各构成要素与会议的结构机制之中,并以话语实践的形式存在于会议议事的情境之内。会议的集聚性是实现会议议事的必要前提,集聚性也成为会议沟通有别于其他传播沟通方式的竞争优势。国际会议的集聚性体现为多边国际机制的对话平台,就集聚内容而言,国际会议聚集了与会国(对话主体)、与会国议题(个体话语资源)、与会国代表、会议共识(共识性话语)等要素与内容,并以话语和话语实践为集聚要素与内容展现的形式;就集聚性形式而言,国际会议传播中包括信息集聚、人员集聚、技术集聚、物质集聚等要素,会前要素与内容呈现出逐渐积累的过程,在会议进行中的集聚要素与集聚内容表现为互构互建的过程,而会后要素与内容的显性集聚开始下降,转向了由执行会议决议的各要素与内容经协商后的会议共识所构成的内在隐性集聚。

3.5 目的性

人类交往活动带有明确的目的性。会议诞生于人类社会的实践,作为人类集体活动的主要形式之一,会议的召开是在一定目的的驱动下进行的对话互动活动。根据会议性质的不同,其目的性的表现或明显或隐蔽,而根据会议进程中的不同阶段,会议目的性的表达和展示也存在着差异。现代国际会议的目的受到19世纪国际会议解决国际问题功能的影响,问题导向成为国际会议话语实践的主要目的。例如,巴黎和会(1919年)限制德国等其他战败国,由英法等帝国主义国家操纵的本次会议的根本目的是建立凡尔赛体系和确定"一战"后欧洲、东亚、非洲的新秩序。根据目的主体划分,国际会议的目的主要包括与会国个体参与目的和国际会议目的两类,前者目的内容更具个性化,是促发与会国参会、形成参会话语和构建与会国权力关系的根本动力;后者目的内容具有普适性,是国际会议长久维持和巩固的重要保障。

四、构建国际会议传播话语权力的基本路径

话语研究中的后现代主义转向引发了对话语中内嵌权力的探讨。福柯将话语从语言学的禁锢中解放出来,强调话语一方面是具有历史规则性的事件,另一方面也是社会实践的事实,如是,国际会议传播中话语的分析离不开特定的语境和情境,话语主体的功能位置、行为方式、过程规律与话语实践共同建构了相互间的话语权力关系。

4.1 议题:话语资源

现代国际会议中的"表达"是以交际、传播为目的,以事、物、理和情为传播内容,语言和非语言等符号作为传播媒介,实现以

听者或读者为传播对象的传播活动。在全球治理时代的当下,国际社会的无政府状态为国家行为体参与国际社会话语体系的建构提供了可能,国家行为体所具有的话语资源借由国际会议平台进入国际会议议题(国际话语),成为与会国家间共时性的话语资源。其中,议题是与会主体议事的话语和话语体系,具有引导与会国家主体有序对话的功能,不仅承载了国家行为体个体权力利益的诉求,也成为国际社会协调权力关系的重要工具。福柯对权力的论述广泛,话语对象是话语建构的结果,随着话语规则的不断变化始终处于动态建构的进程。① 正如他所言,话语对象的动态性遵循"知识型"②设定的规则,并由此形成话语结构或话语构成,进而决定与会话语主体的言说内容和行为方式。

按照议题来源,国际会议议题主要可分为自带议题、延续议题和创新议题。其中自带议题和创新议题来源于各参会国,是各参会国话语资源、话语运用等实力与能力的展现,其多元多向的特点决定了议题具有竞争属性。因此,议题的话语实践(陈述)成为个体议题能否进入会议议程的关键。福柯提出,话语以某种特定方式规定和控制着人们谈论的话题,需要不断加以颠覆。③ 国际会议议题集合了国家行为体的主观意志、国际社会环境等综合性因素,处于不断演进的进程中,一国依据特定话语逻辑,通过创新议题、拓展议题、延续议题等方式不断构建国际会议传播中的话语,以实现参与国际话语权竞争的目的。

---

① 米歇尔·福柯:《知识考古学》,谢强等译,上海三联书店,2003年,第48页。
② 福柯将话语视为历史规律的整体,规律总是被确定在实践和空间里,而这些实践和空间由一定的时代和某些既定的、社会的、经济的、地理的或者语言等方面确定了陈述功能实施的条件。对上述必然的条件,福柯将其称之为"知识型"。米歇尔·福柯:《知识考古学》,谢强等译,上海三联书店,2003年,第130页。
③ 胡春阳:《话语分析:传播研究的新路径》,上海世纪出版集团上海人民出版社,2007年,第137页。

4.2　议程：话语阐释

议题与议事程序构成了会议的议程，议题是构成会议议程的基本要素，是会议议事得以实施的必要前提，也是与会者话语实践的对象。议题与议程相互作用，共同构成了"主题化时空"的议事活动。话语的规则属性决定了议程具有秩序性和次序性，议程中位于不同位次的议题不仅显示出议事的规范与惯习，也显示出不同议题内容之间关联的强弱，即议程中每个议题的重要性、紧迫性和相关性不尽相同。议程设置的成功取决于一个行为体是否居于有利地位，恰好拥有或可以利用"切入点"，受此"切入点"影响的议题本身的重要性、紧迫性、逻辑性、相关性构成了议程的内在逻辑，是影响议程与议题成功设置的重要因素，也是话语运用能力的展现，而与会主体基于会议议题的话语互动是确立国际会议参会国家间权力和权力秩序的必经路径。

基欧汉和奈认为，在相互依赖的复杂国际政治环境中，国家行为体将自身关注的问题在国际组织（国际会议）中提出，并通过议程扩大或缩小来追求自身优势的最大化。① 国家行为体以提案的方式将自身议题（话语）引入国际会议议程，议题依据国际会议的议事规则被定义、解释、讨论和评判，话语在这一过程中被逐渐规范化和体系化。20世纪90年代，曼斯巴赫和瓦斯克斯从国际政治中议题设置的视角，阐述了国际会议话语运用的问题，国际议程是能够包含众多国家行为体或解决特定问题的议题，国家行为体间的议题存在相互重叠内容的可能。② 议题重叠的相关国家

①　罗伯特·基欧汉，约瑟夫·奈：《权力与相互依赖》，门洪华译，北京大学出版社，2003年，第34—35页。

②　John A. Vasquez and Richard W. Mansbach. "The Issuue Cycle". In *Conceptualizing Long-Term Global Political Change*. *International Organization*, 1983(37)2, p.260-261.

具有建立认同和共识的话语与知识基础。

4.3　共识：权力关系的形成

福柯认为，权力是一种生产性的流动概念，在社会关系网络中，以调度、计谋、策略和技术的方式发挥自身的支配效应。权力如何通过话语渗透到个体行为成为揭示福柯权力内嵌于话语的核心内容。国际会议达成的共识对与会国具有约束的功能，是与会国共同参与话语生产（议题）、传播（议程）和应用的结果，对调整国际会议中不对称的权力关系具有重要意义。

会议议事产生形式多样的会议结果，表现为会议决定、决议、条约、声明、共识、宣言或表决等话语，会议结果展示了与会者沟通互动后的共识，国际话语权的组织与分配，是与会者共同利益和权力关系的反映。经由国际会议实现的国际及话语权，是通过国家行为体制造和传播话语来行使的国家权力。国际会议共识是由特定话语构成的话语体系，其中包括了可识别的符号和知识，这一话语应符合共识（话语体系）的构成规则，同时满足参会各国认知理解的普遍要求。共识（话语体系）是议题（话语）和议程（话语与规则）相互作用的结果，共识建立在议题与议程的基础之上，话语成为国际会议共识形成的核心。

结　　语

福柯的话语权力观是关于话语与社会权力关系的理论，作为贯穿其思想理论的内在逻辑，权力形成的工具和权力产生的机制成为福柯阐释的重点。在福柯看来，话语和话语实践的过程形成了话语主体间的知识（共识与真理），进而建构了话语主体间基于特定情境下的权力关系。以话语和话语实践为基本传播方式的国际会议，通过会议规范、制度、惯习及议事规则赋予与会国个体的个性化话语资源融入国际会议共时性话语体系的权力，国际会议传播也因此形成了"生产（话语）—建构（权力）—再生产（话语）"的话语权力互构模式，国际会议的议题、议程、共识成为构建国际会议权力关系的网络。巩固和再造与会国个体话语与话语体系，规限了与会国个体话语上升为国际会议话语的路径，并塑造了与会国主体间权力关系的制度化模拟，从而促进了国际会议在国际关系构建中发挥越来越不可替代的重要作用。

论越界：超越愉悦

——现实原则与律法的限度

俞盛宙

（华东师范大学哲学系、
巴黎高等师范学院哲学系）

一、界限之思：福柯与拉康的"越界"问题

1.1　福柯的《僭越·序言》概述

我们首先以对福柯《僭越·序言》的考察开启这一章的旅程。这篇文本最早发表在《批判》杂志 1963 年巴塔耶（1897—1962）纪念专辑上，福柯于此揭示了上帝之死与主体之死后语言何以作为独立的物质性出现在哲学与文学的地平线之上。承纳上帝之死的后果，福柯提出："我们根本就没有对性进行解放，尽管，确切地说，我们已经将之进行到各种极限，包括意识的极限，因为性最终制约着对无意识解读的可能性；法律的极限，因为性似乎是普遍禁忌的主要内容；语言的界限，因为性追索到了那表明语言可在沉默的沙滩上走出去多远的界限……性是一个裂隙……标示出内在于我们的界限，并标明，我们本身就是那个界限。"①

---

① 米歇尔·福柯：《福柯文选：声名狼藉者的生活》，汪民安主编，北京大学出版社，2016 年，第 42—43 页。

意识限制了无意识的解读,法律限制了既有的禁忌,语言为沉默沙滩的远点打下界标,这三项同时都归拢到了未被解放的性,此种限制产生于上帝带来的外在性的退场和内在性与自我主宰的经验的到来,然而这里又引起了另一种空洞,"它在其中消耗了自我,但发现它其实在那里是缺失的"。① 换言之,这篇序言的目的由这一自我消耗、自我消解与自我限制的空洞申发开来,它带来的正是界限的无界限领域。一个受到限制的全然实证的尘世世界并未被交还给我们,相反,一个经验本身限制下的世界为此种僭越制造而又被拆解。僭越是怎样在限制之中揭示诸种限制的呢? 一方面,僭越无休止地逾越并再次逾越界限,如果一条界限无法被逾越,它就无所谓为界限,但倘若这条界限只是气若游丝的摆设,僭越就被剥夺了意义;另一方面,僭越把界限带到存在的边界处,迫使界限消失,僭越的主体因此反倒置于被自己排斥的事物中。

福柯指出,僭越与界限的关系决不是黑白分明的开与关、允诺与禁止的对待,而是螺旋上升的。以黑夜中的闪电为例,它从内部照亮整片黑暗,但那骇人的惊异之亮完全归因于黑暗。这里不存在黑暗向光明的转化。

僭越行为既不是在一个分裂的世界(一个伦理的世界)中的暴力,也不是(在一个辩证或革命的世界)对各种限制的胜利,正因如此,它的功能在于去测量它在界限中心所打开的过长的开口,追索那让界限出现的闪亮疆界。僭越行为不带有任何否定因素,而是肯定受限定的存在——即肯定由它破天荒第一次所打

---

① 米歇尔·福柯:《福柯文选:声名狼藉者的生活》,汪民安主编,北京大学出版社,2016年,第47页。

开、并跃入其中的这个领域。①

　　这段话十分关键,由此,福柯引出了一种非肯定性的肯定哲学,存在的直接性拒斥及物性,它排空了任何实证因素,不为任何内容束缚,将其全部推向确定性的终结,在这个空洞的核心,存在与界限相互定义。这是对既有的价值和思想的放逐,同时,推向边界之外的这一思想总是指向空洞。是何种不可能生成了此种空洞呢? 与康德的人类学迷思拉开距离,福柯反对用形而上学思维笼罩下的矛盾律和总体性替代对界限和存在的质疑。但这样一种语言还有待解放,哲学的语言需要从中解缚,鉴于此,哲学务必重新寻回非辩证法的自然而然的语言。其一,哲学的极性在于理想的被净化后的元语言和盲目的真理环绕的语词之间的消散状态;其二,就此,这种缺场指向一种不可操作的、与主体分裂的既被连接、又被分离的语言。哲学的主体性融化到了语言之中,借助这一语言,它运作到了其所出的开口处,被清空的自我装载到了这一极限的语言边界。其三,以此说来,福柯脱离了苏格拉底以降的主流哲学传统,即认为语言担保主体统一的预设。但福柯指出,哲学家的体验不在外在事故,而是在语言的去主体性的内核处发现了存在对哲学的僭越。其四,眼睛象征着他推崇的内在体验。眼睛是为黑暗环绕的黑色球体、是设限的圆圈,"它向他周围的世界发出光亮,同时又以一种不一定矛盾的运动,将它猛然投入井底的透明中"。② 当进行哲学言说的主体被颠覆时,视觉将眼睛掷出,使得眼睛背后的无数眼睛剩下只能被看见而不能去看的象征光之暴力的眼白(黑眼珠则是关闭球面无法看到自身的

---

① 米歇尔·福柯:《福柯文选:声名狼藉者的生活》,汪民安主编,北京大学出版社,2016年,第52页。

② 同上,第63页。

缺失），此种颠倒僭越了日与夜、黑与白的固有界限，"向上翻的眼睛就在它演绎出界限和存在关系的那一刻发现了把语言和死亡系在一起的纽带"。① 一句话，引发视觉的眼洞既是绝对的界限也是绝对的盲点，有限与存在的关系转向自我语言之间的联系。"那回转的眼睛标示出巴塔耶哲学语言的一个地带，即那空洞，它将自己投入并迷失在那空洞中，但又从未停止在里面言说。"②

福柯这一篇《僭越·序言》的思路从非肯定的肯定哲学走向内在体验，最终将界限的经验勾连到说出不能言说之物来实现自我与他本人的旨趣，即性一直都言说缺失的密切关联。不过，其实在巴塔耶那里还有另外一条思路：早在拉康之前，他就提出过规约与过度之间的关系。律法内在地已经包含了它的违犯（infraction）。在拉康的进一步发展中，父亲的法则不仅仅是主体终身摆脱不了的象征坐标，它本身就是淫秽乃至残忍的（齐泽克对其论述甚多）。僭越因此不仅仅是体验释出的跨越（不）可能性，也不为性经验与自我语言局限，而福柯在《外界思想》中这样写道，"关于僭越。不激怒法律，不追赶其至隐秘之处，也不断然地更进一步进入它总是退隐于其中的外界……这就是为什么僭越竭尽全力超越禁令从而有意把法律吸引到自己身边的原因……它最终所作的是在它薄弱之处重新加强法律"，③可见福柯内里本有的又一重张力。如杨凯麟概括的："越界的法文字典意义是违反某种秩序、某种律法……但福柯的问题并不这么简单。律法不是不得被跨越的界限与禁制，吊诡的是，我们只有在它被违犯时才会见识这个界限。换言之，它的可视性正在于它的被冒

---

① 米歇尔·福柯：《福柯文选：声名狼藉者的生活》，汪民安主编，北京大学出版社，2016 年，第 66 页。
② 同上，第 68 页。
③ 同上，第 165 页。

犯,只有它被挑衅、激怒与跨越时才显露它的面貌。如果只是以此设想越界,我们仍然离上述界限/跨越(律法/违法)的二律背反不太远,只是律法以其惩罚机制来自我显现……关于界限的第三种思索,福柯式的界限(或界限经验)并不直接来自界限,而是其被跨越冒犯,因为界限在被跨越前是不可见的,它仅有跨越行动才变得可见……不只在于对律法的违犯或挑衅,而在于总是被置入重复的跨越,是跨越在超越练习下的激进差异与其永恒重复。"①这段话渗入了浓重的德勒兹的思想,不过尽管如此,跨越与越界、经验之界限与界限经验的划分是恰如其分的。但这种超越性与主体的关联如何避免遭遇自身的界限呢?

1.2 拉康与福柯的引申比较

当然,首先,福柯并不是一位反哲学家,他将语言与死亡、界限与存在从及物的自明主体之中拯救出来。如果说,福柯版本的僭越与逃离、缺席最终引向他独有的话语分析,那么拉康则在他的一系列继承自弗洛伊德传统的术语中展开他在哲学语境之外的构思。因而这里的比较仍然是一次两者之间的对话。

去主体化在他们这里有不同的运用。福柯的意志在于贯穿言说不可能,与笛卡尔"清晰的视觉认识"(acies mentis)中为传统哲学侵蚀的主体保持距离,它被扭转为面对不可言喻的界限,即死亡的关切。这里的四项元素组成两条对角线:上帝与性态,语言与主体。然而,拉康的主体须臾都不能脱离无意识、大他者及对象 a。简言之,哲学的论域与之相较已经隐然具有某种内在的限制。拉康的僭越在我们展开其具体内容之前已经不在语言"自然而然"的哲学合法性的内部了。拉康的词汇表更多涉及的是满

---

① 杨凯麟:《分裂分析福柯》,南京大学出版社,2011 年,第 69—70 页。

足—享乐、道德(小写的善)—伦理(大写的善),等等。这些非福柯之局限,而是更显域外的范畴。

对于福柯而言,僭越是伦理的,因为这一限制恰恰包括了主体将要陷入的贫瘠与断裂,这一宏大的母题似乎为整个 20 世纪后半叶的法国思想所分享。然而,颠覆性与平衡(equilibrium)在福柯这里是同在的:主体的有限性一方面指涉福柯这里显豁的越界(fanchissement)思想;另一方面,内部未被排除的内容容纳在了动态的界限之中,这里便是他更隐秘的收缩(resserrement)。

事实上,在生活世界(Libenswelt)的超越性之上建立的,是他内含的本体论:

僭越行为无休止地逾越和再逾越那条界限,而那界限则以极端的快速关闭如此被打开的门户,于是使僭越行为再次回到那不可逾越的地平线上。①

伦理学向本体论的转变仅仅凭这只言片语就能成立吗?我们应当清楚,我们习惯上已经存在的秩序是我们通常不能逾越的:这包含了给定的或男或女的生物性别,疯狂与否的既定的社会判准等等,这是一个为我们所共享的世界(le monde partagé)。可是,福柯的越界伦理指认的地平线已经看到了例如麻风病人就是要被监禁的事实;换句话说,在他的越界实验中,此种内外之间的穿越和更动(alteration)显然只能回归自我之语言的去主体性,这一本体论无疑是不完全的。当然,他没有抱持任何进步主义的"明天会更好"的简单立场,只是这一地平线的问题、两个世界的隔阂无法被他很好地克服,毕竟存在可以被悬置但不能被放弃,

---

① 杨凯麟:《分裂分析福柯》,南京大学出版社,2011 年,第 49 页。

主体可以被掏空但不能被湮灭。在拉康这里,那个被分享的既定世界被定义为对好处/复数的小写的善(des biens)的追逐,而这条始终横亘的界限在拉康这里被转入了无意识的大他者结构对主体的正反双向的作用中,因而在很大程度上避免了福柯的困难。

福柯的伦理学与这里的本体论动机之间或许没有断裂,是一以贯之的,可是他在哲学资源中的腾挪仍显生硬和不足。在拉康这里,他的阈限(直译门槛,le seuil)思想能明显地帮助我们在阻隔欲望幻想的屏幕与力比多的疏泄之间谋得一种精神分析意义上的平衡。此外,在僭越问题上正常与病态①的区分仍然不够,纯粹的、尖锐的批判,"哲学家的锤子、用鸽子的步伐逼近的超人"②还要深入更内在的肌理。显然,在拉康这里正常化被整合为象征性的一部分,这是运用不同的概念工具所产生的不同的必然结果。

不过,两者间可能的对话也不该被我们忽略:拉康认为界限一旦被打破就不可能再重建,尤其是精神病的非—主体已经处在任何界限之外,我们在此意义上不得不承认界限,而福柯那里的界限包括了双重的转折:遭逢新的界限或消除被排除的界限。在福柯的平衡与颠覆之外,拉康开拓的精神分析的疆土的界限,其根本性和双向性弥合了福柯不能完全沟通的两个世界。

在福柯的曲库(repertoire)这里的缺失、界限中的无界、主体

---

① 在康吉莱姆那里,正常是可度量的平均值,它不仅指器官功能的惯常状态,也标示某种理想状态。在医学中,生命中动量的极性既是规范的活动也是包含某种价值的无意识价值。具体来说,病理学原意是指对正常状态的偏离,我们不应当用 a-或者 dys-这样功能性的前缀加以修饰;相反,在治疗中,hyper-和 hypo-却可以建立起连续性。18 世纪的定量研究的标准不予康氏承认,生命本身比与医学重叠的部分更多,它具有自我保存以外的价值考量。人的主体性不能为客观研究所涵盖,他提倡的质性研究包括了事实之外的价值。

② 同上,第 55 页。

的清空约等于拉康的缺在(manque-à-être)、被抑制的剩余享乐与被劈裂的主体。随着上帝与界限一起在福柯的语境中被移除,我们依然会遇到那受限定的存在,这一被分享的世界就这样为僭越的行为所打破和编织。为了肯定此种受限的存在,最终,在僭越与存在之间,语言在生存美学的翩跹起舞中摆脱了死亡的迫临。一句话,福柯的努力意图沟通他的两个世界,在摆脱了超验之维后,他还是无法为被缚的我们找到一条回到希腊人之外的更好的道路,是故,我们接着来看在任何的存在论之外的拉康式僭越。

二、拉康"faute"概念的探究

对拉康而言,象征界的衰落(同时在病理与社会文化意义上)及对禁止本身的禁止("五月风暴"的著名口号)是现时代处于张力中的两种状况。越界涉及的不仅仅是对律法的规避乃至阻断,也要区分遭遇实在的僭越、幻想的冲动、倒错的虚假违规与虚构的现实等诸多相互关联的概念束。

首先,我们来看,拉康在《精神分析的伦理学》(1959)的开头引入的这一年的主题:

我们的经验带领我们深入到我们从未在犯错(faute)的宇宙中所做的事情。这就是我们使用的词,我们往往用形容词修饰它。譬如,犯错的病态的宇宙。事实上,也许在病态这个方面我们将其提升到了很高的层次……给人强烈印象的无外乎看到它臣服于一种看似过量,甚至戏谑的乐观主义的诱惑,并且认为向着病态的某种缩减能引向一种犯错的挥发(volatilisation)。我们所做的其实决不少于犯错的吸引力。①

---

① Jacques Lacan: *L'éthique de la Psychanalyse*, Seuil, 1986, p.10.

　　拉康选择 faute 这个词显然禀有其精神分析的特定含义,而非只是指涉道德的欠缺。Faute 既不指单纯的错误(英语里的 fault)也不指缺失,尽管这两种意思在法文里都已涵括,更适当的翻译只有出离狭义的病态的僭越。选用的并非直译的表达辐射到一系列较接近的词,如失当(misconduct)、冒犯(offence)等。它不仅与萨德的传人克洛索夫斯基、巴塔耶等有关——这里内隐的反-启蒙的倾向与道德之善抵牾。为何用僭越而不是这些更俗常的用词,分析家让-雅克·格罗格已经给出了极好的解释:

　　在这一讲的开头,就出现了一处拉康的发明,也即阐明临床的 faute 的一种方式:他的博士论文中的"自罚妄想"。这里处理的犯错/僭越的宇宙正是一条回路,既然说这是强加于主体的惩罚/认可(sanction,法文包含了完全相反的两层意思——笔者注)。在此欠缺的是罪咎性(culpabilité)的情感。犯错/僭越因而裸露开来。至于犯错/僭越的病态宇宙,它就是人类行动的理性所在,直至杀人和自杀。①

　　这里的义理十分饱满:它的源头可追溯到妄想狂中与被迫害相对的自罚妄想。我们知道,妄想属于他提出的精神病排除(forclusion)结构中的一种,在拉康最早的埃梅(Aimée)病例和借取的弗洛伊德的施瑞博病例中,他就指出了妄想的同性恋根源。因此,格罗格说罪性情感在此缺失就不难把握了。此外,他准确地界定了 faute 是人类行动的理性,也就不必再将其归类为病态了。因此,我们总结两点:其一,主体的惩罚与罪性的欠缺在这里

① Jean-Jacques Gorog:Le parlêtre en faute et la dépression in La clinique lacanienne 2010/1 (n°17).

是并不矛盾的妄想的两个特征；其二，人类可以摆脱临床意义之外的病态，只是天真的臆想。

不过，我们要注意的是病态的减损致使僭越消失，即便在某种程度上我们能够做到它，但被惩罚的需要（僭越）与道德的认可（内里就是惩罚，同是法语 sanction）实际是一体两面的表里关系，因而，根本上说，病态不会消失，僭越同样不会。我们必须明了病态在拉康这里的特殊用法。由于主体内部的构成性的有限性，此种对僭越（也即人类的理性行动的一个必然面向）的不可能的免责（exoneration）致使罪性已经超脱了情感（sentiment）的范围。不惟如是，惩罚的需要同"我不知道哪一种最为模糊的唤起了此种惩罚的僭越"①之间已不再是意志与宿命之间的张力，相反，它们同义反复地体现着主体的有限性。简言之，僭越即惩罚的需要。

三、罪咎及其紧张

弗洛伊德在《图腾与禁忌》（1913）里设定了一个原初或者说原型（prototype）的社会，原父（primal father，alpha male）凭借其性权力的垄断从心理上阉割了他的所有子嗣，占有这种至上权力，绝对不容置疑。但最终，兄弟们联合起来弑灭了这位专横的父亲，他们赢得了女人和自己的生命。儿子们吞食了父亲的肉，食用也即肢解（dismemberment），而在稍晚（1915）的《性学三论》中，他将同类相食（cannibalism）刻画为自我将客体合并到自身的认同的形式。献祭的图腾取代了直接的同类相食，基督教的领圣体在这一意义上也如出一辙。这个神话中的惩罚并不来自字面

① Jean-Jacques Gorog：Le parlêtre en faute et la dépression in La clinique lacanienne 2010/1（n°17）. p.10.

意义上的弑父的后果，一方面，儿子们在分食父亲以后产生了罪恶感、悔恨和随之而来的怀念；另一方面，最早的认同就是建立在直接的口欲咀嚼和饱腹感之上的。

关于图腾动物，仍完全保持着对父亲的情感关系方面最初的二分法，一方面，图腾被视为氏族的具有血肉之躯的祖先和起保护作用的精灵，它必须受到崇拜和保护，而另一方面，当节日到来时，便为他准备了同原始父亲所遇到的相同的命运。它被宰杀，并且被全部落的人共同分食。①

敌人和特定的祭品在被吞食的同时，这些享用者也分有了前者的力量、荣耀或权柄。尽管按照弗洛伊德的经典理论，幻想因被母性的客体吞噬而生，但从动物图腾到母系再到父系社会（原父是一个例外的神话模型），从被动到主动，这符合历史进程本身。

谋杀分食的行为激起了混杂着报复与悔恨的矛盾情感，这里当然也包含了爱恨交织、难分难解的两歧（ambivalence）。此后发展出的是两种平行的制度规范：反族内通婚与反食用图腾。但有意思的是，后者仍有例外，那就是在节庆时刻，分享祖先的血与肉是强制的（哪怕是通过代理）。图腾因而被中和了：惯例中获得的象征意义在时间的例外节点处仍会重复上古时罕见但实质的相食行为。社会的结构、限制乃至宗教都建立在这一罪行的前提之上，以此得到纪念和认同。质言之，正是在文明的框架内，我们将图腾内化为一种俄狄浦斯情结的一般化（generalized）解决。

---

① 西格蒙德·弗洛伊德：《图腾与禁忌》，车文博主编，九州出版社，2017年，第235—236页。

罪咎的除罪化（内化的完成）不仅不会摆脱惩罚的需要，而且将罪恶感（sense of guilt）置于义务感（sense of obligation）之上，在道德经验中被排除的，正是在拉康伦理学中主体想要脱逃但无法免除的本然的罪感，这一并不悦人的经验乃是人的生命的一部分：

这一排泄物（faciès）——我们就用这个名词称呼它——道德经验中令人不悦的部分，是某些伦理反思的内部倾向试图回避的。若我们并不肯定那些尝试减轻、钝化、缓和它的企图，这正是我们的日常经验即刻带来和关联于我们的。①

解读这段话：首先，罪咎总是主体想方设法想要涤除的，我们从分食的图腾到纪念与认同的双重意涵中便可读出这一点；更为重要的是第二点，它在任何情况下都不能被排除干净，这已经超脱了情感和感官的意义，换句话说，这是某种不得不在的义务之外的剩余；再次，拉康以一种悖谬的方式宣称精神分析的首要目标是除罪，乍一看，似乎与这条弗洛伊德开启的线索产生抵牾，但其实不然。

从表面看，畏惧权力与超我就会产生此种罪咎，拉康的精神分析也与其他思想流派一道旨在去除此种不悦及其背后的畏惧；但深层来看，没有法就没有惩罚，没有惩罚就没有僭越，罪不完全在道德经验的框束中，它指向的毋宁是倒错的享乐。总之，这是一个精神分析的伦理而非传统的道德问题。质言之，除罪就是要除去僭越问题中常为人忽视的倒错（通常只做神经症/精神病的简单二分），一方面，日常经验带来的已经是难以免除的罪咎，尽

---

① 西格蒙德·弗洛伊德：《图腾与禁忌》，车文博主编，九州出版社，2017年，第11页。

管它可以被内化；另一方面，如果说在道德中它是难以回避的剩余，但倘若没有对罪的预期，越界就无从谈起。在精神分析之内，罪是一个相当重要的概念，它从日常道德的排泄物中抽离，进而需要在此脉络中进一步展开。

四、愉悦原则与现实原则的双重超越

4.1　精神现实与客观现实

拉康在这一年度研讨班的中期对僭越做了一番崭新的拓展，他指出：

> 我这里提出两条康德不曾预见到的地方，有两种形式的僭越超过了指派给愉悦原则相应于现实原则的通常限度，它们被视为这样的标准：对象的过度（excessive）的升华和我们习惯上称之为的倒错……那也就是，正是这一辖域使主体在面对物（das Ding）带来的虚假见证的面前犹疑，这是欲望的地点，无论它是倒错还是升华。[①]

在审视两大原则之前，我们先来看什么是精神分析意义上的现实。它当然不是在日常或者社会—经济的层面来使用的，也不是科学家约定的现实，那么它自然就指向拉康独有的精神现实。现实一方面是愉悦的延伸与具体的应用，另一方面它指向某种额外/附加（extra），这就是拉康指认的非省略（non-omission）、非系统化的自我解释的律则，它将日常用语语境下板结一块（monolithic）的现实拆解为各种为能量灌注的、无论是愉悦还是痛苦的碎片。

---

① 西格蒙德·弗洛伊德：《图腾与禁忌》，车文博主编，九州出版社，2017年，第131页。

须知，精神分析反对的恰恰是共享的、公度的外部现实。不过，我们不至于反对常识到拒斥日常经历的完整（integral）现实的程度。主体的精神现实与客观现实最大的区别在于前者包含出自主体的幻想生活（fantasmatic life），相反，它甚至支配着对外部世界的感知。一句话，主体抓取的实在（real）比现实（reality）更真实。

再从两个方面来看：首先，精神现实牺牲了部分客观现实。由于精神活动与幻觉（hallucination）不可分割，它包含了一种被组织起来的混合的现实，一种被改换的记忆（transformed reminiscence），一段在遥远的时间线中重现过去的经历，等等。此种将这些碎片抽取、归拢、筛检的能力是强大的。举例来说，留下真实创伤记忆的经历突破了幻想组织起的屏障，那么，我们是否认定这只有病原学研究的意义，而不再可能是被保护和重新编码的精神现实（区别此处的原型现实）呢？在前文中我们已然呈现了弗洛伊德的精神层级，可以发现幻想和实在分别相应地可以在从记忆（无意识之前）到意识的誊录中得到安置。这一丰赡与弹性的机制使事实创伤（de facto trauma）与本能（趋乐避苦）乃至外部现实之间谋得平衡。换句话说，外部和记忆中不可被符号化的原始材料都在其呈现为精神现实的过程中被中和。

其次，现实原则与精神现实并不是一回事情。后者如我们已经梳理的，更具有含糊性和包容性。现实原则具有绕过精神—成因（psycho-genesis）的一面：它阻断了单纯地求得感性的满足。我们应当如此辩证地看待现实：它是不稳定的，但倘若有人想要否认乃至完全征服我们所说的现实，他不是陷入疯癫，就是成为了某种狂热分子：可能是科学怪人（Frankenstein）抑或 cosplayer。这两种质性完全不同的情况具有同样的前提，即他们都编织出了一种覆盖混合于现实之上的妄想现实。

4.2 愉悦原则与现实原则的双重超越

弗洛伊德在《超越愉悦原则》这篇论文中讲述了著名的 Fort-Da(去-来)游戏。对此的解读将使我们获得进入拉康精神分析领域的真正契机。首先需要阐释的是何谓唯乐,也即我们通译的愉悦原则。我们最先需要辨明的是,pleasure 这个词在此意义上的使用并不仅仅包含感官的因素,而毋宁说是在弗洛伊德的元精神动力学体系中,与现实原则相分隔的无意识本我的逐乐避苦的机制。它遵循经济原则的调控,并因此将兴奋量的水平维持在低位,以便达到某种安逸中的平衡。换言之,这一原则实际是在与现实的妥协中服膺象征法则布控的产物,因而,愉悦原则的所谓之"乐"恰恰是去-乐或者说非-乐,这一恒量的维持使得现实生活的完满图景得以在不稳定中看似牢固。弗洛伊德将其与费希纳的生物寻求稳定性的倾向贯穿联结。引申开去,据戴伦·埃文斯的《拉康精神分析导引词典》的考察,与愉悦原则对偶的现实原则被归结为与幻想性(如我们所言,在精神现实中幻想由满足驱动)精力疏泄的经验满足相对举的功能(因而现实原则比精神现实更为坚固)——既是某种现实化的拒斥满足的功能机制,同时也是超乎废黜(deposing)而毋宁说要维护(safeguarding)前者的目的因。此种混合的现实一如齐泽克所言,"我们从现实中去除虚构之日,就是现实丧失其话语—逻辑一致性之时"[1]。

一句话,现实原则在此的语境无非是维系愉悦原则的一种拉锯,一种调质,它的目的只是为了更好地实现愉悦原则所要求的满足。

---

[1] 齐泽克:《实在界的面庞》,季广茂译,中央编译出版社,2004 年,第 2 页。

唯实原则并不是要放弃最终获得愉快的目的，而是要求和暂缓实现这种满足，要放弃许多实现这种满足的可能性，暂时容忍不愉快的存在，以此作为通向获得愉快的漫长而曲折的道路的一个中间步骤。①

与愉悦原则的优势倾向并不相抵，此时，不愉快的体验被框束在外部的中介之中，因而根本上虽受到现实原则指导，却仍遵循着愉悦原则的规约和限制。上文论述的 Fort-Da 游戏实质上也是"将做游戏而产生愉快的考虑放在突出的重要地位"。② 可以想见，从体验的被动接受者到主动掌控整个事态发生的主动执行者的角色转变，足以使本身不愉快的事件转化为另一种愉快。③

如果说超越愉悦原则的背后有某种因素起到决定作用，那便是欲望。的确，在精神分析的理论中，人的世界首先是一个欲望的原初世界，其次才会是经验—象征的世界。在欲望找寻对象的过程中，它遇到了自身的领界。事实上，能指游戏的行为本身并不那么重要，因为重要的实际上是这一游戏的动机，也即某种此游戏所由从出的推力。弗洛伊德如是说，"有某些超越唯乐原则的倾向在起作用，也就是说，有某些比唯乐原则更基本、而且不依赖于它的原则在起作用"。④ 这样一个领域的开显在拉康看来首先就是一个进入象征界的标志，因为这个孩子是经由语言，将缺

① 西格蒙德·弗洛伊德:《弗洛伊德后期著作选》，林尘等译，上海译文出版社，2005年，第137—138页。

② 同上，第11页。

③ 在弗洛伊德看来，所谓超越愉悦原则与不愉快的主题与人们心中追忆和固着的事物有关，我们可以在悲剧的感染力中见得一斑，这与强迫重复的致死的驱力有着直接的关联。但拉康以为，超越愉悦原则之上必然首要的是语言维度的写入，而不是局限于力比多经济的角度来考量生死爱欲。

④ 同上，第16页。

席的概念和大他者存在的概念作为一个范畴抑或可能的结构加
以处理的。拉康指出线圈的抛掷与收回向儿童展现了根本的缺
乏与丧失的概念，由此作为象征之蚀的语言进入到我们的视界。
"当对象在那儿时，他把它赶走，当它不在时，他又呼招它。通过
这些最初的游戏，对象好似自然而然地走到了语言的平面。象征
符号呈现出来，成为比对象更为重要的东西。"①在拉康看来，这无
非表征了一个由机器操控的象征惰性（inertie symbolique）的场
域，主体在这一场域中根本上受制于为大他者所结构的世界。然
而，这一配置显露出一个不可消失、无法盈满的缺口，这就是拉康
所说的欲望。

拉康在愉悦原则的边界注意到了欲望在语言中的登录，而
在弗洛伊德的视域中这一超越首先是指强迫重复原则
（wiederholungszwang）。我们先着手处理两者的关系。在弗洛
伊德看来，自我中的有意识和无意识的部分所产生的抗拒是在愉
悦原则的支配下施加影响的——源于不愉快的压抑实则已经获
得了部分的疏泄。是故便形成了强迫重复现象：处于某一系统中
的不愉快（不满足），却在另一系统的迸裂、绽出中得到了满足。
在这些事例中——如战后神经症、强迫症病人反复洗手的症
状——人仿佛为厄运交缠，身不由己地再三复刻这些本该避免的
活动，"强迫重复仿佛是一种比它所压倒的那个唯乐原则更原始、
更基本、更富于本能的东西"。② 这一来自外部的、击穿保护层的
过量的兴奋是创伤性的，是在愉悦的屏障出现裂口时加速侵袭而
入的。

然而，不同于弗洛伊德一贯从精力投注、性兴奋等生物能量

① Jacques Lacan, *Seminar I*, *Freud's Papers on Technique*, p.178.
② 同上，第23页。

的角度来看待这一问题,拉康对此的运思始终是与欲望的维度密切相合的——弗洛伊德的研究往往从各种神经症开始,而早年的拉康则主要关注精神病学(从对妄想狂的临床研究起家)。这一旨趣上的不同便能首要地表明是否承认言语与语言在精神分析领域中的主导作用——拉康将强迫重复引向了死亡驱力在象征矩阵中的越界与欲望的拓张。出于更为精准的考量,拉康在阐释弗洛伊德的这一概念时将其转述为重复自动(automatisme de répétition),这一自动性根本上呈现出能指机器的自动书写围绕欲望的缺失而朝向实在界的特征。"首先,机运(tuché),我们从亚里士多德那里借用的用作寻求原因的这个词——我们将之翻译为与实在界的相遇。这一实在超越自动性,这一回归、这一往复与符号的坚执中,我们看到我们为愉悦原则所掌控。越过愉悦原则的实在界就是那总是位于自动性背后的东西,非常清楚的是,在弗洛伊德的研究中,正是这个问题成为他关注的对象。"①

我们可以从机运、实在、自动性这几个主词入手把捉。tuché原是一个希腊词,词源意义为"发生",与 automaton(自发)互用。这个词的特异之处就在于,这是一种无理据的、非日常原因的、不受控制的、一般规律之例外的机缘。在精神分析的领域中,拉康独创性地将这个词与实在界的邂逅接合起来。若从三界来看现实之构成的话,那么实在是处于现实符号秩序之外的,只能作为创伤性残余突入的不可触及的真实,是作为能指切割后的效果剩余,一种衍留,一种痕迹,它与想象界中源出双元认同的镜子幻象一起结构起我们的现实世界。这一偶然性的机运竟能捕获到作为失败逻辑的无可名状的逃逸中的实在界。一方面,实在界在此

---

① Jacques Lacan: *The Four Fundamental Concepts of Psychoanalysis*, ed. Jacques Alain Miller, Norton & Company, New York, London, 1998, pp.53-54.

表现为超越自动机制(其表现为来回往复性与符号的坚执),又在自动机制背后挣脱能指游戏的回环、拒绝重新复归愉悦原则的不具形的团块;另一方面,实在界恰恰处在愉悦原则的调配之下而又并不顺服愉悦原则,并非巧合的是,作为欲望之因的对象 a 正是实在界的核心。因而,事实上欲望在三界中贯穿始终——实在界与其他两界既交汇又不断错失。应当说,拉康总是凭借独异的否定性、失效性、悖谬性逻辑来颠覆约定俗成、司空见惯的"常理",所以说,某种程度上他是革命的。

于是,我们在弗洛伊德和拉康的比较中,至少可以揭示出:其一,弗洛伊德的强迫冲动的本质关切最终扩展落实到了《文明及其缺憾》中对爱本能与死本能的发明,是一种文化维度的现实考量;拉康则在能指游戏中发现了能指的自动重复性,进而将其引向实在界中的超—愉悦,这必然指向能指链接的围绕其打转的欲望;其二,弗洛伊德的归于无机界的平静的死亡驱力在拉康的改造过程中首先必然要置象征于法的领地,死亡正处在这一界域之内——因为大他者本就是不完整的,本就是缺席和匮乏的场所。因此,死亡冲动即是象征界的面罩。质言之,语言维度和他者的楔入把我们带到了最终指向匮乏核心的欲望。毋宁说,拉康在精神分析内部发动了一场"哥白尼革命",能指自此获得了至高无上的地位,而所有的能指均因欲望(对象)的匮乏而追逐空无。

4.3 弗洛伊德的模型与两大原则之张力

在强迫重复、精神自动性以及如上所述的倒错与崇高对欲望和这两大原则的超越的基础上,我们发现仍然少了什么,很有必要再回到两大原则及其终结之上再做一番补充性、也是总结性的论述。

越界更多是指向现实原则而非愉悦原则,这是因为道德位于现实原则的调控之下,这一粘滞性伴随着僭越悖谬的超越却不得

（拒认阉割的自欺）的漫长进程。冲突与驯服符合弗洛伊德意义上次级过程对原初过程的接管，因而现实原则与自我的权能（capacity of the ego）有关，这一整合能力统合了适应性和对受阻（perturbed）的主体的未满足状态的负荷，这符合神经症的逻辑：尤其是在强迫症那里，焦虑产生自无法建立固定认同的后果。但在这之中溜过的恰恰是不可赎回的罪性。

如果说罪咎在道德中是不可扼制的，满足在愉悦原则那里更轻易地被僭越，愉悦原则保留了兴奋的最低量，但此种降低紧张的原则是否有效地防止了倒错的产生呢？答案是否定的。愉悦虽然是享乐的对立面，但生命中不能承受的享乐击穿了这一柔软的保护层。求生避死的本能不能总在外部世界得到担保。举例来说，进食是为了消化食物，但以弗洛伊德的角度，这不是为了消灭，而是将这一外在对象包括进来。但如同吞咽也会发生意外，外在的客观对象并不为此种降低风险（消极面的定义）的求满足的标准所定义（满足是不可能的）。

上文已经交代过，现实原则是对愉悦原则的延伸，但后者致力于的平衡（homeostasis）不可避免地会为过量和享乐（从而引申出强迫重复）所吞没。由满足到享乐的典型例子在生活中的范例比比皆是，如酗酒、饕餮、偷窃癖（不是经济上无法承担，而是逃过高大威猛的安保人员和摄像头后得到的窃喜，这决不是满足能提供的，而是典型的倒错／反常），等等。这里谈到的倒错的语境，包括了临床结构的倒错和主体的倒错行为这两种类型。规范（norms）比人的天性（nature）更为重要，但在倒错这里刚好相反。值得注意的是，愉悦与享乐之间的紧张可以整个跳过现实的规制，而现实遇到的领界正是物（chose）。

我们最后以拉康引述的弗洛伊德在《科学心理学大纲》中的两大原则的图表加以深化：

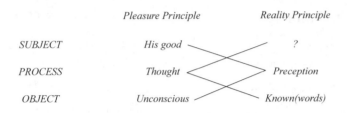

为什么在好处/利益的另一边是问号呢？

弗洛伊德没有一刻将现实认同的充分性指派给任何一种好处。在《文明及其缺憾》这里，他对我们说，文明对主体的要求太过苛刻。如果有某样唤起了他的好处或者幸福的东西，在微观层面上，也就是在他自身处，这没什么好预期的，在宏观层面同样也不。这就是质询点。①

无疑，前者属于愉悦的范畴，在狭隘的意义上它是感性可触的，然而，我们习惯上不是把各种善好归在道德也就是现实这一边吗？愉悦确实要寻找某一具体的可满足对象，然而到了现实这一边，主体为何反倒消失了呢？我们只有拓宽视野才能见出其中端倪。质言之，这一好处不仅仅只存在于可以把握的具形对象的意义上，另一层更深的含义是它是禁止主体达到欲望的第一道屏障（第二道是美），换言之，主体限于此处，因而这是主体在欲望面前的消退（这就是为什么倒错和崇高事实上不能从根本上脱开欲望转而只侧重享乐问题）。第三层含义则是这一感性的好处为现实原则中被禁止的大写的善（Good）阻隔，后者已经摆脱了任何增益的经济学计算（calculation），这也是奥古斯丁意义上的不可败坏的主权之善（sovereign Good）。不过，这里引发了一个次级

---

① Jacques Lacan：*L'éthique de la Psychanalyse*，p.44.

问题：诚然，小写的好处已经无法进到现实原则这边，但道德对实在（大写的善，乱伦禁忌）的防御是否稀释了拉康的僭越的必要性呢？答案是并不尽然。

首先，正是道德遭到的领界（既是支撑，也是限制）使得压抑既被凸显也需要被解除；其次，问号标志着在愉悦原则之中的主体在此已然失效，但享乐与现实原则之间的张力犹在（这就是前面论及的愉悦到享乐的直接转化），也即现实原则与物之间维持的距离与享乐的入侵之间产生了全新的问题；再次，乱伦禁忌就是罪性与物相遇的直接后果，这是法则的内在限制本身；最后，这也是对主体的基底（substratum）的反对，这一质疑使得实体的、稳固的某种主体的内核被推翻了。换而言之，这里，质询中的主体（the subject in interrogation）已经是残缺的语言阉割下的分裂主体，它的存续必须以对此种结果的接受为前提。

在第三行对象的水平上，无意识的语言结构处在现实原则这一边，它是可知的并透过文字得到展现。第二行过程（process）比较微妙，它起到的是勾连和互通的作用，最直观的问题就是，如何整合主客呢？可以看到，好处与无意识被归到现实原则中的感知这一边，而质询中的主体与可知的文字则被归向愉悦原则下的思维这边。这一交叉结构要说明什么呢？这其实与从知觉端到无意识再到意识的、我们在上一章论述过的精神层级是同一个机制，与其对应的自然就是思维在现实原则里的那两个指派了。拉康本人对弗洛伊德这一交叉的妙思做出了非常令人信服的解释：

"感知联系于幻觉的活动，它与愉悦原则相关"，当然这里涉及的正是上文论述的混合的现实。"弗洛伊德的精神现实正是一种虚构的过程。另一端的思维过程有效地实现了倾向性（tendancielle）活动，这是一种欲求的（appétitif）过程，探索、承认以及在弗洛伊德那里重新寻回对象的过程。这是精神现实的另一面，无意识的过程,也即欲求的过程。"①因此,这里很明显的是,感知的虚构构成了现实原则,却关联于愉悦原则中的好处和无意识的原初过程;而思维—欲求—寻回对象则在可知的话语中得以落实。

现实原则中的对象不能仅仅透过存在论的生成性缺失(onto-genetic loss)来把握,固然,婴儿的妄想就是与母亲合一,或曰成为母亲的菲勒斯,但我们可以将此处对象的重新寻回把握为主体自身核心的他异性构成,也即幻想的对象正是规定着实体之存在的无与有的统一,而非先验地被切割的对象或是单纯经受现实检验(reality testing)的外部对象。

呈现这两大原则之间的交错和张力仍然不够。毕竟超克乃至终结这两大原则才是拉康的用意所在。愉悦最终不再是可欲的,那是因为它不是被牺牲的牺牲品(好处的对象),而毋宁是趋向寂灭的对象的清空,现实原则也不仅仅是调整规介着愉悦,而是不得不面对它与物之间维持的距离与享乐的入侵之间产生的张力,因而,它遭遇了这一原则本身的失效——如果说愉悦原则排除了好处,那么现实原则的根本断裂则舍弃了它自身。一句话,此中的主体不得不被打上问号。

愉悦原则在通向享乐的直接道路上被终结了,而现实原则既不能延续前者,也不能构建稳定的、实质的现实。那么至少,我们在一边遭遇到了罪性,另一边则是虚幻的道德强制。

4.4 倒错与崇高对两大原则的超越

在背景性的对两大原则的梳理之后,这一节结合僭越再来考察何以同时超越这两大原则。让我们回到第一节开头的拉康的引言中十分关键的"主体在欲望的地点中的犹疑,无论它是倒错

---

① Jacques Lacan：*L'éthique de la Psychanalyse*，p.43.

还是升华"这里。

当然，倒错和升华不具有可比性，唯一的共同点不过是它们同时超越了这两大原则。愉悦原则直接挂联铭写象征欲望的入口，而在弗洛伊德那里被压抑的不愉悦则联系到强迫重复，那么，在现实原则这里，欲望或者遭受妥协（在梦中被扭曲地表现出来），或者以可见的、二阶的形式加以中介。倒错起到什么作用呢？首先，我们简略地考察一下它的含义。它最早源自拉丁文，包含了军事内涵，此后在神学上指罪欲，狭义上限定于性倒错，在此范畴又分为两类：对象的倒错，包括同性恋、恋童癖、自体性欲等；行为的倒错，包括施虐—受虐，恋物癖、偷窥癖、暴露癖等等。在弗洛伊德那里，他区分了 aberration 和 inversion，前者统称对正常性行为的偏离，而后者指对象的倒错。

但是到了倒错这里，主体否认大他者的缺失，而最早的大他者正是母亲，他要以其自身成为/是母亲的菲勒斯，缺失的能指换喻的无限延展被改写为拒认（disavowal）运行的机制，主体一方面将自身认定为无所欠缺（甚至拥有自以为知道母亲所欲的知识）的母亲的欲望对象 mOther(a)，另一方面将象征阉割缩减为想象的、以享乐（成为原初母性他者享乐工具）增补（非）主体间性的不可满足。一句话，在倒错行为和结构之中，具体的小他者已经被放弃，主体欲望的承认问题为享乐所接管，主体以对阉割的拒认试图自欺欺人地摆脱象征之债。

那么，在崇高这一边又是怎样的情形呢？为何它是另一种僭越呢？首先，它与升华是同一个词，个中的选择视侧重面而定。拉康认为，崇高不可能完结（如若达到则不再是崇高）在某一对象上，崇高并不全然是倒错的反面：性冲动的去爱欲化。拉康指出，崇高并不全然摆脱了生物性，性的对象在这一过程中被转化为例如骑士之爱中那不可及的风雅的夫人，这典型地将对象提升到了物(la Chose)的高度。拉康的伦理学扎根于与物的无限距离中，也正是由此崇高获得了与其说是去除社会建制的压抑，不如说是更为形而上的维度。崇高与倒错一样都不限于欲望地点的"虚假见证"，这是因为在崇高这里，它不是欲望的理想，而是一种指向英雄主义的创造(在安提戈涅的分析中再展开)。简言之，欲望是延展、是扩张、是不断地选择可提供替代满足的对象，而崇高则已经溢出了欲望的逻辑，极而言之，它将包含了生物性的冲动提升到了混合惊异之美(fascination)与死亡那冲破虚无的无中生有、有中向无的创造。

结合倒错与崇高，我们再来看一段引言：

> 僭越同时是倒错和崇高的功能。崇高是已经僭越了的倒错。倒错正在僭越的不是那象征秩序的道德法则，而是主体通过幻想表现的限制本身，正是它维持着大他者的欲望之谜：汝何欲之？(Chè Vuoi)主体因而囚困于大他者欲望的领地，但这里缺乏的就是并没有这样的物(大他者)，甚至当从"大他者欲望我"的幻想这里反转过来、也即反对坚执的欲望时，他还是不能摆脱大他者。倒错维持了道德法则甚至重塑了它，也僭越了它，这就带来了作为主体之驯化的崇高的功能。①

这段话当然很深刻，然而，作者的解读局限于弗洛伊德的力比多导引(canalisation)的层面上，这种驯化的解读明显抹杀了拉康的创造(而非理想)的维度。此外，他认为大他者欲望的倒错会在反过来加强道德法则的同时将其提升到物的高度，这种崇高化的倒错就是道德律自身。此种混为一谈是否能够成立呢？更为

---

① Ervik Sellman：*Other's Desire*，*Reject or Breed*？In Lacan.com

关键的一点其实是有没有大他者，若没有此项前提，他这里做出的崇高向倒错的化约也就无从谈起了。但作者显然犯了一个致命的错误，大他者不仅存在，而且是缺失的（而不是作者声称的没有大他者）；不仅如此，正因为物是大他者的大他者，因而才是不可企及的。如前所述，崇高当然不局限于道德法则之驯化，作者的这一路数既没有向内考虑到乔伊斯的圣状/症状合成人（sinthome），同样也没有向外的神性超越。一句话，倒错是幻想的倒置，也与道德和僭越有复杂的关联，但崇高是另一个相对独立的议题。作为对欲望的排除和对两大原则（愉悦—现实）的超越，它们可以并列。

五、倒错与法则的限度

5.1 从幻想到被翻转的倒错：临床的考察

幻想被翻转为倒错，在上文中已经有隐约的提示。在此，我们对这一机理再作一番更深入的剖析。根据安东尼奥·迪克拉齐亚的说法，"享乐就是伴随所有言在的主体的去-愉悦，这是不可超越的"。[1]

在愉悦、非愉悦、冲动、僭越与享乐之间有着复杂交错的关联。简言之，享乐始终指向死亡冲动，而当我们把倒错加进来时，会发现它是幻想（欲望的屏障）的反面，本身遵循的也是由欲望向享乐发展的理路。不过倒错的享乐只是享乐的一种表现，这一整章考察的是倒错式僭越的不可能，因而才做出了这样的布局。僭越问题不啻是精神分析独有的冒险——尽管其尤为典型地反映在法国思想中——我们一路已经论述过的弑父假说、felix culpa、

---

① Antonio Di Claccia：*Qu'est-ce que la psychose?* In *Le Pont Freudien en ligne*.

理性的病态以及对社会—心理成因的拒斥和对弗洛伊德两大关键原则的超越,将更为深度地把我们引向法则的限度,而这正是在本章最后所要触及的核心问题。

"僭越对于进入享乐是必要的,在圣保罗那里正是它服务于法则。"①拉康言简意赅的总结为我们后续的工作揭示出两个方向:法罪共生以及法罪同一。前者是指秩序自身制造的自反式的僭越、犯罪和由内而生的享乐;后者则是圣保罗那里的律法导致违法,律法以此标识律法(超越同义反复)的内涵,它与前者的区别则在于,在这里的同一逻辑中,法本身即是罪。

我们先搁置这个最难的终极问题,完成在此之前的各项铺垫工作。

我们回到享乐这一开口处。这里又有两条基本原则:(1)主体受苦之处,就是获得最大享乐之处;(2)主体并不知道他在何处获得享乐。我们以写论文为例,数年来的艰辛、不分昼夜地劳作都凝聚在这纸页的字里行间,从过程到完成就是一个汇聚着痛中之乐的绝佳例证。但享乐在此也不是具体的心理状态:感到满足、如释重负等等,这些仍然局限在现实原则对愉悦原则的延展与收编之中。相反,享乐不是表象层面的"爽",它是一种根本的驱力,突破了种种主观与客观条件的限制,在这种不可企及、不透明的模糊性中没有任何对象的满足,驱力贯彻在坚定的信念之中,它指向的是他者(努力、再努力一点),而不会停驻在任何可选择的对象上。

在这一具体而形象的分析之后,我们就有充足的理由从头回到幻想这里,进而再到复合词倒错的享乐,最后聚焦在律法上,使得本章趋向饱满的呈现。一句话,享乐是对幻想的拒绝。那么,幻想的机制是什么呢? 在幻想公式中,对象 a 既是对语言的抵御

---

① Jacques Lacan: *L'éthique de la psychanalyse*, p. 208.

也是对压抑的抵御。此一对象是维持幻想的枢纽，在被分裂的主体这一边，它不断提出要求（在语言中）直至遇到为驱力包裹的对象本身方才停下。合起来看，幻想阻止了能指的迁移或者说语言的受洗（baptism in language），其本身就是欲望与享乐之间的屏障：中介欲望，隔绝至死方休的享乐。倘若没有幻想，没有此种与现实原则的牵连，欲望就可能是极度危险的，安提戈涅尤为鲜明地体现了这一点。享乐与欲望在幻想结构中的紧张还表现在对象与驱力同身体被切割处的四大部分—对象（乳房、粪便、嗓音、凝视，前二者与合一的乱伦禁忌紧密相关，后二者则是在母婴关系之外的次级意义上的衍伸）相关，享乐在这一层面与此种刺激与感官维度发生关联，但在欲望这一边，对象总是欲望的原因，并在替代与满足的接近和远隐的捉迷藏游戏（hide and seek）中为这一欠缺本身所把握。因此，幻想结构内的这一张力已经包含了阉割与存在、大他者与物（Chose）、主体的缺失与部分—对象的固着以及就对象是先验丧失还是不可抵达之间的分梳。分析家纳西奥如是写道：

> 幻想围绕着危险而组织；它是一个解决方案，其中面临的危险就是言—在（的主体）在能指链中被发现彻底消失。可是神经症与此种重复的、系列的能指链条的关系可不是形而上学的那种异化，毋宁说他遭遇到的是享乐。言在（的主体）的危险就是在此享乐，而幻想是享乐的拟像（simulacre），它防止在其中去享乐。[①]

纳西奥给出了化解此种张力的方案，简单说来，主体的结局就是享乐的消退和被能指链接管。不过，他的解释还不够通透，

---

① J.-D. Nasio: *Le Fantasme*, *le plaisir de lire Lacan*, Payot, 2012, p.81.

如果我们加入幻想在现实性之中的渗入，就会愈发清晰。拉康第一代弟子迪迪埃·安齐厄写道：

> 如果说拉康将分析的结束定位在穿越幻想之上，这就是说它具有一种屏幕的作用——它建构的同时是向着欲望的屏幕（écran au désir）和抵制欲望的屏幕（écran du désir）——这一双重功能阻止了实在并打开了现实。正是它让拉康将这一领域定义为幻想的保留地——现实不过是为此种幻想支撑……从来自幻想的屏幕中发挥阻碍的功能。①

结合起来看，这里的玄机就完整地展现在我们的面前了，欲望的屏幕本来就禀有双重含义：一是欲望是对享乐的抵制，这在纳西奥那里已经得到互证，在安齐厄那里则是我们已经论证过的混合现实的构成；二是幻想在某种程度上也是对能指的重复性的暂时的留白和断裂点，若无此种与欲望的乖离，则只有贯彻欲望到底的安提戈涅之路，这在"现实"生活中当然会受到种种规介因而不可能发生——也正因此我们才要在下一章揭示这一根本的伦理维度。幻想不同于欲望的保留地（屏幕），正是在此显露无疑。总而言之，作为屏幕本身的幻想不止是屏幕，它与逃脱能指的原初丧失，即享乐切割身体的部分—对象，同时与欲望和享乐都产生了直接的勾连，它发挥的作用一定程度上缓和了主体被阉割的命运，但悖谬的是，若沉陷在此，分析者主体则无法重新制作新的象征秩序。因而，这些概念各有其效用，都不能偏废。

再来看本节的最后一个有临床有关的问题。仍以纳西奥的《论幻想》为依据：

---

① Didier Anzieu：*Art et Fantasme*，Editions Champ Vallon，1984，p. 203.

神经症幻想的倒错式上演,它与倒错行为有什么分别吗？成为对象与使他者成为对象有何不同？……在强迫症的幻想中,我们发现了双重化约：他使自身成为对象以及他应和了大他者的要求而使其成为对象。①

首先,幻想通常都是指神经症的幻想,而神经症中的两种典型：癔症和强迫症与倒错的区别都在于前者不会沦落为大他者享乐的工具。在癔症那里,主体维持他者的欲望（如你到底爱不爱我的发问）完成自我的象征阉割（享乐在此缺失）,使自己成为对象;在强迫症那里,该主体试图抵消大他者的欲望克服象征的阉割,避免使自己成为对象,一方面将丧失降至最低,另一方面由于不愿成为被欲望的对象而在此种经济学中同样排除、禁止了享乐,只是遭到禁止的是自身而非他者的享乐。因而,神经症的幻想是已经被妥协化的脚本(compromised scenario)。它使主体维持了适度的欲望,发挥了诱惑和延迟的作用,享乐在此意义上是被过滤或被屏蔽的。该公式始终在没有享乐的能指和太多享乐的实在之间摆荡。

对于倒错幻想这一被翻转的公式(a◇S)的指认,我们在拉康的《主体的倾覆与弗洛伊德无意识中的欲望辩证法》里得到了最好的注解。拉康指出,倒错所增补的正是神经症中被拒斥的特权享乐位置 φ(想象的菲勒斯),但如果倒错的主体无法勾获他者,这一行为也是徒劳的。换言之,倒错主体着手赎回的享乐不是在他自己这边的,而是以沦为他者的享乐工具为代价。

其次,我们在暴露癖和偷窥癖中可以审视倒错的主体是如何"反转"为对象 a 的。不同的是,在前者中他是他者之焦虑的工

---

① J.-D. Nasio：*Le Fantasme*，*le plaisir de lire Lacan*，Payot，2012，p.102.

具，而后者则是使得他者成为他享乐的工具，这一被动和主动的区分尤为重要。先来看第一种情况。裸露器官的这一变态（和倒错就是同一个词）需要女性他者的存在，这与强迫症拒绝他者的情况截然相反，强迫症面对的始终都是已死的父，这在《哈姆雷特》这出剧目中得到了典范的体现，在主人公身上任何主体间性（哪怕是不对称的）都无从谈起，反过来说，在这里只有自反的内主体性，镜像照不见他的仿像（a'）。可是，在暴露者这里，他通过他的这一行为使女性他者被羞辱，在精神分析中，引起他者的焦虑也是享乐的一种表现方式。极而言之，这也是他使得女性存在的方式（从原始的弗洛伊德基于阉割的生物解剖事实而言）。到了偷窥癖这里，情形起了一些变化，不过相同的是，在两者中他都占据了对象 a 的位置。尽管他面对的仍然是女性他者，在他的变态凝视中，他堵住了她者的缺失（hole），他的享乐在他的凝视中使得她者成为工具而被变态地填满（becomes whole），而高跟鞋、饰品和衣衫更增补了享乐。如果这一解释仍显牵强，我们来看米勒的解读：

> 暴露癖暴露在他者的凝视中，就是在女性的凝视中，而窥视者用凝视本身来填补大他者的缺失……崇高预设了一个不存在的对象，因此便能创造出什么东西，这是倒错之合理的拯救之路。女性是绝对的他者……这是一种坠落吗？但她正是在倒错的中心，不仅仅是男性的大他者，也是如其所是的大他者。她就是此种他性。所谓的正常（normal）就是非-男性（non-male）的。①

这一反讽的文字游戏堪称经典。由此，我们需要辨明的是存

---

① C. f. Josefina Ayerza：*Jacques-Alain Miller's Perversion in Lacanian Ink*，vol. 1.

在着三种享乐：菲勒斯的男性享乐（规则之内的能指切割后的有限剩余）；大他者的享乐（或者是倒错的主体成为大他者享乐摆布下的工具，或者是提取大他者的焦虑）以及小他者的享乐（这与大他者享乐有一定重合之处，因其解释角度的不同），特指女性主体溢出的非-全却遍在（与男性恰恰相反）的享乐；而在精神病的（非）主体那里，他已然完全为大他者的享乐浸没，只有妄想和精神分裂的区分，而不再有享乐的限度问题。

在暴露与窥视这两种情况下，倒错的主体丧失了区分想象的母亲（M）Other 与对象 a 的能力。他们对女性主体的加害都在于通过特定的小他者而拒认大他者（原初母亲）的缺失（倒错主体以自身为对象 a 填充此种缺失）。分别来看：暴露者被他者的凝视吞没，而偷窥者用其他的物品（因而也包含了恋物）在使他者沦为工具的同时进而增补了他的享乐。大他者的缺失（－1）被制作为鼓胀的（＋1）。此外，两者还有一处共同点，他们的行为都是通过想象（以幻想的成分展开）直接触及了实在，既没有在象征中凝缩为待解释的隐喻，也没有任何压抑。不过，这里的享乐仍然处在单一模式下的对偶关系，他想方设法通过使自身的主体变形为对象 a 而逃脱语言的阉割，或者因沦为工具而彻底丧失主体性，或者即使占据（剥夺）了他者的享乐仍然至多不过是一种剩余。法则只是以一种翻转的形式从主体自身中的内化转变为不受他摆布的法则本身的工具。

5.2　康德与萨德：道德意志与享乐意志

在结束倒错这一主题前，我们很有必要返回康德同时代的对跖点：萨德侯爵。

萨德要勇于揭示的帷幕是，肉欲的飨宴与道德精神的执念是相互包摄、相互调和的，萨德无疑为康德纯形式的空壳填充了最丰富的内容——追求自己的享乐，没有任何限制地享受他人的身体。拉康在《康德与萨德》这篇长文的开端就极具煽动力地将萨德与柏拉图学园、亚里士多德的吕克昂和斯多葛的画廊并置一处。这里的用意决非标明萨德—弗洛伊德—拉康这一师承的比附，尤为重要的是要作出与传统伦理学的决然分别，也即，通过对伊壁鸠鲁等快乐主义的否弃，拉康重新界化了伦理学的新使命：处于恶中之幸（bien dans le mal）所承担的使命便是断然拒斥求幸福、求快乐的效用伦理学的平庸道德支撑。

康德与萨德互为彼此的真理。首先，萨德是康德的真理，又不仅仅只是康德的真理；抑或说，萨德展现了理性的全新视境。按照常理，历史上臭名昭著的性书狂人无论如何也无法与向往崇高、始终仰望头顶一片灿烂星空、关照心中神圣道德律的康德勾连到一起。然而，在精神分析的伦理中情况远非如此。毋宁说，他们的连结是非对称的，是局部的、特异的耦合。这其中的逻辑至少包含了三层意思。

其一，萨德即康德的真理。康德伦理学的冷静、超然、中立与萨德对他人身体的无限享用同时预设了域外的大他者的命令，毋宁说，康德的道德律令就是萨德的超我。萨德填补了康德之空洞形式的暗影，主体的意志自律被置换为主体内部的僵局。弗洛伊德曾说："从本能控制的观点来说，从道德的观点来说，可以说本我是完全非道德的；自我力求是道德的；超我能成为超道德的，然后变得很残酷——如本我才能有的那种残酷。值得注意的是一个人越是控制他对外部的攻击性，他在自我典范中就变得越严厉——这就是越带有攻击性。"[1]超我经升华作用的过滤之后仍保

---

[1] 西格蒙德·弗洛伊德：《弗洛伊德后期著作选》，林尘、张唤民译，上海译文出版社，2005：206。

留残酷的一面,并责成主体不断地"必须"践行某事。

其二,康德即萨德的真理。归根到底,拉康的精神分析传统所要剖析或者说倾覆的仍然是康德。如果说,康德排除了欲望等各种似是而非的非道德情感,那么,拉康要做的恰恰是将康德弃置的欲望自身立为伦理境遇的最高价值。因而,满足一己所欲就是履行道德义务的必要条件。这一倒置是根本的,是革命性的,毋宁说,欲望满足的核心质点在于:它断然是愉悦原则的中止与隔绝,本质上在不断地提纯中趋向死亡驱力,无可厚非地说,这就是伦理的:安提戈涅罔顾城邦法不惜牺牲己命也要埋葬其兄,这便是不向欲望妥协的最佳例证。

其三,进而言之,萨德与康德的联姻必将被解构。萨德因大他者的享乐施于主体的暴行而获得逃避惩罚的口实(也即一种倒错的激情),这是康德伦理学所明令禁止的。义务之为义务是一种推向无限远端的目的王国中的道德理想,这并非是将义务工具化为履行义务的伪善理由(在某种意义上,如前文所示,拉康赞成义务之于命令的优先性,只是在面对经验的病态后果时,他将罪性置于义务之上)。然而,康德对欲望维度的摒除只有通过拉康才能为其彻底正名,即病态在本体论的意义上根植于理性,才能打开纯粹欲望批判的向度。义务、罪性与不可能的倒错式僭越都服从于精神分析伦理学的旨归,齐泽克在《敏感的主体》中如是写道:

　　整部《精神分析伦理学》的目的就是要建立一种可能的联系,它避免了超我之归罪的陷阱,正是它为病态的罪恶享乐负责,与此同时还要避免的乃是康德口中的狂热(Schwärmerei),蒙昧主义者们声称并合法化了此种精神的照明,这就是一种直接趋向实在之物的洞见。拉康的不要向欲望让步不再是由禁绝的法则形

成的要僭越的欲望,而是提升到了伦理高度之后的"行使你的
义务!"。[1]

　　我们从拉康的《康德与萨德》的文本中抽绎出两个经典而直
观的图式,这原本固然是要契合萨德的基本幻想之倒转(也即倒
错)的主题,但我更愿意将之称作"欲望批判的里程碑"。

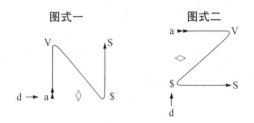

　　如图式一所示,底下的一行实际是幻想公式($ \diamondsuit$a)的倒置,
根本上探究的仍是主体与他人享乐之间的关系。入口是 d,代表
欲望,a 是对象 a,V 是享乐的意志, $ 是劈裂的主体(道德主体),
S 是康德意义上的病态主体。首先,主体的欲望是由对象 a 来结
构的,这便是萨德意义上的倒错,由失落的对象而引发求享乐的
意志。但这一意志并非己所从出,它是由他者的律令提供的,主体
的享乐(以他人的身体为享乐对象)仍要先沦为他者享乐的工具才
能通达出口,即,经由这一牺牲,主体获得了不完全的享乐,而在幻
想的建构中被塑造为病态的享乐主体,这是从康德来看萨德引发的
批判。欲望的客体最终使主体成为病态的主体,主体不得不在道德
的规约下屈服(极而言之,这正如康德援引的经典的例子,没有男
人为了与所觊觎的女人共享欢愉而宁愿赴死),在这个意义上,倒
错不过是法则的反面,而决非超越法则。

①　Slavoj Zizek: *The Ticklish Subject: The Absent Centre of Political Ontology*,
　　Verso, 1997, p.153.

　　图式二的不同在于，对象 a 与被劈裂的主体之间不再存在任何距离，经过沿顺时针的 90˚翻转之后，欲望被判定给遭受能指辖制的分裂主体，萨德的倒错公式进一步颠覆了康德用道德意志合并享乐意志的企图。萨德对康德的接管体现在享用权出现在欲望的原因—客体之上，这一位置打破了已经为康德占据的分裂的道德主体，这里已经不再有要么去死，要么得到越轨的享乐这道选择题，相反，对象 a 直接贯通到了病态（倒错）主体的出口。这里应和的其实是康德的第二个例子：作伪证。假设君王需要某人编造证据而将一个正直的人处死，他若配合，不仅性命无忧还能得到赏赐，他若拒绝，总还会找到合适的人愿意做伪证，某人只能和好人一起陪葬。拉康指出，这是康德的一厢情愿，是天真的诓骗。质言之，康德遮蔽了道德的强制背后无可承受的代价，拉康坦率地认为，这才是一道选择题（不同于第一种情况的要风流还是要命，几乎只有一种注定的可能）。这是因为如若作了伪证不仅不必死，还能享受荣华富贵，而为了正义却要付出身家性命。这幅图示的深意就在于，道德在此不是普遍的立法，在拉康看来，它就是一个从反面限定享乐的对象，病态的粗粝主体 S 才更符合存在的现况。善并不是已经被升华的普遍立法，只有在恶的前提下，善的律法方才成立。

　　由此，我们不难厘清法与享乐之间的关系。法在此处不但造成了言说主体与陈述主体的分裂，而且，因由其根本的禁止功能，主体回归母体的欲望被彻底剥夺。但并不诡谲的倒转却是，享乐的僭越唯有在受到法则（律令）的威逼之时才会迸发，才会更甚。换言之，欲望虽被明令禁止，享乐的意志决不会被扑灭。

　　沈志中如此写道："但我们仍不知道彼岸究竟是什么。既邻近又有隔阂，那个世界就在那里，却仿佛包裹着禁止思考、禁止想象的标记。但这不也正是萨德与弗洛伊德立足的共同地基？面对着欲望核心当中那个不可碰触、无可名状的真实的空洞,弗洛伊德和萨德各自以他们的思考或想象创造出了升华的作品。在逾越的绝爽(即享乐——笔者注)之下,他们似乎都越界了。"①

这里点出的升华洗脱了为萨德背书、逾越纲常、矫枉过正的嫌疑。但我们必须明了康德的病态的反面可不是正常,而是自律,这不得不以萨德—拉康的禁止思考和想象的欲望空洞为地基。

如此这般的道德经验,这便是说,对于禁令的指涉将人置放于与其相关的一系列关系中,这关涉到的不仅仅是言说出来的法则,而且是一个指向、一个轨迹,简言之,他因吸引他的善好,而产生了行动的某一理想。所有这些也合适地建立了伦理学的维度。②

剩下的问题是,为何倒错必然不是真正的越界,因而导致失败? 我们首先得明确的是,真正的欲望是比死更强的欲望,这是精神分析的出发点和真谛。精神分析的根本出发点在于从无意识的主体出发,这即是说,任何的冲动在神经症的主体的发动之处已然受到压抑,不可能完全进入意识通道中由话语到行为的直接实践。无意识组织的幻想会去防御与其相反的倒错,它一方面表现为克制,另一方面则可能被妥协,以症状的形式出现:如邪恶的念头被弱化为拙劣地寻找借口、伺机攀谈等等。然而,在倒错的主体那里,法则与冲动之间的斡旋已然无效,需要辨明的是,原始的冲动并不是真正的欲望,拉康将传统哲学中的道德置换为父亲的法则(也即父名),这与道德有在超我层面上的重合之处,却

---

① 沈志中:《永夜微光——拉冈与未竟之精神分析革命》,台湾大学出版社,2019:131。

② Jacques Lacan:*L'éthique de la psychanalyse*,Seuil,p. 3.

不似康德的普遍立法那般排除对象的愉悦。要言之，并不是说冒死实行享乐（显然已经超越了满足）就悬置了一切的法则，就是伦理的、超绝的，这是对拉康的以善致恶的误读。法则是抽象的，其制定者总是已死去的大他者，法则总是包含着比道德更多的东西和张力：总是个体与普遍在其本身的框架下发生冲突。

　　萨德的意志按照拉康看来正是康德之理性的极点，萨德为自己立的法即是主体与他者之间有无限享用对方的义务。但拉康的根本着力点在一定程度上肯定了萨德矢志不渝的理论与实践的统一基础之上、借助欲望的提升，即从享乐中使欲望获得升华的路径，重构了他的伦理学旨归。倒错在引入想象的阉割的同时再度拒认了它，法则的大他者 A 并非被放弃，而只是以水平 180° 翻转的形式被隐匿起来，这正是我们多次论证的神经症的幻想公式的翻转而非超拔。拉康的要义在于：只有被确立的法则才规定了主体及其欲望的同构关系。没有法则就没有僭越的问题。同样，只有僭越也不是遵循欲望行事，而很可能是人人得而诛之的暴行。拉康是如何攻破萨德耽溺淫乐的堡垒的呢？显然，这正是由于后者企图占据的不可能的原父的位置使升华无法楔入，因而标志着诱人（enticing）的萨德的作品除了被禁止外便别无他途。

　　若要廓清恶、法则、享乐及欲望之间的关系，我们不妨以恶的本然在场为始点。我们发现其一侧是法则，这是由于僭越而造成的罪疚，故而法则由于罪疚感的担保而维持运作，但法的禁令只是试图将主体维持在快乐原则之内而调节/规训过量的享乐。如此一来，主体更要僭越法则，更有朝向死亡的求享乐的冲动，事实上造成了更大的恶。其另一侧是享乐，它与法则对举，是不向欲望让步，是对被法立下禁令的朝向实在界之物（被禁的享乐对象，彼岸不可接近的他者，是母亲、是至善，是人类基本激情的本质因由）的不竭驱动。因此，在拉康的意义上，"恶"这一被祛除、被抛置之物正是我们每个人心中追求极度享乐的伦理意志，唯其看似危险而无意义，方能彰显恶的真正意义。

如果说，享乐与法则互为表里、互相设限而又互为因果，双方须臾也不可独立自存，那么，微妙的是，乍一看来，欲望却因受到法则的调制而备受压抑，退化为调节现实的幻想的屏幕，因其将决绝地抵近死亡之冲动让渡给了享乐，而泯灭了自身真理的开示，并最终隐匿。然而，实际情形远非如此。在《精神分析的伦理学》的结论部分，拉康向我们坦言精神分析的伦理学之所以可能："这是因为我们比前人更懂得怎样辨别欲望的本性，它处在经验的中心，这样一来伦理学的重新思考便是可能的，一种形式的伦理判断是可能的，一种向最后的判断抛出问题的力量：你有没有遵从你的欲望行事？这不是一个很好承担的问题。我，事实上，声称它在别处还从未以那种纯度被提出过，并且它只能在分析语境中被提出。"①

此间所说的遵从欲望行事，乃是指遵从趋向被禁止的原初欲望之对象而行事。但既然欲望作为已然屏蔽了原初对象的显现，那么，我们在此便能再次探查出拉康意义上的倒转：遵从欲望行事的反面即是不要向（被规约、被抚平的）欲望让步，不要屈从大他者的欲望，不要应答来自大他者的质询，从而在终极意义上回到了向死而在的求享乐的意志，亦即恶。

六、结论：超越—越界

越界问题构成拉康伦理学的枢要一环。这里的恶与去-同情（apathy）固然不在任何的人道主义框架和人类普适道德经验之内，但正如上文已经呈现的，这是一种去道德（amoral）而趋向特

---

① Jacques Lacan：*L'éthique de la psychanalyse*，Seuil，p.362.

有的精神分析的伦理，而决非不道德（immoral）。拉康的越界涤除了出于常识的心理结构和认同，但僭越不仅不是无界，更是紧紧地系缚于法则之上。"僭越在享乐的意义上只以支撑其相反的原则被构成，即通过诸种法则的形式。"①只有在法则的坚固与组织下，僭越才有其本、才能发生。法则在给出的同时提供并限制着主体，在此种可预见的不可能和再度回到原点的极性之间，僭越周而复始地展开又返回。有一种狭隘的观点认为享乐是无与伦比、不受限制（除了死亡本身）的，这只看到了事情的表面。尽管享乐和愉悦是断裂的，尽管它维持着生命的最大强度，尽管它始终是一种从有限向无限的动态的驱力，但若没有大他者（既是象征秩序也是法则）的锚定，主体就不再是被劈裂的主体，而会直接成为非-主体。

齐泽克将陀思妥耶夫斯基的"上帝不存在，一切都被允许做"改写为"上帝不存在，一切都被禁绝"，而不论违犯法的冲动是否存在。他如此写道：

尽管没有任何的法——没有实定法的普遍有效性——建立在一种明确的形式之下，我们在任何时候所做的事转而成为非法的、被禁绝的物：实定的立法不存在（或者说，假如它存在，它具有一种完全任意而非强制的特征），不过即便如此，我们每时每刻都在违犯一项未知乃至不存在的法。如果说这一禁绝的悖论所建立的社会秩序旨在刻写自身即为不可能的物，集权主义翻转了这一悖论，它将主体置入对不存在的法的越界这一决非更少悖论的位置。②

---

① Jacques Lacan: *Écrits*, p.778.

② Slavoj Zizek: *Le plus sublime des hystériques*, *Hegel avec Lacan*, PUF, 2011, p. 291.

在此,齐泽克将禁绝的隐然在场的法(与拉康一脉相承)倒转为无在而遍在的法,因而不仅越界的领界是升华,无所谓禁绝("享受吧!一切都被允许",这其实正是资本社会的典型)的后果只能是处处皆坎陷。这正是前文交代的更深层的法—罪互生逻辑(使徒保罗的非因律法,不知何为罪,故而没有律法,处处皆罪),而另一种法—罪同一的逻辑则是在犯下罪恶的过程中主体获得了病态的满足,从而反证了法内包含的罪性逻辑(潜规则与公法的对立—补充关系)。

从另一角度来看法则的危机(而非消弭),这内蕴于现代性之中。"现代性状况下法则的三个危机:第一,有没有作为至高者的法则? 这是有无危机。第二,有没有一个普遍的法则,同时又尊重个体的多样性? 这是普遍性危机。第三,法律在与正义和强力的纠缠中,为何总是陷入暴力? 这是正义危机。"①

我们说精神分析旨在平复罪恶感,不过这只说对了一半,不但罪性乃是主体的本体之在,而且,真正要平复的是倒错的享乐,决非其他。主体遭逢的一边是道德—欲望的稽查机制,另一边则是欲望的解放与大他者不多不少、既内又外的楔入从而导致的颇有基督教意味的审判(Judgement)。欲望之本体当然不是主体通往自由之路。如果说欲望来自又趋向于(both from and to)大他者,享乐则来自彼岸的不可象征的大写的物(Chose)。这一物与其说失去,不如说从未被主体把握,它并非处在双曲线渐进于坐标轴的延长线上:在神经症那里,享乐没有进到前俄狄浦斯时期,这是对想象的父亲功能(菲勒斯)的禁止;在精神病那里,享乐四处满溢,这一非主体再也没有任何债务需要偿还,也许不能被贴补的死亡除外。在倒错的主体既拒认又先期接受阉割的悖谬姿

---

① 葛体标:《法则——现代性危机和克服之途》,北京大学出版社,2013 年,第 18 页。

态中,或者在他者的施虐中,他获得了受虐的享乐;或者在他施加于对象的行为中,倒错颠倒了可怜但必要的组织起现实的幻想,但难逃无疑的法则,也即,无意识是伦理的。从另一个角度来说,无意识也正是借违犯才更进一步地证成了法则,即大他者的不可否决性。

在读到"不要向欲望让步"这句箴言的同时,还有一层未被明示的潜台词,即:不要向享乐让步。享乐冲破了欲望,但欲望也将危险的享乐推至远端。质言之,沉溺于享乐就有沦入倒错的危险,这在相反的意义上也是对欲望的背叛。此外,在分析的关系中,分析家从不怀有分毫的倒错念头,以便从分析者那里获得享乐(如取笑、贬低或公开病人隐私),唯有分析者的无意识欲望的呈露才是分析的第一要务。

观众同萨德

——齐泽克论希区柯克的电影寓言

滕　腾

（同济大学人文学院）

希区柯克的电影寓言

随便翻开一本齐泽克的著作，我们首先发现的肯定不是深奥的哲学理论，而是随处可见的通俗事例，内容包括电影、黄色笑话、通俗小说等等，这与我们心中对于"正宗"哲学著作（比如斯宾诺莎或者康德的著作）的预设截然不同。在这一系列的通俗事例当中，齐泽克又最为偏爱对电影的讨论。齐泽克关于电影的讨论充斥着他所有的写作，汉乔·贝雷塞姆（Hanjo Berressem）对此做过精彩的评论："齐泽克的作品对电影的引用充盈到如此程度，同时概念的交替速度又是如此之快，可以说齐泽克的作品本身就是极度电影化的：每秒二十四个概念。"①对于齐泽克独特的哲学写作策略，托尼·迈尔斯（Tony Myers）的评论非常精彩：

---

① Hanjo Berressem, "Light, Camera, Action! The Luminous Worlds of Jacques Lacan and Gilles Deleuze", in jan jagodzinski（Ed.）, *Psychoanalyzing Cinema: A Productive Encounter with Lacan*, *Deleuze*, *and Žižek*, New York: Palgrave Macmillan, 2012, p. 46.

事实上，齐泽克通过不断地引用流行文化来玷污哲学，净化了读者关于"正宗（哲学）"的偏见，以一种不逃避任何事物的热情使哲学重新焕发活力。从这个意义上说，齐泽克理论的颠覆性特征就源于它比正宗理论更为正宗。齐泽克承担着哲学家的使命，坚信哲学本身并不需要（"正宗"）。他严肃地对待哲学，他对昙花一现的短暂文化的讨论正是这种持久的严肃性的标志。①

就他最为重要的理论贡献（意识形态理论）而言，齐泽克的著作中虽然也包括对具体意识形态现象（比如政治事件当中的意识形态）的分析，但这类分析只占了很小一部分，他对于意识形态的分析更多地是经由对通俗事例的分析进行的。对于齐泽克而言，主体是其一切理论的基础，意识形态的主体首先是一个无意识的主体，无意识的运作时刻活跃在主体生活的方方面面，通过对于日常事件的分析，我们就可以把握无意识的运作。意识形态的运作也是如此，意识形态并不仅仅体现在一场政治运动之中，它贯穿了主体的方方面面，通过对于一部电影的分析，我们就可以揭示意识形态的秘密，而且在许多时候，一部电影往往比一场政治运动更能体现意识形态的运作机制。

在众多的电影中，齐泽克最为青睐希区柯克和大卫·林奇导演的影片。在他看来，这些影片本身就是最为彻底的意识形态批判。齐泽克极为推崇威廉·罗斯曼（William Rothman）在《致死的凝视》②一书中发展出的希区柯克电影的寓言维度，他认为："希区柯克电影最有力的'意识形态批判'潜力正包含在它们的寓言

① Tony Myers，*Slavoj Žižek*，London and New York：Routledge，2003，p. 4.
② William Rothman，*Hitchcock: The Murderous Gaze*，Cambridge：Harvard University Press，1982.

性质之中。"①

齐泽克区分了两种寓言：传统寓言和现代主义寓言。在传统寓言的"叙事空间中，叙述内容是某种超越性实体的寓言（有血有肉的个体人格化了超越性原则：爱、诱惑、背叛等等；它们成为超感觉理念的外衣）"②。现代主义寓言与传统寓言相对立，"在现代叙事空间中，叙述内容被设置和想象为它自身言说过程的寓言"。③ 在齐泽克看来，希区柯克的影片正是现代主义寓言最为典型的代表，"希区柯克的影片最终只包含导演和观众这两个主体位置，叙事中的所有角色轮流承担这二者之一"④。希区柯克的这一寓言运作把电影转化为了一个"视差客体"（parallax object）。那么何为视差？齐泽克讲到：

视差的标准定义是：客体的可见的位移（其位置相对于背景的位移）是由观测位置的变化引起的（从而提供新的视线）。当然，需要补充的哲学性的颠倒是，观察到的差异并不仅仅是"主观的"，所谓"主观的"是说从两种不同的立场或观点来看存在"在那里"的同一个对象。恰恰相反，正如黑格尔所说，主客体是内在的"中介的"，所以主体立场的"认识论"转变总是反映客体本身的"本体论"转变。或者，用拉康的话来说，被感知的客体本身总是已经铭刻了主体的凝视（凝视以被感知的客体的盲点

① Slavoj Žižek, "In His Bold Gaze My Ruin Is Writ Large", in Slavoj Žižek (Ed.), *Everything You Always Wanted to Know about Lacan* (*But Were Afraid to Ask Hitchcock*), London and New York: Verso, 1992, p. 218.
② Ibid., p. 218.
③ Ibid., p. 218.
④ Ibid., p. 218.

为伪装,盲点"在客体中而超出客体",盲点还是物体返还凝视的点)。①

　　齐泽克的这一论述看似非常复杂,但我们可以用一个老生常谈的说法做一简单说明:某人在调查某事时会不知不觉地转变成为某事的参与者。也就是说,希区柯克电影的这一嵌套结构自身就实现了意识形态批判的功能,观众的凝视是陷在这一电影中的,直到最后被迫承认自身欲望的病态本质,被迫穿越意识形态的幻象(fantasy)。

《后窗》作为元电影

　　齐泽克把希区柯克的电影寓言视为最为犀利的意识形态批判。在进入对具体的希区柯克电影寓言的讨论之前,我们首先需要对齐泽克对于意识形态的概念重构有所了解。让我们来看一下考夫·巴切尔(Geoff Boucher)给出的定义:

　　意识形态由构成社会主体性的相对不固定的表征连带一个公共实践的核心构成,这个核心调控着政治共同体中主体的无意识力比多投注。这些力比多投注被无意识的社会幻象所结构,同时调控着主体对于快感核心的政治忠诚,而这个快感核心决定着主体对于政治共同体制度仪式相对固定的忠诚。②

　　这一定义看起来比较复杂,但它却准确地把握住了齐泽克意

① Slavoj Žižek, *The Parallax View*, Cambridge, Massachusetts and London: MIT Press, 2004, p. 17.
② Geoff Boucher, "IDEOLOGY", in Rex Butler (Ed.), *The Žižek Dictionary*, Durham: Acumen, 2014, p. 128.

识形态理论的关键。齐泽克对于意识形态的探讨超越了话语的维度（也即立足于象征性认同和想象界的同一性的意识形态维度），进入了快感的维度——围绕剩余快感搏动的欲望、幻象、大他者中的缺失和驱力等等。

齐泽克重构了意识形态的概念，意识形态的结构包含两个层次——话语的层次和快感的层次（也即"认同"和"超越认同"两个层次）。因而在他看来，意识形态的运作就不仅仅体现为权力的运作，也就是说不仅仅体现在表征的层面，真正有效的意识形态分析必须深入到支撑表征的幻象核心之中。对应于这一概念，回到希区柯克的电影之中，齐泽克引入了一套与欲望而非权力相关的凝视理论，从而开辟了一条讨论凝视复杂性的新途径，而非简单地谴责电影表征的意识形态性。

在早期以穆尔维为代表的银幕理论的凝视理论中，我们可以明显地看到银幕理论的关注点在于凝视之中的权力关系，摄影机（观众）占据了一个把控性的位置，一个凝视他者而自身却不被看到的位置。比如希区柯克的《后窗》（1954）一片中杰弗瑞的凝视就展现了一种典型的男性自恋窥视癖。银幕理论家的凝视理论最终归向谴责电影表征的意识形态性。例如穆尔维提出使用精神分析作为女权主义电影实践的政治武器，穆尔维对于电影形式的分析最终指向了一种新的电影解决方案，即一种革命性的电影的可能性。我们在此可以看出，银幕理论家的凝视理论的关注点在于电影的叙事和观看机制本身的权力结构，这种分析仍然局限于表征的层面。我们也可以说，这一凝视理论并没有真正地与拉康的理论产生共鸣，其实并不真正地依赖于精神分析。琼·柯普伊克（Joan Copjec）对此作了深入分析，指出银幕理论家在使用拉康的"凝视"这一概念时就把拉康关于"镜像阶段"的讨论和福柯在《规训与惩罚》中提出的"凝视"概念混淆了起来。①

与此不同，齐泽克所讨论的凝视与欲望紧紧关联在一起——电影返还了我们自身的凝视。在齐泽克这里凝视变得复杂化了，它与观众的欲望相互纠缠，而非仅仅体现了某种意识形态的观看立场。

让我们来看齐泽克对于《后窗》一片的具体讨论。于齐泽克而言，《后窗》一片具有元电影的意义，通过他的分析，我们甚至可以说《后窗》是最为经典的希区柯克电影寓言。

在《后窗》中，杰弗瑞为了消磨时间，通过窗户监视自己的邻居并且偷窥他们每天的生活，当杰弗瑞凝视着院子对面的神秘公寓里的凶手时，杰弗瑞失去了中立的远距离观察者的身份，他陷入了这件事，即他成为他所观察的事情的一部分。这在齐泽克看来像极了电影的运作，窗户就像是电影屏幕，投射了杰弗瑞的欲望。杰弗瑞完全被凶手迷住，他被迫面对自己的欲望的问题：他真正想要从这件事中得到什么？齐泽克的回答是：对面的凶手展现了杰弗瑞自己的欲望。杰弗瑞通过窗户所看到的绝不是什么客观的现实。他通过窗户所看到的其实是将会发生在他和女友莉莎身上的事情的幻象投射：他们可能会成为幸福的新婚夫妇；他可能遗弃她，那样她就会成为性格古怪的艺术家，或者过上悲惨的隐居生活；他们也可能像普通夫妇一样共度时光，还会有一条狗，绝望地屈从于生活的无奈；或者最终，他会像对面的杀人犯一样杀了莉莎。"简而言之，主人公在窗外所感知的东西的意义取决于他在窗子这边的实际际遇。他只需'透过窗户去看'，就

---

① Joan Copjec, "The Orthopsychic Subject: FilmTheory and the Reception of Lacan", in Joan Copjec, *Read My Desire*, Cambridge, Massachusetts and London: MIT Press, 1994.

能看到他自己的现实僵局的许多想象性的解决方法。"①

在齐泽克看来,客观的观看根本是不可能的,我们的目光总已被幻象所污染,或者说被由幻象所指派的欲望所污染,幻象结构了我们的现实,在此意义上我们可以说,"凝视战胜了眼睛(eye)"②。

我们的幻象总是已经污染了我们的现实,总是已经结构了我们的现实。同样地,客体只有进入了主体的幻象场景(fantasy-scene),它才会成为欲望的对象。让我们回到齐泽克对《后窗》的讨论。莉莎虽然是一个美人,但她向杰弗瑞的求婚并未成功,而且这一求婚反而成为杰弗瑞的困扰。在影片的结尾两者最终还是走到了一起,那么莉莎是如何成功地变得合乎杰弗瑞的欲望的呢?齐泽克认为,"从根本上说,她进入了他幻象的框架;穿过院子,出现在另一边,他可以透过窗户看到她"。③ 当杰弗瑞在凶手的公寓里看到莉莎时,他的目光立刻被她迷住了,莉莎在杰弗瑞的幻象空间里找到了自己的位置。于是才有了男女主角的最终结合。

希区柯克式的污斑

那么我们应该如何规定希区柯克电影寓言中的"凝视"的运作?齐泽克运用了拉康的精神分析理论来揭示这一"凝视"的运作:这一"凝视"的运作的关键在于它并非是主体的凝视,它是客体的凝视,是实在界的凝视,也即"希区柯克式的污斑"(Hitchco-

① Slavoj Žižek, *Looking Away: An Introduction to Jacques Lacan through Popular Culture*, Cambridge, MA, and London: MIT Press, 1991, p. 92

② Jacques Lacan. *The Four Fundamental Concepts of Psychoanalysis*, The Seminar of Jacques Lacan, Book XI, Ed. Jacques-Alain Miller, Trans. Alan Sheridan, New York: Norton, 1981/1998. p. 103.

③ Slavoj Žižek, *The Sublime Object of Ideology*, 2nd ed, London and New York: Verso, 2008, p. 133.

ckianblot)的凝视。

拉康在《精神分析的四个基本概念》一书中比较完整地给出
了他的凝视理论。拉康将他
的凝视理论浓缩在三个图示
之中，让我们从第一个图示
（图1）①开始：

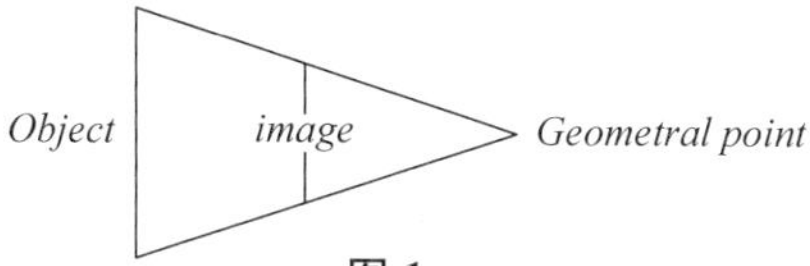

Object ◁ image ▷ Geometral point

图 1

拉康在图1中给出的观看模式的运作非常类似银幕理论家
对凝视理论的构想。这一观看模式是由几何学主导的，也即它的
运作是受到象征法则的权力关系控制的，我们也可以说它对应于
电影的叙事维度，这一叙事过程在"看与被看"的权力关系中被组
织起来。在拉康看来，这一观看机制涉及到想象界和象征界的运
作。处于灭点位置的"几何点"（geometral point）所代表的大他
者的象征效力给予了整个再现过程以一致性。通过象征性认同，
观看的主体被置于几何点的位置上，在象征秩序的主导下，通过
想象性的认同，主体获得了想象性的自我一致性。在这一几何点
的位置上，主体看到了主体的想象性观看所投注出来的"像"
（image）。

然而，这一切的运作还不
能称得上是拉康所谓的凝视，
拉康区分了"眼睛"和"凝视"两

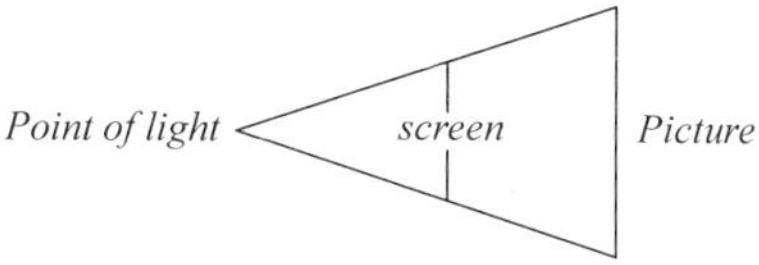

Point of light ▷ screen ◁ Picture

图 2

个维度，上面所论的只是眼睛的功能的维度。对于凝视的维度，
拉康首先引入了图2②：

在图2中的"屏幕"（screen）遮挡住了自以为自主的意识形态

① Jacques Lacan. *The Four Fundamental Concepts of Psychoanalysis*，The Seminar of Jacques Lacan，Book XI，Ed. Jacques-Alain Miller，Trans. Alan Sheridan，New York：Norton，1981/1998. p.91.

② Ibid.，p.91.

主体的眼睛的功能,眼睛不能看到处在"光点"(point of light)位置的他者凝视。把图1和图2两个图"缝合"到一起就得到了图3①,它构成了拉康对于凝视本身的描述:

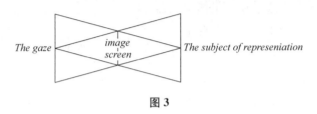

图 3

我们可以看到图3中的"像屏幕"(image screen)在许多方面非常类似于电影屏幕。在这里,凝视占据的是光点的位置,它被像屏幕所遮挡,主体看不见它,但它却作用于表征的主体,这一凝视实际就是被意识形态运作所遮蔽的实在界。也就是说,在主体对像屏幕的观看中被忽略的恰恰就是凝视本身。回到《后窗》一片中,在齐泽克看来,在这扇窗户的这一边,也即在杰弗瑞的公寓里所发生的杰弗瑞和莉莎的风流韵事绝不是一个简单的附属情节、一个与电影的中心主题无关的有趣的消遣,恰恰相反,它才是结构整个叙事的核心所在。杰弗瑞所遭遇的恰恰就是"没有性关系"的实在界,而杰弗瑞(和我们)对窗户之外其他公寓所发生的事情的迷恋的真正作用恰恰使杰弗瑞(和我们)忽视窗户这一边发生的事情的重要性,也即遮蔽创伤性的性关系实在界。

意识形态的主体对像屏幕的观看就像是主体通过缝合获得暂时的确定性,然而正如这一对欲望的缝合运作必定会失败,这一被遮挡的实在界凝视总是会突然出现在主体的面前,将主体的

① Jacques Lacan. *The Four Fundamental Concepts of Psychoanalysis*, The Seminar of Jacques Lacan, Book XI, Ed. Jacques-Alain Miller, Trans. Alan Sheridan, New York: Norton, 1981/1998, p.106.

意识形态认同倾覆。

实在界凝视在希区柯克的电影中被寓言化为希区柯克式的污斑的凝视。让我们来看齐泽克对于电影《惊魂记》(1960)中诺曼把装有玛莉莲尸体的轿车沉入沼泽这一段戏的分析。在汽车下沉的过程中,汽车突然卡住了,观众的心中突然自动地生成了焦虑。毫无疑问,在欲望层面上观众已经牵扯进了诺曼掩盖谋杀的计划之中,观众对电影已经进行了力比多投注。观众担心汽车不会下沉,担心谋杀败露,观众的焦虑与诺曼的焦虑是同一的。"在这一刻,他/她的凝视是去理想化的,凝视的纯洁性被一个病态的污斑所玷污,而维持凝视的欲望则凸显出来:观众不得不承认他所看到的场景正是为他的眼睛上演的,他/她的凝视从一开始就被吸纳了进去。"[1]在这个意义上,影片最后,诺曼朝向观众的那怪异的凝视也就有了新的意义,它正是观众的凝视作为实在界污斑的回返——诺曼仿佛在示意:你们都是我的同谋……

那么我们如何来进一步讨论希区柯克的污斑?我们知道污斑的凝视其实就是实在界的凝视,也就是实在界客体的凝视。在齐泽克对希区柯克寓言的解读中,实在界的客体被理论化为三种希区柯克客体。

三种实在界与三种客体

讨论三种希区柯克客体之一的比较好的方法就是从齐泽克对实在界这一概念的重构入手,三种希区柯克客体其实就是三种实在界的三种客体。

齐泽克在《因为他们并不知道他们所做的》一书的第二版前

---

[1] Slavoj Žižek, "In His Bold Gaze My Ruin Is Writ Large", in Slavoj Žižek (Ed.), *Everything You Always Wanted to Know about Lacan (But Were Afraid to Ask Hitchcock)*, London and New York: Verso, 1992, p.223

言和《论信仰》一书中修正了自己在《意识形态的崇高客体》一书中对三种秩序的简单解读[1]：

> 《崇高客体》一书没能展开内在于实在界—想象界—象征界三元组的相互联系：整个三元组是在它的三个元素中分别反映的。[2]

在齐泽克看来，前述的三种秩序应该通过如下的概念来描述：实在的实在界（real Real），象征的实在界（symbolic Real），想象的实在界（imaginary Real）；实在的想象界（real Imaginary），象征的想象界（symbolic Imaginary），想象的想象界（imaginary Imaginary）；实在的象征界（real Symbolic），象征的象征界（symbolic Symbolic），想象的象征界（imaginary Symbolic）。乍看起来，他仿佛是把所谓的三界进行了一番"排列组合"，他想通过这一令人眼花缭乱的"排列组合"来讲述什么呢？

要探讨齐泽克的这一理论，比较好的办法就是回到拉康对于博罗米诺节（Borromean Knot）的谈论，拉康通过图 4 所示的博罗米诺节来描述所谓的三界。关于拉康的这一说法，老生常谈式的观点是把图中的三个环简单地指认为实在界、想象界和象征界。在图中我们可以看到任意两个环之间都存在着相交的部分，在齐泽

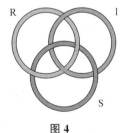

图 4

① Slavoj Žižek, *For They Know Not What They Do: Enjoyment as a Political Factor*, London and New York：Verso, 1991. see also Slavoj Žižek, *On Belief*, London and New York：Routledge, 2001, pp. 81-2.

② Slavoj Žižek, *For They Know Not What They Do: Enjoyment as a Political Factor*, London and New York：Verso, 1991, p. xii.

克看来正是这些相交的部分构成了博罗米诺节逻辑的关键，同时也构成了三界秩序的关键。进一步说，老生常谈式的三界在齐泽克的全新解读中其实也就只是实在的实在界、想象的想象界、象征的象征界三种秩序。

早期的拉康主义理论家（尤其是电影理论家）的关注点都集中在拉康的想象界和象征界这两个概念之上，与他们不同，齐泽克对拉康理论的关注点集中在实在界和象征界这两个概念之上，同时齐泽克又最为偏爱对于实在界的讨论（这构成了齐泽克最重要的理论贡献之一）。齐泽克对于那一套"排列组合"的讨论也集中在实在的实在界、象征的实在界、想象的实在界这三个概念之上。

那么齐泽克所谓的实在的实在界、象征的实在界、想象的实在界这三个概念指的到底是什么呢？让我们先来看看齐泽克自己的解释：

> 有三种实在界的形态："实在的实在界"（令人恐惧的原质[Thing]，原初的客体，从艾玛[Irma]的喉咙直到异形[Alien]），"象征的实在界"（作为连续性的实在界：被还原成一个无意义公式，就像量子力学的公式并不能够被转换回、或者说联系到我们生活世界的经验中），还有"象征的实在界"（神秘的奇妙之物，深不可测的"某物"，通过一个日常的客体放射出崇高的维度）。[①]

在此处齐泽克已经明确给出实在的实在界的客体其实就是原质。虽然他在上面的引文中仿佛在说实在的实在界就是原质，

---

① Slavoj Žižek, *For They Know Not What They Do: Enjoyment as a Political Factor*, London and New York：Verso，1991，p. xii.

不过我们必须强调的是,就其理论架构而言,避免原质与实在界的混淆是非常重要的,这一点我们在后面的讨论中还将给予进一步说明。

为了方便讨论,让我们把象征的实在界和想象的实在界的客体也提前给出,"象征的实在界"的客体是菲勒斯能指(phallic signifier),也即主人能指(Master-Signifier),"想象的实在界"的客体是客体 a(objet petit a),也就是所谓的崇高客体(sublime object)。

让我们先来看原质(Thing, das Ding)这个概念,需要注意的是,在大陆的齐泽克翻译中普遍将 Thing 译为原质,在香港、台湾地区则有原物、原欲物等几种译法,对于这几种译法都有一点需要补充:虽然拉康已经使用了 das Ding(拉康所使用的对应的法语概念为 la chose)这个概念,齐泽克很可能是直接从拉康那里拿来这个概念,但他对于这一个概念的使用却更多包含着先验唯心论哲学的影响(迪伦·伊凡斯[Dylan Evans]指出其实在拉康那里,das Ding 就与康德的"物自体[thing-in-itself]"有着明显的联系①)。在齐泽克的写作中,Thing 和 thing in itself 这两个概念(在德国先验唯心论哲学中,thing in itself 这个概念就是物自体)是相互混用、可以彼此替换的。在齐泽克的写作中,我们可以明显的看到物自体这个概念的影子(这在本文后面的讨论中也会有所体现)。

那么原质这个概念指的到底是什么呢? 我们先看拉康自己的说法。拉康关于"原质"的讨论是其 1959—1960 年研讨班的一个中心议题,其中牵扯到的问题也非常多,我们在此主要探讨与

① Dylan Evans, *An Introductory Dictionary of Lacanian Psychoanalysis*, London and New York: Routledge, 1996, p. 207.

本文关系较大的几点。拉康区分了德语之中有"物"(thing)之意的两个词 das Ding 和 die Sache。die Sache 是一个事物在象征秩序之中的再现,而 das Ding 则是在实在界中的"物",它"超脱一切所指"(the-beyond-of-the-signified)①,它完全在语言之外,在无意识之外,"原质的特点正在于我们不可能想象它"②。其实马克思也使用过这两个概念,他的讨论对于理解拉康的解释在某种意义上有着一定的帮助。马克思同样区分了这两个概念,即"事物"(Sache)和"物"(Ding),前者指的是"一定的、社会的、属于一定社会形态的生产关系"的物,后者则指脱离社会关系的自然物。③ 总的说来,原质正是那没有能指之物,同时因为所指依赖于能指的运作效果,那么原质又"超脱一切所指"。原质"超脱一切所指"则意味着原质必然处在实在界之中。在此,我们需要关注前文提及的实在界和原质的区分,正如杜安·鲁塞尔(Duane Russelle)所言:"避免原质与实在界的混淆是非常重要的,因为实在界所指的是那个我们在其中发现作为原质的实在界客体的地方。"④

回到齐泽克,其实实在的实在界就是那个我们在其中发现原质的地方。"原质是那个出现在实在界位置上的客体,它的根本的特征是它在象征化之外。"⑤

谈到这里,我们就可以进一步区分"实在的实在界"的客体和"想象的实在界"的客体,也即区分原质和客体 a。这两个概念(其

---

① Jacques Lacan, *The Ethics of Psychoanalysis*, *1959—1960*, *The Seminar of Jacques Lacan*, *Book Ⅷ*, Ed. Jacques-Alain Miller, Trans. with notes by Dennis Porter, New York: Norton, 1992. p. 54.

② Ibid., p. 125.

③ 马克思,恩格斯:《马克思恩格斯全集46卷(上)》,第103页。

④ Duane Russelle, "REAL, SYMBOLC, IMAGINARY", in Rex Butler (Ed.), *The Žižek Dictionary*, Durham: Acumen, 2014, p. 216.

⑤ Ibid., p. 215.

实还包括主人能指这一概念)在大陆的齐泽克研究中经常发生混淆,但在齐泽克和拉康那里它们绝对不是一回事。虽然齐泽克对于实在界的这一重构还有更深刻的用意,但这一重构给我们带来的一个显而易见的好处就是使我们可以更好地区分原质、客体 a 和主人能指三个概念。

从根本上说,原质其实是在象征秩序之前的原初的客体,而客体 a 却是作为象征化的结果而出现的。象征秩序对于实在界的切割其实只是从象征秩序的位置上进行的。换句话说,实在界其实是根本无法被切割的,象征化其实只是就象征界本身、就欲望和律法而言的,所谓符号谋杀了事物其实也只是就象征化本身来讲才有意义,原质本身总是存在在那里。如此一来,匮乏(lack)其实也是就象征秩序本身而言的,象征秩序本身的不完善性产生了象征秩序中的匮乏,客体 a 的位置在象征界的匮乏之中,然而就实在的实在界来说,其实没有任何匮乏可言。其实我们在齐泽克的这一构造中可以明显地看出德国先验唯心论哲学的影子,原质非常类似于"物自体"这一概念。总的来说,原质是那绝对不可被管理的实在界的客体,而客体 a 则是在象征化之后的剩余。

那么如何区分主人能指和客体 a 呢? 在齐泽克看来,从象征界的角度来看,实在界其实是象征界中的某种虚空(void),主人能指掩盖了象征界中的这一虚空,而客体 a 则在象征界的背后,在幻象(fantasy)中填补了这一虚空。

我们也可以通过另一个角度看这个问题:也即拉康对所谓"没有元语言"(there is no metalanguage)这一说法的讨论。齐泽克在《意识形态的崇高客体》一书中通过这一论断来定位实在界。

在所谓的后结构主义者那里,"没有元语言"可谓老生常谈,简单说来,它指的就是说话者无法将他自己从他的说话位置中分离出来,被说出的内容总是由说话人自己的话语位置所框定。

"元语言"假设了在被说出的内容之外存在某些位置,通过这些位置可以说出某种中立的、纯粹客观的知识。

对于齐泽克(拉康)来说,"没有元语言"这一说法的意义要激进得多,不可能占据元语言的位置的原因在于元语言是实在界。"元语言不仅仅是一个想象界的实存物。它是严格的拉康意义上的实在界,也即不可能占据它的位置。不过拉康又补充说,简单地避开它更不可能。我们得不到它,但我们也避不开它。这就是为什么避开实在界的唯一方法就是产生一种纯粹的元语言表达,这种表达通过其公然的荒谬性,物质化了元语言自身的不可能性:也就是说,一种自相矛盾的元素,在其同一性中,体现了绝对的他性,这种不可填补的鸿沟使得占据元语言的位置成为不可能。"①也就是说,因为不可能占据元语言的位置,有两种潜在的元素可能取代了它的位置——客体 a 和主人能指。

下面,让我们结合希区柯克的电影来具体探讨三种实在界的客体,先从主人能指开始。

在索绪尔那里,能指与所指之间是一一对应的关系。拉康主要从下面几点出发改写了索绪尔的符号理论:第一,拉康给予了能指以逻辑优先地位;第二,拉康否定了能指与所指之间的对应关系;第三,能指与所指之间的"横杠"现在变成了隔离能指与所指的结构,也即内在于意指过程中的对意义的抵制。据此,拉康认为语言的运作只涉及能指与能指的组合。在他那里,我们似乎只剩下了一系列由中间的横线所分隔的不断转换的能指系列和所指系列。为此,拉康认为必须有一个缝合点,一种阻止能指链滑动的偶然元素,这是就是"主人能指"。

---

① Slavoj Žižek, *The Sublime Object of Ideology*, 2nd ed, London and New York: Verso, 2008, p. 175.

放到电影中来看，其实主人能指在早期的精神分析的银幕理论中就经常被提及，不过在银幕理论中用得更多的是"缝合"这个说法。主人能指没有给一系列普通能指增加新的内容，相反，它给予了一系列普通能指一种新的关系。主人能指的运作类似一种视角的引入，通过这一个视角，"漂浮的能指"获得了它的意义。齐泽克讲到：

线性的"有机"事件流的体验是一种错觉（尽管它是必需的），它掩盖了事实的真相，也即正是结局（主人能指）回溯性地赋予了前面的事件一种有机整体一般的一致性。被掩盖的是叙事链中的根本的偶然性，事实是，在每一个点上，事情都可能已经变成另外一回事。但是，如果这种错觉是叙述之线性造成的，那么如何才能使事件链的根本偶然性变得可见呢？答案是矛盾的：以相反的方式，通过将事件倒退，从结束到开始。①

让我们再来看齐泽克给出的另一个例子②：在电影《群鸟》（1963）的后半段中有一场戏，群鸟对博迪加海湾发起攻击，加油站遭到袭击，酿成了一场可怕的火灾。在博迪加海湾陷入火海之后，电影出现了一个鸟瞰的镜头，从空中俯视下面的人间地狱，突然，一只鸟从摄影机的后面进入画面，紧接着是两只，随后就是整个鸟群。于是看似客观的上帝视角就被主观化了，它们被重新标记为同样为大火所困的鸟群的视角。

另外值得一提的是，在一部电影中，主人能指绝不只是在剧

①　Slavoj Žižek, *Looking Away: An Introduction to Jacques Lacan through Popular Culture*, Cambridge, MA, and London: MIT Press, 1991, p. 69.

②　Slavoj Žižek, *For They Know Not What They Do: Enjoyment as a Political Factor*, London and New York: Verso, 1991, p. 77.

情的层次上运作,我们也可以说像蒙太奇、客观镜头、对话等因素其实就是一部"正常"的有声电影的主人能指,正是它们让我们回溯性地认为一部正常的电影应该如此。

那么客体 a 又到底是何物?它又藏在电影中的何处?

我们来看齐泽克对两部希区柯克电影的讨论,在其中,主人能指的运作被禁止了,从而使得客体 a 直接呈现在电影中。它们分别是《夺命锁》(1948)和《火车怪客》(1951)。在这两部电影中"拉康式的实在界的含糊性,在于它并不仅只是一个以创伤性的'返回'和'回答'的形式突然出现在象征秩序中的未象征化的内核。同时,实在界也包含在象征形式中:实在界经由这种形式直接呈现"。①《夺命锁》建立对蒙太奇的禁止这个基础之上,通过技术处理(比如通过一个人直接从摄影机前走过,使整个场地变黑来掩盖剪辑),整个电影给人的印象是由一次长镜头拍成的。《火车怪客》建立在对禁令的禁止之上,杀手完全从字面上理解语言,如同无所不能的尼采式的"超人"一般直接从语言跳向"行动"。在齐泽克看来,这两部电影仿佛把我们置身于精神病的世界:

我们所关注的禁令的性质过于武断和反复无常:就好像作者为了纯粹的形式的实验决定放弃"正常"有声电影的关键组成部分(蒙太奇、客观镜头和声音)。这些电影所依据的禁令是禁止一些本来不可能被禁止的东西:它不是禁止一些本来就不可能获得的东西(根据拉康的说法,定义了"象征阉割""乱伦禁令"的悖论之所以是悖论,原因就在于被禁止的快感本身就是无法获得之物)。这就是电影引发的令人难以忍受的乱伦般的窒息的原因。

① Slavoj Žižek, *Looking Away: An Introduction to Jacques Lacan through Popular Culture*, Cambridge, MA, and London: MIT Press, 1991, p.39.

构成符号秩序的基本禁令（"禁止乱伦"，通过"割断绳索"来获得我们朝向"现实"的象征距离）的是匮乏，而取代它的任意性的禁令只是体现和见证了这种匮乏，这种匮乏自身的匮乏。①

对于主人能指进行禁止的结果就是意指链的崩溃。主人能指掩盖了象征界中的虚空，对主人能指的禁止使我们窥探到了客体 a。

在齐泽克（拉康）的讨论中，客体 a 是一个极为复杂的概念。在本文中，我们把齐泽克对于客体 a 的界定概括为三点：第一，客体 a 即是永远处于匮乏状态的欲望的客体—原因（object-cause of desire）自身；第二，客体 a 同时又是阻止我们过度接近原质的屏障；第三，客体 a 这一悖论的双重性最终体现在欲望客体与欲望原因的分裂中；第四，占据客体 a 的位置的只是普通的客体，而且普通客体只是偶然地占据了这一位置，并没有什么必然性。

让我们从第一点开始，来看齐泽克对于客体 a 的讨论。

齐泽克对于客体 a 给出了他所谓的最为纯粹的例证——麦高芬（MacGuffin）。麦高芬是希区柯克的一个情节装置。我们先来看一下所谓的麦高芬：

"行李架上的那个包裹是什么？""哦，那是麦高芬。""麦高芬是什么？""嗯，这是一种在苏格兰高地捕捉狮子的装置。""但是在苏格兰高地没有狮子啊。""哦，所以那不是麦高芬。"还有另一个更加贴题的版本：其他的部分都一样，只是最后回答不同："嗯，现在你知道它有多有效了吧！"②

---

① Slavoj Žižek, *Looking Away: An Introduction to Jacques Lacan through Popular Culture*, Cambridge, MA, and London: MIT Press, 1991, p.43.

② Slavoj Žižek, *The Sublime Object of Ideology*, 2nd ed, London and New York: Verso, 2008, p.183.

在齐泽克看来，所谓的麦高芬自身什么也不是，然而这一个纯然的虚空却起着启动能指链条对于欲望的阐释运动的作用，充当着欲望的客体—原因，在叙事中它体现为一个用以启动剧情的纯粹借口。对于麦高芬，希区柯克自己讲到：

> 我最好的"麦高芬"手法——所谓最好的，我的意思是说最空灵的、最不存在的、最微不足道的——就是《西北偏北》中那一个。这是一部间谍片，剧情提出的唯一问题是："这些间谍在寻找什么？"在芝加哥飞机场的那一场戏里，美国中央情报局的人员向桑希尔解释一切，因为他在谈到维丹姆时曾问他们："他是干什么的？"那一位回答："可以说，这是一个做进出口贸易的家伙。""他买什么？""噢！……这正是政府的秘密！"您看，这里，我们把"麦高芬"缩减到最纯粹的表述形式：什么也没有。①

对于第二点，我们在希区柯克的电影中同样发现了它的踪迹。客体 a 作为阻止我们过度接近原质的屏障，把某些过于接近原质的客体排除在外，如果这些客体碰巧进入了主体的幻象框架，它们就会变成令人恶心作呕的客体。

在《迷魂记》(1958)中，斯考蒂作为私人侦探跟踪玛德琳，其间，斯考蒂深深地爱上了玛德琳。他们来到一家博物馆，玛德琳着迷地欣赏着已故的夏洛特的肖像，并把自己想象为夏洛特的化身。斯考蒂的一位关系暧昧的异性画家朋友看到了这一幕，为他安排了一个不愉快的惊喜：她画了一幅夏洛特肖像的复制品，但她没有画夏洛特那张美丽的脸，而是把她自己带着眼镜的脸画了

---

① 弗朗索瓦·特吕弗：《希区柯克与特吕弗对话录》，郑克鲁译，上海人民出版社，2006年，第108页。

上去。结果是可怕的：斯考蒂在恶心、崩溃和厌恶中离开了她。

我们在希区柯克的《蝴蝶梦》（1940）中也发现了同样的过程。文德斯夫人觉得她的丈夫只爱丽贝卡，丹弗斯夫人借机哄骗文德斯夫人穿着丽贝卡在类似场合穿过的一件礼服出现在一个正式的招待会上——效果又是怪诞的，丈夫狂怒地把她赶走……

对于第三点，还是回到齐泽克对于《迷魂记》一片的分析中，齐泽克的分析十分精彩，同时在其中不无讽刺地影射了"唯心主义式的"电影批评策略。在《迷魂记》中，斯考蒂在玛德琳"自杀"之后一直很颓废，直到他见到了和玛德琳长相极为相似的朱迪。斯考蒂在与朱迪的交往之中试图把她改造为心爱的玛德琳。但是好景不长，就在斯考蒂的"大作"刚刚成功之时，他发现了朱迪的阴谋。"当斯科蒂最终发现他试图将之变成玛德琳的朱迪正是他所认识的那个玛德琳时，他心中充满了杀人的愤怒，这是被欺骗的柏拉图主义者的愤怒，因为他意识到他想要完美地再造的原作本身就是复制品。"①

对于第四点，齐泽克谈到：

> 崇高客体本是平凡的、日常的客体，但它相当偶然地占据了拉康所谓的原质的位置，占据了欲望的不可能—实在界客体的位置。崇高客体只是"被提升到了原质层面的客体"。是它的结构位置——它占据了快感的神圣的/被禁止的位置这件事——而非它的固有品质赋予了它崇高性。②

还是回到《迷魂记》，斯考蒂深爱的玛德琳就经历了类似的转

---

① Slavoj Žižek, *Organs without Bodies: On Deleuze and Consequences*, London and New York: Routledge, 2004, p. 157.

② Ibid., p. 221.

化。在影片的最后,斯考蒂"穿越了幻象"①,玛德琳不再占据原质的位置,她醉人的美丽立即消失,她也就令斯考蒂反感起来。

最后我们再来讨论一下原质。前文中已经提到了客体 a 和原质在齐泽克这里是两个完全不同的概念,在齐泽克看来:

> 也许,区分它们的最好方法是参考本体论(ontological)层面与本体(ontic)层面之间的哲学区分。原质的状态是纯粹本体的,它代表着一个不可还原的本体的剩余,它逃避了存在本身(Lichtung),即实存物在其中出现的本体论的空隙:就它还没有成为一个"内在于世的"(inner-worldly)实存物而出现于超验的本体论视阈之内而言,原质是一个本体的 X。相反,客体 a 的状态是纯粹本体论的——就是说,作为幻象—客体(fantasy-object)的客体 a 是一个空的形式,它是规定着实际的实存物的状况的框架(根据拉康的表述,幻象是我们的"现实感"的终极支撑,这就是我们对此的解读)。②

要理解齐泽克的这一区分,比较好的方式自然还是参考康德关于认识论的理论和海德格尔关于存在的相关理论。齐泽克进一步规定道:

> 作为大写的空间的原质(神圣的/被禁止的大写的区域),在这个空间中,象征界和实在界之间的鸿沟被封闭,说得直截了当一些,我们的愿望被直接实现(或者,用康德的先验唯心主义的确

---

① Slavoj Žižek, *Looking Away: An Introduction to Jacques Lacan through Popular Culture*, Cambridge, MA, and London: MIT Press, 1991, p. 86.

② Slavoj Žižek, *The Metastases of Enjoyment: On Women and Causality*, London and New York: Verso, 1994, p. 181.

切术语来说，在这个大写的区域里我们的直观变得直接具有生产性——根据康德的说法，事物的状态只是无限的神圣理性的特征）。①

甚至在我们提出问题之前，它就提供了——或者更确切地说，强加给我们了——答案，把支撑我们欲望最深处的幻象直接物质化。②

对于原质这一概念而言，齐泽克最为经典的分析应该就是对于希区柯克电影中的"鸟"的分析了。在《西北偏北》（1959）中，我们看到了可以称得上是最著名的希区柯克式场景的钢鸟——飞机——的攻击。在《惊魂记》中，我们看到诺曼的房间里堆满了标本鸟，甚至他母亲的木乃伊也像是标本鸟。最后，我们终于在《群鸟》中看到了攻击小镇的真鸟。

在齐泽克对鸟的这一并列中，噩梦式的鸟的恶毒形象越来越突出，这里并列的三种鸟的形象其实正好对应着主人能指、客体 a 和原质。钢鸟对应着"刚性指示符"（rigid designator）③，也即主人能指，它是隐喻性的；标本鸟对应着客体 a，它是转喻性的；最后遇到的无端攻击的真鸟则是原质，"是'混乱的实在界'的体现，是主体间关系中尚未化解的张力的体现"。④

---

① Slavoj Žižek, *The Thing from Inner Space: On Tarkovsky*，1999，Available online at https://movie.douban.com/review/5828082/

② Ibid.

③ Slavoj Žižek, *The Sublime Object of Ideology*，2nd ed，London and New York：Verso，2008，pp.105-8.

④ Slavoj Žiže, *Looking Away: An Introduction to Jacques Lacan through Popular Culture*，Cambridge，MA，and London：MIT Press，1991，p.99.

观众同萨德

　　齐泽克认为,在《致死的凝视》一书中,罗斯曼把希区柯克的全部作品解码为希区柯克与观众之间的"仁慈的虐待狂"关系的一场寓言表演。齐泽克在自己对希区柯克的解读中,有过之而无不及地发展了罗斯曼的萨德式寓言的维度,将希区柯克的影片解读为只包含导演和观众这两个主体位置的萨德式寓言,同时进一步将自己的意识形态批判的政治学维度融于其中,认为正是通过这一萨德式的寓言,观众最终得以"穿越幻象"。

　　拉康在《康德与萨德》一文中集中讨论了萨德式主体的求快感意志与他者快感的关系问题。萨德是一位臭名昭著的法国贵族,以性虐待为乐,并因此而多次入狱,他同时还是一系列色情书籍的作者。萨德在他的著作中除了描写各种惊人的性虐待场景,还喜欢卖弄自己的哲学思想。让我们来看一下他的大作《卧房里的哲学》中的一段,在这里萨德称自己的快感追求是"大自然"的法则:

　　　　别人的痛苦会造成一种令我们快乐的感觉。如果一个人的一种感觉(痛苦),能够使我们有另一种感觉(快乐),那么,我们为何应该温和地对待这个人呢? 如果我们确定,一旦在一个人身上施加痛苦,我们就会感觉到很大的快感,那么,我们为何不应该在他身上施加一种不会让我们流一滴泪的痛苦? ……大自然的讯息是最具利己成分的,我们在其中最清楚地体认到的,是一种不变又神圣的意见:喜欢你自己,爱你自己,无论是以谁为牺牲代价。[1]

---

[1]　萨德:《卧房里的哲学》,陈苍多译,台北新路出版有限公司,2001年,第88—89页。

　　为了展现萨德"求快感意志"的"真理"，拉康用了下面的萨德幻象结构图来揭示萨德式主体的快感结构，让我们先来看第一个①：

　　图5中V代表着求快感意志，d代表欲望，a即是客体a，S代表受难者，S未被划杠表明它是完整的主体，是原始的快感主体。在拉康看来，这一受难者在萨德主体的残酷虐待中被崇高化为不可摧毁的美的实体，证实着存在的完满。$ 代表着分裂的主体，该图下方的a◇$ 正是拉康幻象公式（$ ◇a）的倒转形式，事实上整个图5都可以看作是拉康幻象公式的变体形式。

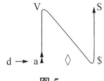

图5

　　图示的上层，也即V→S，表明了显在的性虐运动，作为求快感意志化身的萨德式主体通过虐待受难者来成为原始的快感主体。这一图示的下层关系（a◇$ ）则是上层关系的真理，它表明了作为欲望的客体—原因的客体a与分裂的主体之间的关系。

　　幻象公式（$ ◇a）以倒转形式的出现表明，萨德式主体的幻象是倒错的。萨德式主体的真理是客体a，客体a才是求快感意志的真正来源，是淫秽的大他者提供了这个求快感意志，在萨德本人那里，所谓的大自然的法则就是这个大他者。求快感意志不是主体自己的，萨德式主体正是通过占据大他者的客体工具这一角色来获得"剩余快感"，以期能够逃避主体的分裂本质。萨德式主体希望通过对于受难者的折磨来把分裂转移到被崇高化的受难者身上，受难者被崇高化为完满的存在，而虐待的目的正在于作为完满的存在的受难者的毁灭，只有受难者的分裂才能带给虐

---

① Jacque Lacan，*Écrits*，Trans. Bruce Fink. New York and London：Norton，2006，p. 653.

待狂以快感。萨德式主体的真正欲望（d）就是成为淫秽的大他者的快感工具。

　　然而拉康的讨论并没有到此为止，他将第一个图式旋转了90度，产生出了第二个图式（图6）①。

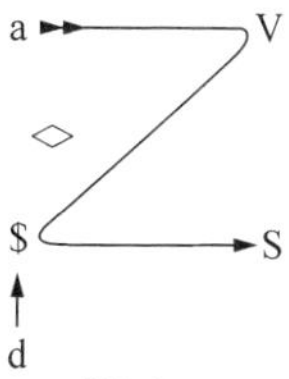

　　拉康认为，图5的真理潜藏在图6中。梦想着虐待狂幻象的萨德式主体的真正位置其实是"客体受难者"（object-victim，也即图6中的a）。萨德式主体其实是淫秽的大他者的虐待对象。

图6

　　回到希区柯克的电影，希区柯克本人就是那个终极的"仁慈的虐待狂"，作为操纵观众的大师，他先激起观众的"求快感意志"，然后再粗暴地满足这一意志，以向观众表明希区柯克自己才是真正的虐待狂。正如齐泽克所言：

　　这一90度旋转被放到了受难者的位置上：初看起来倾覆了法的僭越行为最后发现自己是附属于法的——法自身是才是终极倒错的。……这一90度旋转也破译了希区柯克"虐待狂式"玩弄观众的逻辑。他首先设好圈套，激发观众看到主角击败作为受难的"存在之完满"的坏蛋的"萨德式"欲望……一旦观众被灌满了求快感意志，希区柯克只要简单地满足观众的欲望就可以收紧圈套：在欲望的完全实现中，观众获得的比他/她所要的更多（谋杀行为展示了所有恶心的细节——典型例子是《冲破铁幕》一片中对格罗米柯的谋杀），因此不得不承认在他/她看到坏蛋被消灭的意志所占有的时刻，他/她也被唯一的真正虐待狂即希区柯克自己有效地操纵着。这一默认迫使观众面对他/她的欲望的矛盾

---

①　Jacque Lacan，*Écrits*，Trans. Bruce Fink. New York and London：Norton，2006，p. 675.

和分裂性质（他/她希望坏蛋被无情地碾碎，然而与此同时他/她并没有准备好要为之付出全部的代价：一旦他/她看到了自己欲望的实现，他/她就羞耻地退缩了），其结果，也即产品，是 $ ：知识——关于希区柯克的著作和文章无休无止地涌出。①

希区柯克的虐待狂寓言在他的影片中比比皆是，比如《惊魂记》中汽车沉入沼泽时的停顿，《后窗》和《惊魂记》中大量对观众的窥淫癖的暗示，《电话谋杀案》（1954）中伸向摄影机（也即观众）的求救的手；《海角擒凶》（1942）中通过充分实现观众的欲望，也即通过描绘罪犯之死的恶心的细节来"惩罚"观众等等。让我们来看一个更为隐晦的例子：在《惊魂记》的第二场中，石油大亨跟着玛莉莲走进了办公室，同时举止猥亵地炫耀着 40 000 美元。这一场戏的关键在于希区柯克在这段戏开始之前的露面，我们透过玻璃窗看见他站在人行道上，几秒钟之后，石油大亨带着和希区柯克一样的牛仔帽从恰恰是希区柯克站着的位置走进办公室。毫无疑问，石油大亨就是希区柯克的替身，由希区柯克把他派进影片之中来诱惑玛丽莲，并把故事推向他所希望的方向，当然也是作为萨德的观众所希望的方向。

通过希区柯克的虐待狂寓言，观众不得不承认在他的象征性"现实"背后藏着他自己的淫秽幻象，正是这一幻象支撑着现实，正如同意识形态话语的运作依赖于自身的反面，也即不被承认的淫秽的超我增补。至此，观众终于穿越了意识形态的幻象。

---

① Slavoj Žižek, "In His Bold Gaze My Ruin Is Writ Large", in Slavoj Žižek (Ed.), *Everything You Always Wanted to Know about Lacan* (*But Were Afraid to Ask Hitchcock*), London and New York: Verso, 1992, p. 222-3.

回到误构

——AI 时代下的余存策略与知识创造

钟　立

（同济大学人文学院）

在《后现代状况》中利奥塔所设想的知识创造的将来被广泛地阐释为让不同语言游戏依照其自身规律自由展开的呼吁时，这一阐释漠视了利奥塔所引用的科学语用学发展所说明的状况：即使是以指示性语言游戏为内容的纯科学，也无法仅仅依赖指示性语言游戏存在，它必然地也需要规定性的语言游戏①，由此一种语言游戏完全在自身内部自由地展开是不可能的。这一阐释也忽略了利奥塔所展望的"通过误构达到的合法化"之中，误构（la paralogie）的知识也是关涉其所"合"之法的非-描述知识，是关于它的发生、限制的知识，因此并不单单地是"合法"的——它本身的合法来自于通过创造更多概念，它促发了法的生成。如此一来，对于误构的知识，基于设计的人工生态总在为它提供住所这一任务上失败。

本篇论文将通过回顾利奥塔在 1979 年出版的著作《后现代状况》中所描述的通往知识合法化的误构，以及 1986 年书写的文

---

① Jean-François Lyotard, *La condition postmoderne rapport sur le savoir*, Paris: Ed. Minuit, 1988, p.105.

本《是否能够无身体地思考》①中对技术—科学发展至人工智能阶段后，思想之于人类身体的"出埃及记"的可能性分析，对人工智能时代、人与人工智能的共在以及共同知识创造的可能状况进行探究。

一、引　　论

　　如果现在去询问一位有一定法国哲学背景的哲学系学生，利奥塔40年前的《后现代状况》这本书写了些什么？很可能得到的答案是：宏大叙事终结了，之后只有不同的语言游戏的自由展开，各游戏不再可能有任何共同的意义。于是后现代的任务，在此变成去赋予不同语言游戏无束缚地展开的自由。面对这样的回答，一个首先应该被指出的事实是：利奥塔整部作品只有在讨论经典的合法化时分析了"自由"，这个词在最后具有一定展望性意义的章节中根本没有被提及。在欧洲古典哲学的拓扑中（不仅限于康德），"自由"一词与自主（autonomy）以及责任（responsibility）是紧密关联的。没有在一个领域中的自主并且对这个领域拥有主权，谈论自由是没有意义的。这一拓扑带来了很多内在的两难（aporia），例如，当一个自由的决策者需要就关涉一个他者的事务作决定，此刻，他必须不能够完全地自主，他必须放弃一定程度的自主并引入一种他律（heteronomy），在这里，自由的决断是对自身自主性的放弃。另一方面，要作负责任的决断，需要面对的一个要求是尊重他者的他者性。他者是一个他者，因为他是一个有别于我的个体。传统伦理学的知识是关于共同存在的善的知识，完全伦理地行动要求一个人最大程度地去理解

---

① Jean-François Lyotard，《Si l'on peut penser sans corps》，*L'inhumain causeries sur le temps*，Débats，Paris：Galilée，1988.

他者,甚至将全然地理解他者作为自己的目标之一。但如果认为他者是完全能够被理解的,在做决断的时刻认为自己已完全理解他者,因此能够完全地对他者负责,那么这一决断一定是不负责任的。因为通过完全理解他者,一个人已经实在地抹除了他者的他者性——完全地有别于一个"我",因此绝对地抵抗"我"的理解的他者性。通过抹除他者的他者性,一个完全伦理地行动、负责任的人,虐杀了他者。由此,这一个人一定是没有伦理、不负责任的。以上描述的两难①都是经典哲学内部的"自由"所面对的问题。

正是"自由的语言游戏"这一并不后现代的对《后现代状况》的解读,很大程度上使得后现代遭受到了它的敌人以及该阵营内部背叛者的猛烈抨击。在这个常见的批评中,后现代主义成为了晚期资本主义的奴仆或者维护统治的有用工具。利奥塔呼吁去管制,在文化上支持文化非-政策(non-policy)②;新自由主义同时也呼吁去管制。但这二者是截然不同的。在利奥塔看来,新自由主义所呼吁的去管制是不可能的,也是无法做到的,明知这并非是真正的去管制,因而称呼这一进程为"去管制"是虚伪的。③ 在新自由主义所呼吁的去管制中,总是国家或者与国家相关的更旧形式的权力渗透到资本中——也因此,福柯为新自由主义所吸引,同时又对之报以怀疑的态度——于是,利奥塔完全地拒绝一个在今天非常流行的看法:国家已经被现代资本主义打败了,跨国公司、国际资本已构成了一个超国家的主权并即将取代国家,

---

① 对此更详细的讨论,可参见 Jacques Derrida and Elizabeth Rottenberg, *Negotiations*:*Interventions and Interviews*,*1971—2001*,California:Stanford University Press,2002,pp. 206-207.

② Jean-François Lyotard,Bill Readings,and Kevin Paul Geiman,*Political Writings*,Minneapolis:University of Minnesota Press,1993,pp. 11-13.

③ Ibid.,p. 28.

后者是当今真实的剥削与痛苦的来源。利奥塔认为这一错认是所有对时代的诊断的错误中最严重的一个①，遭遇危机的不是国家，而是资本主义，是资本主义正在遭遇它的青春期危机，这是一个高度不稳定的状态，被压抑的驱力可能将引发真正的危险。新自由主义的去意识形态工作永远不是中立的，旧意识形态下的权利剥削关系在去意识形态的操作之中没有被化解，而是在静默的变形中被整合入了系统。这也是为什么仅将资本主义本身当作一个替罪羊，将新近涌现的暴力与不满归于金融业的发展，同样也错失了问题以及反抗的希望。

二、回到误构

上一小节中，本文所展开的对经典哲学中自由、自主、责任拓扑的解读，是在误构的模态下进行的一次预备实践，它所展开的领域是哲学。而在利奥塔的《后现代状况》里，一个人能够找到的误构范例都来自第十三章"研究不稳定性的后现代科学"。在整部著作中，利奥塔并没有罗列分析文学、艺术中的误构。本文对误构的回顾，将通过把科学实践中的误构与文学写作中的误构并列和类比而展开。对文学之中误构的分析将说明误构为什么能够创造一个完全有别于启蒙、自由人性发展、革命解放元叙事而通往合法化的路径。

本文首先在科学实践中的误构与文学写作中的误构中找到一组类比关系：在科学中，当前真的标准是一个科学的指向话语是否能够被"证伪"；在文学中，内在张力诞生于叙事的"我说谎"与历史社会真实的可区分性，它的价值来源于虚构是否能被感知

---

① Jean-François Lyotard, Bill Readings, and Kevin Paul Geiman, *Political Writings*, Minneapolis: University of Minnesota Press, 1993, p.25.

为"真实"。文学作品中,叙述者基本的叙述模态是"我撒谎",而文学作品被赋予了以虚构去表达比同时代的社会、历史话语更真实的事情的任务。文学借以展开的"我说谎"使得文学内在地遭遇了一个两难(aporia),这一模态之中包含着一个有能力颠覆该模态的次级模态,"我说谎说我在说谎",它甚至威胁到文学的体制。欧洲的文学是一个"说出一切"的体制,内在撕裂来源于"说出一切"这个短语与"体制"这个语词的不兼容。对于这一次级模态,在目前的时代有一个非常流行的名为"隐微"的理解——我说谎说我在说谎,因为让人知道这一"我说谎"所叙述的外于社会历史真相的真相来自于我的体验是危险的——而这只对应着这一次级模态中一个非常特殊的状况,而并非是一般情况。一个常常被归于德里达的句子曾将这一模态扩大为更加一般的境况,"To pretend, I actually do the thing: I have therefore only feigned pretence.[①] (去假装做什么,我真的做了什么:因此我只有对假装的假装。)"

接下来,本节将分析这一两难所带来的后果,以及后现代的文学是如何对它进行克服的。这里所使用的对后现代文学的分析,来自于 1966 年福柯发表的文本《莫里斯·布朗肖:(来自)外部的思想》。在该文本中,福柯分析了一个根本性的转变,这一转变带来了 20 世纪的现代文学,也就是后布朗肖的文学。[②] 这一转变之前的传统文学的模态是"我说谎",它之后的(后)现代文学的模态是"我言说"。福柯从克里特哲学家埃庇米尼得斯(Epimenides)所提出的悖论出发去理解传统文学内在的悖论。[③] 埃庇米尼得斯

---

① 这句话并非德里达所写,而来自评论者文森·德康布,参见:Vincent Descombes, *Modern French Philosophy*, New York: Cambridge University Press, 1980, p. 126.

② Michel Foucault, *Maurice Blanchot: The Thought from Outside*, Zone Books, 1987, p.11.

③ Ibid., p.9.

说："所有的克里特人都是骗子。"假设他在说真话，而他自己是一个克里特人，所以他自己是一个骗子，他说的是假的，所以克里特人都说真话，但是埃庇米尼得斯是一个克里特人，所以他说的又是真的，那么克里特人又都是骗子。如果假设埃庇米尼得斯最初在说谎，一个人同时也能够证明埃庇米尼得斯以及克里特人在说真话并且在说谎。

这个撒谎的悖论是传统文学一个极为重要的特质。阅读小说时，一个人永远不会知道它是在以某种方式说真话还是在撒谎，虚构作品的内在矛盾是无解的。虚构是真的，虚构也是假的。传统体制希望通过文学的虚构，抵达一个比现实的真更真更善的地方，这一计划是没有希望的。布朗肖写作的模态不是"我说谎"，而是"我言说"。通过"我言说"，布朗肖的写作逃脱了这个结构。当一个人说"我说谎"时，他含蓄地影射了真理存在或者真理预先存在，所以他能够说他自己说谎了，自己没有说出真相。如果埃庇米尼得斯没有预设并且确认真与非真的差别，他就没有办法发展他的悖论。与之相对应的是，当一个读者阅读一本布朗肖的小说时，他并不需要一个指涉真理的超越的存在，也不需要预设真理的存在，因为言说的动作是先于一切的。某种意义上，一个人进行"我言说""我写"的写作是让自身向一个没有本源、没有本质并且不叙述任何故事的东西开放。

所以，语言也并非是可以从言语—行动，或者所有一切的陈述（以及关于它的一切可能性）之中分离出来的一个实体的现前/在场（Presence）。某种意义上，真理并不存在于现代文学之前，因为真理无法存在于自身的书写或者对于真理的书写之前。因此，现代文学是一种真理的原始书写，在每一个"我言说"之中都有一个"它言说"，布朗肖的"我言说"基底有一个匿名的低沉声音，它是超越真理、非真理的，这种匿名的低沉声音同时也是语言的起始。所以,布朗肖的"我言说"是无法被纳入经典意义上的文学批评、文艺学研究、哲学思考的,因为当一个人进行这一些活动的时候,他没有办法把自身在讨论的对象投射于真理之外。是布朗肖的文学将我们投射到最一般的哲学之外,它将人们带到了一个没有办法反思的外部。

这也意味着,语言周边或者语言本身是一个荒漠。引用福柯的语汇,它是纯粹外在性的延展。[①] 它不可能反思自身,它自身是一个离人们最近但是又无法进入的外部。对于它的体验,福柯称之为外在体验。[②] 当一个人阅读布朗肖的文本时,他立刻被投射到了外部,外于什么? 外于哲学,外于反思,外于真理。现代文学,也就是后布朗肖的文学决定停止将自身隐藏在叙事背后。文学不再需要叙事了,叙事总是会将人们引导到埃庇米尼得斯的悖论,叙事在某种意义上是给予了写作可信度(crédibilité)的东西,现代文学和这种安全感决裂,它不再需要它,而是接受了纯粹的外部。因此,我们可以说,后现代的文学、艺术不是真理的追求幻灭后的诞生物,也不是"上帝死了"信仰失落后的诞生物,它完全地先于二者,后现代的文学与艺术是不再撒谎的文学与艺术,因为它来到了真与假、真理与虚构所意味的一切的外部,让外部以一种没有起源的非一人称的语调言说自身。文学不再与虚构相关,文学成为了自身的虚构化。

布朗肖写在许多时刻的见证就是写的不可能。例如,他曾分析过当一个作家写下"我很孤独"时产生的状况。[③] 这个句子的寄送会产生两种情况:第一种情况下,这句话没有被任何读者阅读,

---

① Michel Foucault, *Maurice Blanchot*: *The Thought from Outside*, Zone Books, 1987, p.11.

② Ibid., p.21.

③ Maurice Blanchot, *Faux Pas*, Paris: Gallimard, p.9.

那么"我很孤独"从来没有被寄送,没有人知道作者的"我很孤独";另一种情况是它被许多人阅读,但当一个人的孤独为许多人知晓与分享时,那将不再是孤独。所以在一个写作—阅读系统中,被寄送的"我很孤独"是无法作为一个实质从一个寄送者抵达一个接受者的。让"信息"自寄送者无失真地抵达接受者的目的论系统面对这一句子是不工作的。但布朗肖"对写的写"并不位于这一系统之内,而是先于这一系统的。他有一个非常著名的构造词汇的方式:没有 X 的 X(X sans X)。这里的"没有"并没有任何否定的意义,例如,"没有孤独的孤独"就是我们唯一能够遭遇的唯一一种"孤独"(如果维特根斯坦是正确的,没有私人语言;并且在话语系统之中被寄送的孤独永远不是孤独;而人们并非理会"孤独",那么他们所理会的就是"没有孤独的孤独")。在布朗肖的"没有 X 的 X"之中,"没有"是一个纯粹的肯定。

以上是对于后现代文学创造中一个具有代表性的误构的解读。正如"我言说"摆脱了对于真理与虚构的依赖,从而摆脱了内在矛盾引来的有效性、合法性危机。元数学、科学语用学、相对论、微观物理、系统论、矛盾学中自我指涉的部分阐释了科学借以获得合法性的规则话语明确的内在性,这些内在性没有办法被证实也没有办法被证伪,并且它远远并非是内在的。它永远受到外部的影响,它总是不稳定的。例如,从元数学研究之中得到的哥德尔定理是一个典范的范式。而最尖端的语言学研究也揭示了:以指示性语言游戏为内容的纯科学也无法仅依赖指示性语言游戏存在,它无法脱离元规定性的语言游戏,由此,一种语言游戏完全在自身内部自由地展开是不可能的。而对于指示性语言游戏的讨论并不存在单一的一种元规定性话语,也因此,从某种意义上说,误构的工作是无限的。

这些误构的不同范式挑战了今天我们所在世界最根本的治

理性，也就是系统的概念。性能只有在一个明确的系统之内才有意义，但是一个稳定的系统是不存在的，需要有一个怎么样的朝向（orientation），才能最优地发展性能永远是一个无解的问题。因此即使是为了系统更长久的正常运转，系统对于搅局者也有一个恒定的需求。利奥塔在第十四章的时候，为误构提供的合法性的途径就是它引发了概念的创造①——但这并不是诞生于一个话语游戏内部的自由的发明，而是更艰难，并且也事关重大的一种创造。

三、在人与人工智能之间的知识与死亡

本小节的议题关涉死亡，它所试图切入的问题是人工智能、人与后现代知识的关联。如果人们将今天看作为又一个"利奥塔时刻"，在这一时刻中讨论知识的状况，就是默认了知识的创造在今天遇到了一个有待克服的危机，他们一定不会否认：一个人投资自己的生命去进行知识创造是值得的，知识创造让一个人如此耗费是值得的。知识之所以成为知识，一个条件是它与创造它的个体有一种可分离性。永远没有属于单个个体的知识，知识一定是不再需要创造知识主体的东西。所以在此的状况是：一个人投入他的生命，将自身变化为一个不再需要自己的东西，所以知识内在地是死亡的礼物。同时，知识必要地诞生在代际间的传递中，传承、教学法都是其内在条件。这也意味着知识诞生的"向死亡"的行动同时也是对自身余存策略的谋划。知识一直面临着丧失的威胁——知道某一知识的人的逝去，继承者对学派观念的背叛，文脉的断裂——这一丧失的危险所带来的误认，以及误认所

---

① Jean-François Lyotard，*La condition postmoderne rapport sur le savoir*，Paris：Ed. Minuit，1988，p.104.

可能带来的误构是知识创造的条件。

这两个知识内在的条件与人的有死性、人的余存策略有不可割裂的关联。当知识在遭遇有死性以及与余存策略截然不同的另一种智性时，它将必要地经历一个转变。人工智能并没有一个生物学意义上的死亡，它的硬件可以经历断电与关机，它的数据盘处在被损坏的危险中。但重启后的一切是完全同一的。数据盘的损坏是作为一种风险而存在的，而并不像人类的有死性那样作为一种命运而存在。一个人能够设想，人工智能可以编写自身借以编程的程序，也许经历很长的时间后旧编程程序下储藏的知识和新的程序不再兼容，一些东西会永远地丧失。但即便如此，它将遭遇的死亡的时间性与人类死亡的时间性不是同一个。所以本文给出了这样的假定：是人与人工智能不同的、与死亡的关联，造成了这两种智性的知识创造将必然存在区别。

正是在这一视角之下，本文尝试对当代两项比较重要的哲学工作进行解读。第一项哲学工作来自许煜、斯蒂格勒，对当代技术科学，他们发展了一个普遍器官学的视角，从一个体外化的视角去理解人与技术的联系，所以此类比来自于生物学。这一类比可能让人忽视体外化——也就是将外部的技术客体纳入到自身的有死性中，使得技术客体的运动与自身的生物性生命在同一个余存策略之下被部署——在面对人工智能时必然会面临一种失败，因为后者的死与人类肉体的死并非是同一个时间性下发生的。因而，在体外化的努力外，人必须承认有一类属于人工智能的无法被体外化的知识。这一知识如要得到发展，人类必须去操演一种 let it go(放任)的态度。

本文所尝试分析的第二项工作来自马丁·海格伦德(Martin Hagglünd)，他的工作也开始于对德里达的阅读。从海格伦德的第一本著作《激进无神论》①到最近的作品《这一个生命》②，一个论断被不断重复：永恒生命（全知生命）不但是不可能的，也是不值得被欲望的，甚至，更进一步，它相对于有限生命是有缺陷的。海格伦德并没有在著作中直接涉及如人工智能这样的新议题，大部分的时间，作品都在对哲学历史的复述中展开。但它在时代的氛围里对这个时代作了一定的回应。互联网最初的计划——互联，充分的知识的共享，平等性——背后都有一个对永恒在场的知识追求的幻影存在；硅谷的超级富豪对长生不老的研究、跨人类混种的研究体现出了极大的热情。对读者而言，海格伦德的作品倾向同时获得一种不满足的体验，因为这些工作触及到了时代的问题，但回避了正面回应。更接近"永恒生命"一端的、看似更有希望发明"绝对知识"的人工智能是人类科学进步带来的，但是人工智能没有任何的希望成为拥有"绝对知识"的"永恒生命"，它与人类几千年文明所设想的"理想"的相近性，实际上同时也是与这一理想无限的距离——人工智能的生命不是生物学意义上的生命，人工智能的知识发明与人类的知识发明跟随着完全不同的节奏。一个人无法满足于构造一个类比，在这个类比中：这些技术—科学的倾向所构造的产品如今无法超越人类，未来也无法超越人类，因为它没有有限性，它的无限不仅是优势，同时也是致命的缺点，于是人类又安全了。因为系统不可能停止发展人工智能，追求无限的人类的意志也不会允许停止发展人工智能，一个人需要面对这个目前仍有缺陷的产品带来的机遇。

　　为了更近一步理解可能的机遇所处的方位，需要更近一步理

---

① Martin Hägglund, *Radical Atheism: Derrida and the Time of Life*, California: Stanford University Press, 2008.

② Martin Hägglund, *This Life: Secular Faith and Spiritual Freedom*, New York: Pantheon Books, 2019.

解人工智能的缺陷的来源。出于这一目的，本文将回顾利奥塔在1986 年书写的文本《是否能够无身体地思考》。在文本的后半段，利奥塔描绘了思想与身体的互相依存，思想总是基于其对身体构造的理解去构造类比理解自身的周边，但思想与身体并非是应和的，因此类比总是不完全的、有缺陷的、差延的。当柏拉图在《理想国》中试图描述一个最好政治体制时，他在城邦和一个人的身体之间作了一个类比；在其他对话中，对最根本问题的回应，也通常都是靠建构类比开展的；康德在描绘超验的发生时借用了生物学中后生发生（Epigenesis）①的概念作类比，它不是现成的（先成论认为胚胎之中已经蕴含了一个完整的微缩客体；而后生发生论认为器官是后续经过分化产生的），一出生就有的，而是逐渐分化生成的——这一范例中，显然，类比并不应该发生，超验层次的对象不可能经由一个经验科学、生物学中的内容来说明；但最严格的哲学家康德作了这样的类比。

哲学家使用这些类比是必然的。思想与身体这一最初类比的不应和带来了所有其他不完全、有缺陷、差延的类比，一个不完全、有缺陷、差延的类比需要引入更多类比去修正它所带来的差错，而被引入以修正差错的新类比本身也存在缺陷，新类比需要其他更新的类比。一个被确定的类比能够引发基于这一类比带来的错误的一系列建构，对这一运动的自我指涉能够导向误构。这里的运动是无限的，并且不是线性的无限，而是一种分型的爆炸的无限。即使是在对强人工智能最为疯狂的科学想象之中，人工智能也没有复杂到能够如人类一样构造身体（硬件）与思想（智能）的类比。硬件与智能一开始是协调的，服从某一种目的论的

---

① Immanuel Kant，*Critique of Pure Reason*，Cambridge University Press，1998，p. 265.

安排。① 正是因为人工智能没有构造身体与思想的类比，所以它没有办法误构，即便它可以在人类所有能设想的事务上达成远远超过人类的表现，仍达不到人的智性所达到的复杂度。

通过对利奥塔出色的分析的阅读，状况被辨认为：即使是可以被设想的最强人工智能所达到的复杂度，也无法令它有能力进行误构。承认这一状况，本文接下来需要进行的工作首先是：重新去辨认与欣赏人与技术的关系之中最具创造性、最有价值的一部分；正是因为对这一部分的错判，许多人将文明中既成创造的沉淀、边界明确的游戏规则当作人类所拥有的最珍贵的财富；而只要有一个目标，只要有一个确定的规则，人工智能都能够比人做得更好。例如，它已经能够比任何人都更伦勃朗、更梵高地创造与原创作无法分辨的新画作。

四、并不使之成为必然的错失(le défaut qu'il ne faut pas)

即将进行的工作基于对斯蒂格勒在《技术与时间》中最初宏大哲学计划的改造展开。这一计划始于重新阐释希腊神话中爱比米修斯的过失，斯蒂格勒确认，人原初的缺失也指向了人原初的技术代具性②；而近期他的政治经济批判集中运用了"逆熵"这一词汇。

薛定谔在《什么是生命？》这本书中断言：生命就是逆熵。③根据这一理解，在上节讨论过的文本中，利奥塔写道，人是逆熵带

---

① 递归能够脱离简单的线性程序，一定程度上脱离目的论，而这是它朝向某一个给定目标在局部所作的创造，并且这一脱离发生在软件的层面之上，它更无法直接影响到软件与硬件的交涉层面——因此即使是许煜在《递归与偶然》中押注的递归，也无法触及到人工智能在这一层级设计上的缺陷(Yuk Hui, *Recursivity and Contingency*, Media Philosophy, 2019.)。

② Bernard Stiegler, *La faute d'Epiméthée*, *La technique et le temps Volume 1*. Paris: Galilée, 1994.

③ Erwin Schrödinger, *What is Life? The Physical Aspect of the Living Cell and Mind*, Cambridge: Cambridge University Press, 1944, p.71.

来的结果，是逆熵过程中的一个阶段，而人本身对于逆熵的进程不可能有任何掌控。同时讨论逆熵与性能（performativity），赋予前者作为生命的价值这样尊崇的地位，又批评对性能的追求是由系统意识形态带来的，是当代哲学之中一个极为诡异的状况。因为逆熵的概念无法与性能、系统的概念相分离。维纳与香农，控制论的两位发明者，对同一个境况下同一个行动是逆熵的还是熵增的都有可能得到完全相反的答案，但他们都不会否认最优的性能是完成一项工作的同时生产最少的熵。当人的价值、他行动的合法性被确认为是否创造了逆熵时，一个需被询问的问题是：他是在哪一个系统之中创造逆熵的？判定者对同一个行动所对应的熵的方向性会因为系统选定的不同而无法达成一个统一的意见。也因此，不框定自身话语所在的系统而对人的逆熵式奋斗进行倡议，回避的是对逆熵式奋斗所在的系统进行自我指涉。所以这一类型的逆熵式奋斗将与误构失之交臂。对这一类型逆熵式奋斗的倡议来自于一种预先能预设一个确稳的"朝向"（orientation）的经典哲学传统。

25 年间，这一预设的确稳朝向不言自明地运作在斯蒂格勒的哲学中。运用一个斯蒂格勒最重要的短句来说明他哲学的核心，那将是："le défaut qu'il faut（使之成为必然的错失）"。[①] 斯蒂格勒并非漠视了不纯粹的开端、拥有不稳定性的始基，他也并非不理会方向的迷失（désorientation）。[②] 而然，在斯蒂格勒的哲学之中，对所有的不纯粹、不稳定、漫游最终都有一种成为命定的要

---

① 参见《技术与时间：电影的时间与存在之痛的问题》（Bernard Stiegler, *La technique et le temps: Le temps du cinéma et la question du mal-être*, Paris: Galilée, 2001.）第二部分。le défaut qu'il faut 预定是技术与时间第四卷的标题。

② 事实上，技术与时间第二卷的标题即为《迷失方向》，可参见 Bernard Stiegler, *La désorientation*, *La technique et le temps Volume 2*. Paris: Galilée, 1996.

求——近年来斯蒂格勒新近的工作，直面了当今最紧要的问题，为 le défaut qu'il faut 中前半部分的 le défaut（错失）添加了更为丰富的内容①，而他所有句子的最后，仍旧是以一个必须（il faut）的要求结尾的。这一点在漫长的近 25 年中保持了惊人的一致性。《技术与时间》的第一卷起始于对一个经典神话的解读：

诸神在创造各种动物后，让普罗米修斯与爱比米修斯分配他们各自的本性。爱比米修斯赋予弱小的动物迅捷的行动，赋予一些动物尖齿利爪，赋予一些动物力量但同时给予它们笨拙的身体……在分配本性的过程里，爱比米修斯遗忘了人类，人类没有任何赖以生存的本性。于是，普罗米修斯从赫菲斯托斯、雅典娜那里盗取火送给了人类，火也是文明与技术的象征。

而斯蒂格勒的解读正是：人有一个原初的缺失（le défaut），而人之为人就是将这一缺失发展为自己的本性，成为必然的命运（qu'il faut）。而就如同我们在之前所有对人超出人工智能的部分讨论中提及的：人思想的最大的力量并不是它成功地于类比的两端建立了稳固的联系，并非是它能够使得思想与存在成为一种命定的对偶。类比总是不完全的、有缺陷的、差延的，并因此带来了一种无限运动，这一运动才是人的思想最大的力量来源。所以人的思想，它的努力最有力的地方并非是因为它能够成功地塑造某一种命定，从缺失开始创造必然的命运，而是这一命运的确认总是失败的。神话的后续中，诸神并不认为被赋予人类的"火"能够成为人类的本性，他们一直认为"火"被赋予人类是一个绝对的错误，也正因此，宙斯勒令给予普罗米修斯最严重的责罚。而诸神所无法设想的是，从这一无法成为本性的错误所引发的误构

---

① 可参考 Bernard Stiegler, *États de choc: bêtise et savoir au XXie Siècle*, Paris：Mille et une nuits，2012.

中，诞生了无与伦比的、使得人得以超越无限完满的神的力量。由此，本文作者将"le défaut qu'il faut"改造为了"le défaut qu'il ne faut pas"，他倾向于认为：这一短语能够比斯蒂格勒原始的计划更精准地捕捉到该神话的内涵。

爱比米修斯的疏忽是一个过失（le défaut），普罗米修斯将火赋予人类是一个本来并不应该发生的事件（ne falloir pas）；火被赋予人，人操演着（以火为象征的）智慧，试图去寻找思想（火）与存在（人自身）的应和（一切本体—神学—目的论的努力），而他不断地失败，完满的神（目的论的理想）判定所有的工作失败，但人不断如此地工作，在不眠的否定（ne pas）之中走出跨越的一步（le pas au-delà）。

当斯蒂格勒经过对德里达《野兽与主权》的阅读，他批评德里达"犯了蠢"（fait la bête，字面意思为像禽兽一样行动）①，因为德里达不去关照；当斯蒂格勒经过对利奥塔《后现代现状》《非人》的阅读，他判定利奥塔的写作要么是基于形而上学的对技术的理解②，要么是一个无意义的后现代虚构，与现实没有任何关联；借用他自己常使用的语式，这里发生的状况是，斯蒂格勒自己"犯了蠢"；他"犯了蠢"，正因为他没有达到一种关于 pas 的思想，他没有认识到 ne pas 的 pas 不仅仅意味着"不"、漠不关心、不去关心，而是一种积极的 let it go（放任），后者正是知识创造开始的可能性。ne pas 的要求，正是去珍视人的思想最有力量的部分的要求——如果人们无法去欣赏最好的，那么出于再好意图的逆熵式努力同样是无效的。

---

① Bernard Stiegler, "Doing and saying stupid things in the twentieth century: Bêtise and animality in Deleuze and Derrida", *Angelaki* 18.1, 2013, pp.159-174.

② Bernard Stiegler, "The Shadow of the Sublime: On Les Immatériaux", *30 Years After Les Immatériaux*, Lüneburg: Meson Press, 2015, pp.147-157.

Pas 并非一种漠不关心（indifférence），并非是精神（psychē）被摧毁的症状，pas 是 le pas au-delà（跨越的一步／不跨越）中必要的跨越的一步／一个"不"。没有 pas，人类没有任何未来，知识的创造没有任何未来。

与斯蒂格勒所判定的相反，利奥塔的《非人》并非是无意义的后现代科幻小说合集。在《是否能够无身体地思考》一开始，利奥塔写道，人和他的思想在今天所面对的唯一问题是 45 亿年后太阳的爆裂，乍看下这确实令该文本有些像科幻小说写作。但如果本文的作者没有理解错误的话，利奥塔这么写是因为：如尼采所说的，太阳是以"哲学"为一般文化的欧洲文明向日葵一般卑贱的爱所朝向的对象，它是一切始基、完满性、第一因、目的（telos）的类比；后现代状况中，哲学家所面对的真正问题正是对本体—神学—目的论的摧毁，并在这种摧毁之中余存。而太阳是有关这一切的类比，所以真正严肃的哲学家的任务正是发展一种能够抵御45 亿年后太阳的爆裂的思想。面对如此严峻的试炼，利奥塔以一种非常寻衅（provocative）的姿态写到，与在太阳的爆裂后余存这一任务相比，其他一切都无关紧要，一切战争冲突、政治紧张、意见轮转、哲学辩驳，以至于激情本身都已经死亡。① 也正是在这篇惊人文本的最后，利奥塔给出了一个伟大的肯定，能够使人在这一切爆裂后余存的——也就是：能够在对本体—神学—目的论的摧毁后，能够在 45 亿年后太阳的爆裂之后余存的——正是诞生于思想与身体之间不应和的类比，它永远是有缺陷、不完满、分延的运动所能引发的分形的知识爆裂，只有这一爆裂能够抵抗 45亿年之后太阳的爆裂，它是人类余存的最终赌注。②

---

① Jean-François Lyotard，《Si l'on peut penser sans corps》，*L'inhumain causeries sur le temps*，Débats，Paris：Galilée，1988. p 18.

② Ibid.，p 31.

五、没有一个知识是简单的

本小节将对思辨实在主义所发展的绝对知识进行批评,并试图说明为何它相对于后现代的知识开了倒车。上一小节中,本文作者基于对斯蒂格勒的阅读,认为其所发展的 le défaut qu'il ne faut pas 可以被看作为对德里达的 la différance infinie est finie (无限的延异是有限的)①一个当下版本的转译。德里达的这个句子所见证的思想洞见已经被阐明,它并非是困难的,而真正困难的是这一洞见所引发的结果——如果开始总是缺失,那么终结也永远不是简单的终结,没有可以确定的能够成为必然的命运,开始与终结之间没有一个可以确定的航道,即便是带着弱目的论的幻影去航行也需要被质问②;也因此,这一思想带来的必然结果是:从开始到终结的一切变得高度复杂。这也是德里达的写作看上去如此困难的原因。一个过分困难的理论常常被认作必然包含了诸多差错,因此是臃肿无用的,但德里达表面非常困难的写作开始于一个非常简单的洞见:只有一件事情是简单的,那就是没有一样简单的事情是简单的。德里达对这一洞见保持了忠诚,他就是忠诚,忠诚到失真。自 31 岁一直到去世,德里达在漫长时间内的写作保持了惊人的一致性。爱伦纳·苏西在一篇纪念文章中写道,在她第一次见到 25 岁的德里达时,德里达就已经是后来所有的德里达。③

前期德里达的工作主要面向开始,没有一个简单的开始。中

---

① Jacques Derrida, *La voix et le phénomène: Introduction au problème du signe dans la phénoménologie de husserl*, Paris: PUF, 1998, p. 144.

② 思想必须选择以最经济的方式(德里达:没有 différance,就没有经济,différance 是经济之概念)显现,但思想绝对不可能以妥协的姿态出现。(Jacques Derrida, *Positions*, Ed. Minuit, 1972, p. 17.)

③ Hélène Cixous,《Le Bouc lié》, *Rue Descartes*, 2005/2 (n°48), pp. 15–26.

期德里达工作经典的范例是明信片原则，一个知识的寄送是无法寄送到简单的地址的。看似是经历了伦理、政治转向的晚期德里达的工作实际上面向的是终结，如果没有简单的开始，没有成功的寄送，没有正确的寄件收件地址，那么目的本身必然也不是简单的。

将整个欧洲西方神学—形而上学史置于存在的应和这一维度去思考，采用当前流行的编年法的区隔，也就是关联主义与思辨实在主义的区隔，一个人能够得到的画卷是：应对休谟没有因果性这一发现带来的巨大挑战，先验哲学、观念论、实存哲学将并非是简单的状况，也就是偶在性，放置在关联（思想）的一边，物自体本身是简单绝对的。这些哲学努力克服的并非是简单的状况的路径是不同的，它们或者是求助于规范性对偶在的管制，或是求助于精神、生命的运动对偶在的辩证克服，或是求助于此在的澄明对偶在的解蔽。而思辨实在主义将并非是简单的状况，也就是偶在性，放置于物（存在）的一端，思想本身是简单绝对的，因此一个人能够获知关于物的绝对的真理。而思想获知的绝对真理是可以没有任何理由地变化的，因为物本身是偶在的，它的法则本身可以没有理由地变化。

这一编年法下的两种思想方式相对于解构，都没有踏出最终跨越的一步（le pas au-delà）。偶在性，这一并非是简单的状况，并非仅存在于存在的一端，也并非仅存在于思想的一端，它必要地存在于两端。巴迪欧与梅亚苏经由康托集合论证绝对真理是可能的。而如果由利奥塔来解释康托集合论，那么它一定是一个追求不稳定的后现代知识的范例。康托的证明所暗含的"无限的无穷"的存在是一个误构的典范，这也使得他的工作长期为同时代数学家指责为无稽之谈。但对于简单知识的沉迷使得两位哲学家错误地认为康托所开拓的无限的无穷已经能够捕捉到一切的无限（infine），而不用经由一个有限性（finie），因此已经是脱离了有限真理的绝对知识的范例①，两位哲学家同时回避了 la différance infinie est finie 这一思想的试炼。

与梅亚苏对德里达隐藏的攻击所试图讲述的相反，解构并非简单地是关联主义的最终形式，它比思辨实在论更好地对物本身的偶在性作了精巧的见证，后现代的知识比思辨实在论的绝对知识更完全地讲述了有关绝对的知识的知识。

六、人与人工智能的共在

斯蒂格勒在批评算法资本主义所造成的漠不关心（indifférence）时所举的一个例子是：谷歌翻译的技术人员中没有人懂中文，但他们完全主导了对中文翻译工具的开发，这一过程中没有任何对于语言的关照（prendre soin）。② 斯蒂格勒并没有进一步发展这一批评。进一步地发展这一批评要求我们去理解当一个人类学习一种非母语语言时，当他投入时间去关照他的母语与他所学习的语言时，他做了什么翻译引擎没有做的工作。目前人工智能学习翻译的一个方式是首先为人工智能提供尽可能大的翻译例句库，并不预先给定人工智能语言生成的规则，让后者全然通过深度学习生成翻译背后的规则，以学会翻译。它的结果有时会受到人类使用者的评判。人类会使用这些工具，在使用过程中对不佳的翻译进行修正，并将结果反馈给翻译引擎。

---

① 需要插入的一个评论是这个绝对知识对于人工智能没有任何程度的抗拒；给定一项任务，它们神经网络建模所构造的关于物的知识马上就会在丰富度、复杂度上超越人类数学建模构造的那一个知识。

② Bernard Stielger, *Automatic Society Volume 1 The Future of Work*, Cambridge: Polity Press, 2016, p.52.

即便这一模型摆脱了总是束缚性的语句生成规则,它仍面对的问题是:它总是从已建立了关联的两种语言出发学习翻译。大多数情况下,一个人去学习一种非母语语言,也是从母语与非母语间已经建立的关联出发去学习的。另外,所有人都会记得当他去学习一种非母语语言时(无论哪一种语言),教材的最初章节中罗列的场景是相同的:飞机场、火车站、现代公司工作场景、宾馆、学校、商店,这些现代世界的场景有着与之对应的语言,这一语言可以有中文版本、有英语版本、有法语版本。所以一个懂得中文的人可以去学习英语,预备的条件是他早已经处在了一个西方语言文化生成的世界中,已经理解了这个世界的沟通法则,所以他能够理解这个世界的沟通法则的英语版本。这一种语言的学习所开展的世界和谷歌翻译运作的系统是同一个,即使一个人在这样学习语言的过程中投入了很多精力,人们并不能够说他给予语言的关照比谷歌翻译给予语言的关照更多。两方关照的不同是人能够给予不可关照的状况以关照:当一个人去学习一种语言,他总是会遭遇两种语言没有对应关系、不可互译的状况。在此状况下,如何去翻译都是错误的。正是在这一不可能去对语言进行关照的情况下,诞生了对于语言的关照。

过分简化后,结构主义对语言的理解如下:语言文字的价值并非来自它构造了一个完全透明的、在其中不同的参与者可完全互相理解的交流系统,而在于它构造了一个发生错误的系统。在这一系统内,错误有机会被错误地接受并且对系统产生积极的效用,错误在此形成了一个能够自我维系的差异,形成误构,由此引发更多的知识的发明。在中国的文化中,对佛教经典的翻译被看作最优质翻译的典范。这并非是因为它将佛教经典对等地翻译到了当时的汉语言之中,正相反,所有的翻译所构造的都是并非是汉语的汉语,后者能够被纳入汉语依赖于参与者对它们的重复"使用"。这样的翻译在以寻找对等物为目标的谷歌翻译中是无法被设想的。即便它尊重了被翻译语言对翻译语言的不可还原性，构造了非汉语的汉语、非英语的英语，那也仅会被看作为一个真实的错误，而不是一个有潜力生成知识基础的错误。

在此，人最有价值的关照实际上也是不去关照：例如，无限地重复诵念对佛经的翻译，最初于汉语之中并没有意义的语句，将自身让渡给某一种无思的机械重复，使得这些语言的错误有机会在语言之中生长，并最终在一段时间后被追溯为必须使得意义诞生的非意义。

如同本文先前所说明的，目前的人工智能还无法误构。而在谷歌翻译的例子之中人们可以看到，即便 AI 能够制造错误，那些错误也仅仅为当前的人类辨认为需要被修正的错误。这一状况里，人工智能是一个与真理生成绝缘的奴隶。在谷歌以及其他所有的地方，人工智能已经预先被剥夺了参与到误构中的权利。而它本可以为误构、为后现代的知识的创造提供帮助，这正是本文所辨识的人工智能时代下知识创造的机遇。

这种机遇不会因为人工智能进一步拟真人类学习的频率而来到，后者不仅是不可能的，更是一个倒退。去发明一种人与人工智能的共在，首先需要承认的是即使被赋予了"智能"这一名称，人工智能与人之间并没有任何共同之处，二者的相似性只是它们无限差异的来源。人们需要放任人工智能去进行知识的创造，今天它们已经在音乐、绘画、设计领域展现出了无穷的创造力；人们也需要承认这一知识的创造与人的智性的知识创造有完全不同的地方，因为在二者之间，并不存在一个相同的有似性。

在《智能变形》英译本的后记中，卡瑟琳·马勒布将创造这一共同体看作当前真正的挑战①。这一共同体的基础是我们没有任何共同②，人们需要学会珍视人工智能对于错误的创造，也必须理解它能够创造错误，但目前它尚未达到创造误构的复杂度。只有人类能够使得错误生成为有别于错误的知识，也只有人类能够将这些可能返还给人工智能，返还给系统。这一相互性是另一种系统、另一种明天的预备条件。

结　语

马勒布将人工智能的到来看作是对人类自恋的第四次打击。③ 从这一打击中恢复首先要求我们接受这一打击是真实的。应对这一打击，马勒布所呼吁的 let it go（放任）并非是一种全然的自我放弃，而是对信念（trust）的重新发明。

人类已经历了三次自恋的破灭：首先是哥白尼的日心说，地球不再是宇宙的中心；再而是达尔文的进化论，人不再是天选的造物，而是从猿进化而来；第三次是精神分析，人理解到自己并非是意识的主宰。经历了这三次自恋的破灭，人类并没有停止自恋。尼采说过："那些不能杀死我们的，使我们更强大。"而从德里达那里，一个人可以学到，并不存在一种自恋。

自恋！没有自恋与非自恋；有更全面、慷慨、开放、延展的自恋，也有不那么全面、慷慨、开放、延展的自恋。不自恋一般是一种更具有开放姿态、更好客的自恋，它对将他者当作为一个他者

---

① Catherine Malabou, *Morphing Intelligence: From IQ Measurement to Artificial Brains*, New York: Columbia University Press, 2019, p.161.

② 没有共同的共同体也正是自巴塔耶、布朗肖、南希以来的当代思想对共同体的未来的回应。

③ Catherine Malabou, *Morphing Intelligence: From IQ Measurement to Artificial Brains*, New York: Columbia University Press, 2019, p.163.

的经验开放。我相信如果没有自恋的重-移情，与他者的联系将绝对地被摧毁，预先地被摧毁。这一与他者的关系——即使这一关系是非对称的、开放的，但如果缺乏可能的移情——必须追溯以自身的影像重新移情的运动……有小的自恋，有大的自恋，有最终的死亡，死亡是限制。而即使在这一经验中——如果对死亡的经验是可能的——自恋也不会绝对地放弃它的权利。①

　　这一视角下，技术恐惧（technophobia）与跨人类主义（trans-humanism）诞生于一个已经走上末路的自恋的慌乱。这一自恋的终结并非是人类自恋的终结，新的自恋将会于摧毁之中诞生。也因此，在这另一个利奥塔时刻，人们有理由严正拒绝不再有明天的悲观情绪。新的自恋将必然地诞生于人与人工智能共在的世界，对于这一全新的共同体的创造将为人类带来一个知识创造速率越迁的时代。迄今为止所有人类生产过的知识与之类比，也许将是一滴水与海洋。

---

① Jacques Derrida, *Points ...: Interviews*, *1974—1994*, California: Stanford University Press, 1995. p.199.

技术与物

作为解蔽的技术与作为代具的技术

——论海德格尔技术哲学的困境及斯蒂格勒
技术哲学对其困境的化解

陈明宽

（西北大学　哲学学院）

　　技术这一主题，在海德格尔和斯蒂格勒的思想中都占有重要的地位。海德格尔思考问题的出发点在于存在问题，而技术作为存在之解蔽的一种方式，既揭示出存在之为存在，又遮蔽存在之为存在。西方形而上学至尼采实现了其内在的全部可能性，"消解于被技术化的诸科学"中而完成了，技术就成了存在之解蔽方式中最为强大的一种，这反倒在最极端的可能性中遮蔽着存在。因而，形而上学完成的技术时代充满着可怕的危险。而在斯蒂格勒看来，海德格尔所谓的存在问题，就是他所关注的技术问题①。技术问题是斯蒂格勒思考所有问题的出发点，或者说，他把所有问题都看作是技术问题②。斯蒂格勒认为，技术就是人的本质，人

---

① 斯蒂格勒认为，"在海德格尔那里，尤其是在他的后期著作中，存在的问题成为技术的问题。事实上，海德格尔的问题从一开始就是作为阐释问题提出，这个问题逐渐走向（或已经变成）普罗米修斯原则的问题。但是海德格尔的生存论证及其时间问题缺乏普罗米修斯原则和爱比米修斯原则所构成的根本意思"。

② "它（技术）被理解为代表着一切即将来临的可能性和未来的可能性之前景。十年前，当我构思最初的轮廓时，这个问题还显得是次要的。如今，它贯穿所有的问题，其范围之广，无所不及。"

是以代具的方式存在的。① 同时，作为人的本质的技术又拥有自身进化的动力。斯蒂格勒赞同海德格尔所说的因形而上学的完成而出现的"技术时代"或"世界图像的时代"充满着危险，且这种危险使人类迷失了方向，但斯蒂格勒相信，通过技术手段，这些危险都是可以化解的。然而，在海德格尔的技术哲学中，人与技术之间却存在着根本上不可调和的冲突，这种冲突不是依靠技术就能化解的，而且，这种技术哲学也无法为现代技术提供合法性。这其实就是海德格尔技术哲学的困境。

这种困境是依照海德格尔自身哲学理路推演出的一个必然结果。通过海德格尔自身的哲学思想无法化解这种困境。从海德格尔的哲学建构出发为什么会导致海德格尔技术哲学的上述困境呢？这样的困境为什么在斯蒂格勒技术哲学中是不存在的呢？我们将比较海德格尔和斯蒂格勒两人的技术哲学，对比其基本理路，评价二者在分析技术现象时的有效性，来帮助我们对技术这一当代重要社会问题进行理解。现在我们来看看海德格尔整个哲学思想的基本建构是什么。

一、海德格尔技术哲学困境的由来

海德格尔整个哲学思想的基本建构就是"存在论区分"②。这一区分贯穿了海德格尔哲学思想的始终，而这一"发现和提出无疑是他为哲学研究做出的最具创发性、最重要的贡献之一"。那么，何为"存在论区分"？"存在论是关于存在的科学。但存在向来是存在者之存在，存在合乎本质地与存在者区分开来。如何把

① 关于此一观点的详细论述，可参见《技术与时间 1：爱比米修斯的过失》第一部分第三章，第二部分第一章。

② 海德格尔使用 dieontologische Differenz、derontologische Unterschied 等词表示我们这里所说的"存在论区分"。国内还有"存在学差异""存在论差异"等译法。

捉存在与存在者的这一区别呢？……这一区别不是随意做出的，它毋宁是那样一种区别，借之可以首先获得存在论乃至哲学自身的主题。它是一种首先构成存在论的东西。我们称之为存在论区分，亦即存在与存在者之间的区分。"这种区分的最根本意义就是把存在和存在者区分开来了。

形而上学作为一种研究存在者的学说，它本身并没有关注这一区分，它只把目光放在存在者领域，因而，在形而上学两千多年的历史中，它便始终遗忘了存在。存在乃无蔽($\alpha\lambda\eta\theta\epsilon\iota\alpha$)①，要揭示无蔽，必须依靠人把无蔽之澄明（Lichtung）带入在场②，而被带入无蔽之澄明在场逗留的持续者就是存在者。③"唯当存在者进入和出离这种澄明的光亮领域之际，存在者才能作为存在者而存在。"存在者标识着无蔽现身在场而又有所扣留地抽身而返，正是如此，存在者之解蔽既揭示着无蔽之澄明，又遮蔽无蔽之澄明。④而所谓的解蔽（das Entbergen），就是把无蔽之澄明揭示出来带入在场的某种方式。"技术乃一种解蔽的方式。"

但技术并不是唯一的解蔽方式，把无蔽之澄明带入在场的方式有无数种。⑤ 只要是能够把无蔽之澄明带入在场的方式都可以称为是解蔽的方式，无论这种方式曾经存在过、但现在没有了，还是这种方式现在不存在、将来可能被发明出来。"技术是一种解蔽方式。技术乃是在解蔽和无蔽状态的发生领域中，在$\alpha\lambda\eta\theta\epsilon\iota\alpha$

---

① 海德格尔使用不同的术语来命名存在，如，无蔽、在场、真理、无、澄明等。我们这里并不纠结于不同术语之异同，只从"无蔽"入手，以方便处理技术问题。

② "存在（无蔽）乃是对人的允诺或诉求，没有人便无存在（无蔽）。"

③ "存在者之在场意味着在场者之在场。""在场者乃是进入无蔽状态之中、并且在无蔽状态范围内本质性地现身的持续者。"

④ "存在者进入其中的澄明，同时也是一种遮蔽。""对存在者之为这样一个存在者的解蔽同时也就是对存在者整体的遮蔽。"

⑤ "真理自行设置入作品""建立国家的活动""邻近于那种并非某个存在者而是存在者中最具存在特性的东西""本质性的牺牲""思想者的追问"等等都是解蔽的方式。

［无蔽］即真理的发生领域中成其本质的。"而这种对技术之本质的规定，不仅适用于古代的手工技术，也适用于现代技术。

然而，海德格尔以存在论区分为前提，进而把技术之本质规定为解蔽，这一理论框架已经种下了人与技术之间存在不可调和之冲突的根因。为什么会如此？首先，存在论区分出了存在和存在者的差异。又因为，"存在者之无蔽状态总是会走上一条解蔽的道路。解蔽之命运贯通并且支配着人类"。这也就意味着，任何一种解蔽手段都必然与人相关。可是，"作为这样一种命运，解蔽之命运在其所有方式中都是危险，因而必然就是危险"。因为，"解蔽需要遮蔽状态"，"无蔽状态需要遮蔽状态"，"一切解蔽都归于一种庇护和遮蔽"。而对于人来说，"人在无蔽领域那里会看错、会误解无蔽领域"。因此，当人使用解蔽手段对无蔽之澄明进行揭示时，就会出现人将无蔽之非本真状态看成是其本真状态的情况，甚至往往会出现这样的情况。

那么，技术作为一种解蔽方式，它当然也会遮蔽存在。于是，作为一种解蔽方式的技术在根本上也意味着危险，解蔽之命运又贯通支配着人类，因此，人与技术之间就存在着根本的冲突，且不可调和。这就是海德格尔技术哲学困境的由来。

二、海德格尔技术哲学困境的表现

海德格尔技术哲学的困境集中表现在他试图分析现代技术的过程中。[①]"海德格尔解释现代技术所遇到的困境与其整个思想遇到的困境是一样的。他在许多著作中都关注过现代技术，但其看法并不总是一致。这也就是说，现代技术的思想在海德格尔的著作中

---

① 甚至可以说，海德格尔正是为了分析现代技术，他才把自己的哲学思考范围扩大到技术领域。

是模糊不清的。它似乎既是思之最终障碍，又是思之最终可能性。"

　　那么，"什么是现代技术呢？它也是一种解蔽"。"解蔽贯通并统治着现代技术。……在现代技术中起支配作用的解蔽乃是一种促逼，此种促逼向自然提出蛮横要求，要求自然提供本身能够被开采和贮藏的能量。"而这种促逼着的解蔽就是集置，就是现代技术的本质，"我们用集置（das Ge-stell）一词来命名那种促逼着的要求，那种把人聚集起来、使之去订造作为持存物的自行解蔽者的要求"。但尽管现代技术摆置着人，它仍还是一种解蔽方式。在这种促逼着的解蔽中，仍发生着无蔽之澄明的现身在场。可是，为什么现代技术的本质突然就成了促逼着的解蔽、强迫着的解蔽了呢？这种解蔽方式的强迫性究竟来自哪里呢？我们仍不得不说，海德格尔对现代技术之本质所作的如此规定，仍然与其存在论有区分，此区分与形而上学的分析密切相关。

　　形而上学是西方两千多年历史的必然命运，起自柏拉图终至尼采。形而上学遗忘了存在，但这种遗忘并不是某个思想家的粗心大意，而是当以表象—计算性思维方式①去对存在进行解蔽时，所发生的一个必然情况。"我们一概把形而上学思为存在者之为存在者整体的真理，而不是把它看作某一位思想家的学说。每个思想家总是在形而上学中有其基本的哲学立场。"而所谓的真理，在海德格尔看来，在其最原初的意义上乃是存在者之无蔽状态。这种存在之无蔽状态，必然通过某种解蔽方式被带入在场。而在场（Anwesen），就是在"无蔽状态中到达，并在那里持留的东西的持续"。柏拉图把存在之无蔽状态的在场用"εἶδος"（爱多斯）"ἰδέα"（相）来表示，并划分出理念世界和感性世界：理念世界就

---

① 　关于海德格尔对表象——计算性思维方式的论述，可参见《泰然任之》，《海德格尔选集》[11]第1230—1241页；《世界图像的时代》，《林中路》第75—84页；《哲学的终结与思的任务》，《面向思的事情》第68—72页。

是存在之无蔽状态在场的世界，而感性世界就是不能把存在之无蔽带入在场的世界，就是意见的世界。然而，柏拉图这种把存在之无蔽以观审（θεωρία）的解蔽方式带入在场的方法，最终被人们冠以"形而上学"的称号，并逐渐失去了其解蔽存在的正确性。这两种世界的划分最终就成了形而上学得以存在的基本结构：形而上学一方面研究存在者之为存在者的本质是什么，另一方面又研究存在者之为存在者是如何实存的。[①] 形而上学这种把存在之无蔽带入在场的解蔽方式，和任何其他的解蔽方式都包涵着危险一样，这种"存在者之为存在者整体的真理"最终失去了其作为存在之无蔽现身在场的真理性，作为解蔽存在之无蔽的方式的正确性。存在者的真理沉落（Untergang）了，这种沉落指的是，"存在者之可敞开状态，而且只有存在者之可敞开状态，失去了它决定性的要求的迄今为止的唯一性"。

由于人与其所使用的解蔽方式之间有着必然之冲突的危险，形而上学作为一种解蔽方式，而且是关于存在者整体的解蔽方式，也必然包涵着这种危险，即人与形而上学之间的冲突。于是，"存在者之真理的沉落必然自行发生，而且作为形而上学之完成而自行发生"。但形而上学的完成并不意味着其烟消云散了，"人们决不能把形而上学当作一种不再被相信和拥护的学说抛弃掉"。"只要我们生存着，我们就总是已经置身于形而上学之中了。"形而上学在自身终结之际，以分解为诸科学的方式完成了自身，"依然遮蔽着的存在之真理对形而上学的人类隐藏起来了"：世界倒塌，大地成为荒漠，人类失去家园，被迫从事重复的劳动。

---

① 关于海德格尔对形而上学的论述，可参见《〈形而上学是什么？〉导言》，《路标》第446—450页；《尼采的话"上帝死了"》，《林中路》第192—203页；《哲学的终结与思的任务》，《面向思的事情》第68—72页；《形而上学之克服》，《演讲与论文集》第68-79页。

"在其所有形态和历史性阶段中,形而上学都是西方的一个唯一的、但也许是必然的厄运",这种厄运以分解为诸科学的方式完成了。如今,每一种科学都是这种厄运的体现。

那么,"科学的本质何在?……科学是关于现实的理论",但"这句话既不适用于中世纪的科学,也不适用于古代的科学",科学这个名称仅指现代科学。现代科学"特别地根据对置性(Gegenständigkeit)来促逼现实"。"由此产生出科学观察能够以自己的方式加以追踪的诸对象的区域。这种有所追踪的表象,在其可追究的对置性方面确保一切现实之物的表象,乃是表象的基本特征;现代科学由此得以与现实相符合。但现在,这样一种表象在每一门科学中完成的最关键的工作却是对现实的加工,后者根本上首先而且特地把现实提取到一种对置性中,一切现实由此从一开始就被改造为对有所追踪的确保而言的杂多对象。""科学变成理论,一种追踪现实并且在对置性方面确保现实的理论。"现代科学也就是形而上学的完成形态。可是,"对置性本身,原则上始终只是一种在场方式而已,而……在场者虽然可能以此方式显现出来,但从来就未必一定以此方式显现出来"。

但是,形而上学这种关于存在者整体的真理的解蔽方式挟裹着其自身固有的厄运而来,当其真理性沉落,并以分解为诸科学的方式完成之时,其厄运便真正地展现出来。形而上学"消解于技术化的诸科学"之中,以至于从其含义来讲,现代科学①就等于"完成了的形而上学",也就等同于现代技术。② 不仅作为一种解蔽方式的形而上学挟裹着厄运,同样作为一种解蔽方式的技术也

①　"现代技术之本质是与现代形而上学之本质相同一的。"

②　海德格尔没有对现代技术和现代科学进行区分,而是从形而上学的视角出发,几乎把二者的意义等同了。对现代技术和现代科学的产生及区别进行的详细论述,可参见《技术与时间3:电影的时间与存在之痛的问题》第六章:1、2、3、6、8节。

挟裹着厄运。形而上学的表象—计算性思维方式与技术在一起，便构成了现代技术，便构成了有所促逼着的解蔽，即集置。"集置乃是一种命运性的解蔽方式，也就是一种促逼着的解蔽。"

现代技术既然挟裹着厄运而来，就要想办法克服之。海德格尔的《哲学的终结和思的任务》一文试图回答两个问题：(1)形而上学如何在现时代进入其终结了？(2)形而上学终结之际为思留下了何种任务？[①] 第一个问题的答案是：形而上学以消解于被技术化的诸科学之中而完成了。第二个问题的答案是："放弃以往的思想，而去规定思的事情。"这也即是说，因形而上学的完成而形成的诸科学、诸现代技术为人类带了厄运，使世界倒塌，大地荒漠化，人类被迫从事重复的劳动，在大地上失去家园。海德格尔相信这些困境无法通过现代技术的发展来解决，要解决这些困境，人类就要放弃对置性的思维方式，放弃表象—计算性的思维方式，放弃形而上学的思维方式，尝试去规定思的事情。这就是海德格尔在形而上学终结之际留给思的任务，当然也必然是留给使用着每一种解蔽方式的人类的任务。可是，这种思的任务可能对单独个人有效，但不会对社会集体有效。因而，不具有真正的可操作性。

海德格尔引用荷尔德林的诗句，"哪里有危险，哪里也生救渡"，来说明技术本身蕴含着使人类摆脱厄运的可能性，但海德格尔又说，"对技术的根本性沉思和对技术的决定性解析必须在某个领域里进行，该领域一方面与技术之本质有亲缘关系，另一方面却又与技术之本质有根本的不同。这样一个领域就是艺术"。诚然，古希腊词语"τεχνη"，一方面可以叫做技术，另一方面叫做艺术。诚然，"解蔽更原初地要求美的艺术，以便美的艺术如此这般以它们的本份专门去守护救渡之生长"。可是，不光艺术能够

---

① 其实，海德格尔的许多论文都在试图回答这两个问题。

守护救渡之生长，其他的解蔽方式也有可能去守护救渡之生长。仅仅以词源上的联系来为艺术能够对抗技术给人类带来的普遍的厄运作证明，就缺乏说服力了。

然而，打碎这个时代是不可能办到的。又由于现代技术是需要摆脱的厄运，始终不具有存在的合法性，依靠现代技术的发展来解决困境就决不会被海德格尔所认可。海德格尔一方面对现代技术极度不信任，另一方面对现代技术带来的困境提不出可行的方案。这就是其技术困境的具体表现。

三、斯蒂格勒技术哲学的基本架构

海德格尔认为现代技术的发展造成了许多现实困境，斯蒂格勒也持相同观点。两者的不同之处在于：前者对现代技术根本不抱信任，不相信现代技术的发展可以解决现实困境。而后者在根本上对现代技术怀有充分的信任，他承认现代技术在现代社会里造成了诸多困境，不过这些现实困境都是可以被现代技术所克服的。二者的技术哲学为什么会有这样的差异？这一问题的答案只有在我们考察过斯蒂格勒的技术哲学之后才能明白。

斯蒂格勒是通过两个基本原则来架构起他的技术哲学的。①

---

① 爱比米修斯原则和普罗米修斯原则是斯蒂格勒技术哲学理论的骨架，或者说是其理论建设的基础。斯蒂格勒技术哲学所关涉的所有内容，几乎都是从这两个原则出发才得到解释的。对这两个原则的阐释主要是在《技术与时间1：爱比米修斯的过失》中。《技术与时间2：迷失方向》和《技术与时间3：电影的时间与存在之痛的问题》主要是阐释斯蒂格勒技术哲学另一个核心主题第三持留（tertiary retention），也即外在化的技术物体，及其在现代的发展和影响。《象征的苦难》两卷、《政治经济学的新批判》主要关注现代持留体系对欲望的开发和破坏。《怀疑与失信》三卷、《休克状态》主要关注当今时代的政治危机、认同危机、教育危机等因现代持留体系导致的危机。《世界的再魅：反对工业民粹主义的精神价值》《照顾好年轻人与后代》《什么是值得的生活：论药学》则试图针对现代持留体系的问题提出解决的方案。

这两个基本原则,一个被他称为是"爱比米修斯原则"(Epimetheus principle),另一个则是"普罗米修斯原则"(Prometheus principle)。爱比米修斯原则与外在化相关,普罗米修斯原则与死亡相关。外在化所指即为人的本质的外在化,人的这种外在化的本质就是技术;死亡所指即为技术进化的动力,因为技术进化的动力正在于人的超前性的死亡。我们先来看一下斯蒂格勒技术哲学的第一个基本原则。

3.1 爱比米修斯原则

爱比米修斯是普罗米修斯的弟弟、泰坦诸神之后。普罗米修斯足智多谋而有远见,爱比米修斯愚蠢而心不在焉。

后来,会死的族类诞生的命定时刻到了,神们便吩咐普罗米修斯和爱比米修斯替每个[会死的族类]配备和分配相适的能力。爱比米修斯恳求普罗米修斯让他来分配。"我来分配,"他说,"你只管监督吧。"这样说服普罗米修斯后,他就分配。分配时,爱比米修斯给有些[族类]配上强健但没有敏捷,给柔弱的则配上敏捷……他让有些生育得少,让死得快的生育多,以便它们保种。可是,由于爱比米修斯不是那么智慧,他没留意到,自己已经把各种能力全用在了这些没有理性的[种族]身上。世人这个种族还留在那儿等着爱比米修斯来安置,而他却对需要做的事情束手无策。

爱比米修斯把人类给遗忘了,"人属于被遗忘之类","人类就像早产的小动物,赤裸裸,没有皮毛爪牙,它似乎来得太早,但同时也到得太迟(所有的性能都已经分配完毕)"。这就是爱比米修斯的过失。"过失从起源起就存在了,所以人类才有一种原始性的缺陷,或者说是作为缺陷的起源。"为了弥补这一过失,"普罗米修斯就从赫淮斯托斯和雅典娜那里偷来带火的含技艺的智慧送给人做礼物……他（又）偷走赫淮斯托斯的用火技艺和雅典娜的另一种技艺，然后送给世人。由此，世人才有了活命的好法子"。也就是说，"人的存在就是在自身之外的存在。为了补救爱比米修斯的过失，普罗米修斯赠给人类的礼物或禀赋就是，置人在自身之外"，即人的本质的外在化（exteriorization）。这就是爱比米修斯原则。由于人类先天地缺乏任何供其生存的本质性的能力，因此必须依靠普罗米修斯从诸神那里偷来的技术生存在世界上。这种被偷盗来的技术就是代具（prosthesis）。"代具放在人的面前，这就是说：它在人之外，面对面地在外。""代具并不取代任何东西，它并不代替某个先于它存在，而后又丧失的肌体器官。它的实质是加入。""代具不是人体的一个简单延伸，他构成人类的身体，它不是人的一种手段或方法，而是人的目的。"代具构成了人的本质，因而，"人在本质上是技术性的存在"。"人类历史是作为外在化过程的技术的历史。在外在化过程中，技术进化被各种趋势所主导，而社会则必须始终对其妥协。技术体系持续不断地更新替代构成社会凝聚力的其他体系。"

因为在斯蒂格勒看来，作为代具的技术本身始终处在进化的过程中，他不把技术物体看成是简单的无生命的物体。"解释技术现象就是要把人（生物）和作为技术形式的载体的'原始物质'（无机物）之间的关系，当作动物学的一个特殊情况来分析。"斯蒂格勒区分了三种物质形式：有机物、无机物以及有机化的无机物。对于技术物体而言，构成其自身的物质虽然是无机的，但技术物体本身却是有机的。"技术物体这种有机化的被动物质在其自身的机制中进化：因此它既不是一个简单的被动物体，也不能被归于生命物体。它是有机化的无机物。"而且，"虽然这个有机化的动力机制已不从属于人类意向，它仍然需要一个超前（anticipation）的操作动力。（技术）物体虽不是人的产物，它至少需要人的超前性"。这种超前不是别的,正是人的死亡。超前的死亡构成了技术进化的动力,同时,也构成了人类进化的动力。这种超前的死亡正是斯蒂格勒技术哲学的第二个基本原则所要阐释的内容。人类能够超前地知道自己会死亡的能力,正是因普罗米修斯的过失而开启的。

3.2 普罗米修斯原则

"诸神和人类有同一个起源,"但,"不死,在人类和诸神间划出一条严格的界限"。普罗米修斯对宙斯的欺骗,使人类意识到自身会死亡的事实。"事情发生时诸神和人类尚未分离:他们共同生活,同桌欢宴,分享同一敬贺,远离一切罪恶。人类不知道劳动的必要,不知道疾病、衰老、劳累、死亡和女人。当宙斯在升为天王并且在诸神中重新指定他们的等级和职能时,那就到了也要在人与神之间进行重新划分、准备划定两族各自固有的生活类型的时候了。普罗米修斯负责执行。""普罗米修斯出来宰杀了一头大牛,分几份摆在他们面前。为想蒙骗宙斯的心,他把牛肉和肥壮的内脏堆在牛皮上,放在其他人面前,上面罩以牛的瘤胃,而在宙斯面前摆了一堆白骨,巧妙堆放之后蒙上一层发亮的脂肪。"可是,尽管普罗米修斯一贯偏袒人类,但这次表面上偏袒人类的行为,却恰恰害了人类。普罗米修斯认为是好的部分——牛肉和肥壮的内脏,却恰恰是不好的部分。普罗米修斯犯下了不可挽回的过失。人类一旦食用了肉,就意味着死亡的开始:"他们那不断复活着的饥饿,实际上意味着力量的消耗、疲劳、衰老和死亡。而众神则满足于焚烧骨头时的香烟缭绕,靠熏香和气味而活着,他们完全体现了另一种本质:他们是永远活着的不朽者,始终年轻,他们的生存不包括任何死的因素,他们跟腐烂的范畴没有任何的接触。"

然而，"欺骗宙斯和蒙混他的心志是不可能的"。宙斯很快就看穿了普罗米修斯的把戏，为了让普罗米修斯对这种诡计付出代价，宙斯便把火藏了起来，这样人类便无法烤熟食物。可是，"人类是唯一吃熟食的"种族。普罗米修斯再次试图欺骗宙斯，"用一根空茴香杆偷走了远处即可看见的不灭火种"。但普罗米修斯偷走的火并不是永恒不灭的天火，"普罗米修斯之火是一团智慧之火，一团技巧(τέχνη)之火，它同时又是不稳定的、会灭亡的、饥饿的"。人类必须小心翼翼地把这团技艺之火保护起来，才能够烤熟食物，吃了熟食，才能暂时地避免死亡。因普罗米修斯的诡计而吃到熟食，进而肚子里产生不断增长的饥饿感，这使人明确地意识到了自己会死亡的事实。而通过技艺之火来烤熟食物，这意味着，人必须通过技术①来延迟死亡。

曾经的黄金时代里，神人共处，同桌宴饮，平起平坐。但由于普罗米修斯的过失，"神与人现在已经分开，他们不再生活在一起，他们不再在同一张桌子上吃饭"。人类意识到自身是会死亡的。死亡超前于人而存在，这成了人类先天必有的缺陷。但会死的人类仍然怀念当初与神平起平坐的黄金时代，尽管必然会死，他们仍然想向不朽靠近。这种因死亡而产出的对不朽的向往，也就构成了人类不断借由技术来弥补自身缺陷的动力。"死亡就是普罗米修斯原则。"死亡这一缺陷一方面构成了人类进化的动力，另一方面，由于技术作为代具构成了人的本质，死亡进而也就构成了人类所赖以存在的技术之进化的动力。

斯蒂格勒技术哲学的第一个原则——爱比米修斯原则确立了技术之于人的本质地位，消除了人与技术根本冲突的可能性；第二个原则——普罗米修斯原则，则为技术的进化提供了依据，

---

① 斯蒂格勒认为，"普罗米修斯盗出的火包含了智慧和技艺的双重性"。

因而也就使现代技术的产生和发展有了合法性。两个原则在一起，共同构成了斯蒂格勒技术哲学推演的基本架构。

四、斯蒂格勒技术哲学对海德格尔技术哲学困境的化解

正如前面所述，海德格尔思想的存在论区分了存在与存在者，但对存在者之存在的任何一种解蔽方式都与人相关，而解蔽同时也意味着遮蔽。于是，当人对存在之无蔽进行解蔽时，就会把无蔽之非本真状态当成其本真状态。人与其解蔽方式之间就存在着不可调和之冲突，技术作为一种解蔽方式也就始终与人有着不可调和的冲突。另一方面，现代技术作为促逼着的解蔽，在全球范围内处于统治地位，是形而上学分解为诸种技术化的科学时产生的后果。形而上学所代表的表象—计算性的思维方式对人类来说必然意味着厄运，于是，等同于"完成了的形而上学"的现代技术也就必然意味着厄运，故而始终无法获得其合法性。但海德格尔技术哲学所面对的困境被斯蒂格勒技术哲学化解了：爱比米修斯原则化解了人与技术之间不可调和的冲突，普罗米修斯原则则为现代技术的产生和发展提供了合法性。

斯蒂格勒技术哲学虽然能够化解海德格尔技术哲学的理论困境，却也始终面对着海德格尔所说的因现代技术所导致的现实困境。在这种现实困境面前，海德格尔退却了，或者说，他是在坚持他一贯的返回步伐，以回到思想的生发处，去冥思无蔽之澄明所带来的宁静祥和，以摆脱对现代技术的沉迷。可是，这种面对现实困境的办法，缺乏真正的可操作性，且根本无助于解决现代技术造成的困境。斯蒂格勒同样认为，现代技术导致了人类生存的困境，但他同时认为，这种困境是在技术进化过程中，从一个体系进入另一个体系时所发生的剧烈震荡。"这一切主要来源于工业革命以来技术发展的速度。这个速度仍在不断加快，严重加剧

了技术体系和社会组织之间的落差。"现代技术破坏了人类生存的坐标系,新的坐标系尚未形成,因而使现今的人类迷失了方向,造成存在之痛。但"技术发展原本是一种破坏,而社会生成则重新适应这种技术生成"。斯蒂格勒相信,技术既是毒药,也是解药。现代技术为人类生存带来的诸多困境完全可以依赖现代技术本身获得解决,现代技术能够为人类提供新的坐标系。

然而,尽管海德格尔的技术哲学无法化解其理论困境和所面对的现实困境,也并不代表他的哲学思想在面对当代困境时是无效的。他坚信,人是无蔽之澄明的庇护者,人只有始终处于无蔽之切近处,倾听无蔽之澄明的本真道说,才能真正领会生存之为生存。这种对无蔽之真理的坚信,就像现代技术之威力导致的暗夜中清晰而璀璨的北斗星,为一时迷失方向的人类进行定位。

技术与技艺

——论技术摆置与控制社会

达 央

（浙江大学 社会学系）

前 言

哲学在现代技术集成式的摆置①中已走向其完成时态，此一完成所造成的结果以"人类世"（Anthropocene）的名相体现在技术科学（techno-science）对于自然集约化的全局摆置之完成中；不仅是自然，"人"也在此一技术的摆置之中沦为数据化的点状存在与技术原子，而此一原子式的"存在（者）"在"控制社会"（Societies of Control）之中便是所谓"数字化治理"的对象。在现代技术的"集置"（Gestell）背景下，面对以现代技术为轴心的控制社会的展开，对于现代技术的分析却还是受限于一种形而上学的语言，这一受限在于：技术本身就是形而上学。从另一个维度来看，相对于现代技术（technology）的前身技艺（techne）而言，其对"存在"

---

① 先行摆置（vor-stellen）：从自身而来将某物摆置到面前，并将被摆置者确定为某一被摆置者。这一确定与证成必然是一种计算，因为只有可计算状态才可以确保那一要摆置的事物预先并且持续是确定的。（Martin Heidegger，*Off The Beaten Track*，trans. by Julian Young and Kenneth Haynes，Cambridge University Press，2002，p.217）

的感知基于"无蔽/真"(alethia)的"觉知"(vernehmen);而在现代技术的摆置进程中,其对"存在物"程式化与数理化的处置方式则源于对"存在"所进行的强制性的锚定与解析模式的基础,所指向并确证的就是对于绝对的确定性之把握和精确性之追求。是故,倘若技艺之"觉知"源于对"存在"的天然领悟,那么,现代技术对于现实性与精确性的要求则源于对于"存在"的摆置与规制。

一、技 与 艺

亚里士多德称"技艺"为:"灵魂中(那一)带有真的逻各斯进行创制时的状态。"(hexis meta logoualēthouspoiētikē)(Ethica Nicomachea,1140a9-10),在谈及"技艺"解蔽的对象及本源时,他认为:

技艺以可变的事物或可被"置造/生产"①的事物(例如可运动、变化之实体:木材、泥土、大理石、布料等原材料)为对象,是一种按照一定的原则或程序进行操作的生产方式。一切技艺都和生产有关,技艺的创制就是去"观看"某一可能生成的东西是怎样生产的,它要像母亲生小孩或大地生果实那样生产和置造东西(1140a1 - a10)。②

不难看出,与自然(phusis)相比,技艺进行生产性"解蔽"的起点是人。并且,技艺之解蔽作为一种解蔽者的理性活动,并非人人都能拥有;同样,技艺的解蔽活动也充满了偶然,绝非每次都能

---

① 置造/生产(her-stellen):通过技艺让某物置立于在场化之中,使之成为具有如此这般"相/理念"(eidos)的东西,完成了的东西。(Martin Heidegger,*Pathmarks*,edite. by William McNeil,Cambridge University Press,1998,p.214)
② Aristotle,*Ethica Nicomachea*,edited. by I. Bywater,Oxford University Press,1894.

必然地产生真正的成果。所以在这一意义上，技艺就是"巧遇/机运"（当下生成的时机性），正如古希腊诗人阿伽通（Agathon）所说："技艺依恋着机运，机运眷恋着技艺。"（1140a 15-19）技艺作为一种"置造/生产"（her-stellen/pro-duction）之方式，不同于现代技术之"制造"（Machen），后者遵循"权谋造作"（Machenschaft）①之强力而将某物强行促逼、产出和确立；前者则基于一种敞开与释放，是一种诗意的带出。通过技艺之解蔽，物被置入在场的澄明之境，在此一澄明之境中，被置造之物物化。物之物化在于显现、通达与超然。此外，技艺完成的"作品"，其所达成的并非现实或客观层面之上的"物"，而是一个具有"存在"势能之"存在物"。它能汇通并"接合"（Fuge）"物"与"存在"而使其他的存在物也得到通达，即"成其所是"。阿甘本认为：

> 希腊人用生产/置造（ποίησις/Poiesis）刻画技艺（techne），即人的生产之整体性。并且用技艺人（τεηνίτηs）一词同时指代手工艺人与艺术家，但此一共同的指称并不意味着希腊人对于"置造"之理解源于任何的物质或实践层面。因此，作为手工艺，这一被称为"技艺"的工作既非意志之实现（actualization），也不是简单的建构（constructing），而是一种解蔽的方式，这一解蔽将某物以置造的方式带向在场。②

① 权谋造作（Machenschaft）也被译为"谋制"（machination）；这一词语中隐含了创制（machen）、机械化（Maschine）、力量（Macht）、强力（Gewalt）、主权（Herrschaft）等多重含义，用以表现一种基于现代技术不同于自然的"制造"概念。"权谋造作"对一切存在物强制性地提出一种可制造性的要求，它在"存在被遗弃"的时代命运中象征着一种持续性的毁灭之力量，"权谋造作"由此也成为对于现代技术性（Modern technicity）的一种命名。（Martin Heidegger, *Mindfulness*, trans. by Parvis Emad and Thomas Kalary, Continuum 2006, p.12-19）

② Giorgio Agamben, *The Man without Content*, trans. by Georgia Albert, Stanford University Press, 1999, p.45.

因此，与现今对于"技术"与"艺术"的绝对区分不同，二者在古希腊共同归属于"技艺"，都是达成无蔽的方法与技能，它们之间相互联结与统合，并基于"技艺"置造出各种不同的具有持续性生成（produce/bear/bring forth）本色的生存性境域与存在性道路。海德格尔如此写道：

> 从前，技艺也指那种将真带入美之中的带来，也指美的艺术之置造（poiesis）。在西方命运的开端处，各种艺术在希腊登上了被允诺给它们的解蔽的最高峰。它们带出了众神的现身在场，把神性的命运与人类命运之对话带向光亮。当时艺术仅被称为技艺（techne），技艺乃是一种唯一的、多重的解蔽。①

此处，同样作为解蔽的方式，技艺与自然之间明显的区别在于，技艺作为一种"非真"的去蔽动作，需要以"人"为中介与引导；而自然之生生不息在于，所有进入存在自由之境的万物均来源于自然，浑然天成，并在自然中生灭。而正是在此一意义上，技艺显示出其"非真"的特点。首先，在技艺所达成的"置造"活动中，被置造之物的在场状态并非源于自然，而是被技艺人洞观的"相/理念"（eidos）。因为，技艺在其开端（arche）之处，正是在技艺人对于"理念"的洞观之中，将那一需要被解蔽者——置造物之"外观"——置入了"在场"之中。其次，技艺将"理念/外观"（eidos）带向存在的过程，也是技艺之"所是/本质"（essence）的显现过程，此一"所是"凸显为：技艺将自身呈现为一种技艺人所熟知的"知道—如何"（know-how）之方法。

---

① Martin Heidegger，GA7，*Vorträge und Aufsätze*（1936—1953），edited. by F. W. von Herrmann，2000，p.35.

技艺作为一种"知道—如何"之方法，是一种具有摆置功能的"认知性概念"（cognitive concept）。这一认知性的概念指向了技艺人"知道—如何"通过置造（生产）之方法而使一个"潜在"的在场者现身"在场"，因为这一潜在的在场者已然以一种基于对至高"理念"的先行觉知之方式而得到显明与把握。在先行的觉知之中，此一由技术性觉知所创制的"外观"，也是技艺人最终所要达成的目的（telos），即对某一"存在物"的"成其所是"之达成；同样，这一达成也是技艺人通过"技智"（noesis）将"理念"——通过置造——带向其作为"开端"（arche）的达成。

在此，"开端"一词鲜明地体现出一种"目的论"色彩的统治倾向，因为正是在技艺所要达成的目的中，开端与技艺共同地指向了由"置造物/生产物"所代表的"目的"。此处的重点在于，目的并非某一外在之目的，即那一"置造物"的"相/外观"；相反，它是作为技艺人通过灵魂所"觉知"而出的"技术性理念"。此一技艺人觉知过程之中的反思动作即亚里士多德描述过的"努斯"（nous），其所具有的神奇力量在于，洞悉处于潜能之中的诸形式，并将诸形式承载和接纳于努斯之中。在此处，处于潜能之中的形式（eidē）位于技术人的灵魂之中，由此被灵魂所具有的努斯所含摄，但"形式"并非是那被技艺带向在场某物之外观，而是处于潜能之中的形式。正是通过技艺，处于潜能之中的形式通过质料被置入其中，并最终完成了"置造物"之外观。由此，这一实现了努斯对于"形式/理念"的先行把握以及将这一"形式/理念"付诸生产的同一化运动，就是技艺。在此处，努斯所展现出的这一从"形式"到"外观"的结合、承载、直至最终将其实现的过程，由于"实体"（ousia）被先行设置于（pre-supposition）努斯与理念的结合与汇聚之中，便使得技艺的展现成为了一种由各种因缘间的相互作用而产生的"因缘—招致"现象，在这一现象所幻化的生境之

中,技艺得以成为对"真"的解蔽。因此,如同阿甘本所指出的,

　　技艺之馈赠是最为源始的馈赠,因为技艺赠予的是人源初的位置。艺术作品既非体现出某一"文化价值",也不是观赏者感性经验中那一拥有特权之对象,更非任何基于形式原则的绝对创造力之体现;技艺位于本质性的维度之中:艺术作品使人不断遭遇到历史与时间中他/她自身的那一根源性的状况(status)。这就是为什么亚里士多德在《形而上学》第五卷中写道:"多样的技艺(techne)被称之为'开端',尤其是建筑术(architectonic arts)。"(Metaphysics V,1013a)从词源学上讲,技艺作为一种建筑术则意味着,艺术、诗/置造(poiesis)是对于开端(arche)的置造,艺术馈赠给人以源初之空间,尤其具有建筑之特性。如同那些传统的神话传统体系中庆祝的仪式以及庆典都是为了切断世俗时间之同质性(homogeneity)并以此重现(reactualizing)源始的神话时间,使人再度与神共处于同一时刻,进而重获创世之源始维度。是故,在艺术作品之中,线性时间的连续体被打破,人由此在过去与未来之间重新发现了其当下之空间。①

　　由此,技艺具有开端(arche)之特征。在技艺之置造中,它以艺术作品作为其置造之典范。并且,在艺术作品之中,技艺的解蔽特征更是被淋漓尽致地展现,"真(埋)"之敞现在于对"无蔽"之开启,而此一"无蔽"之开启,便是"存在"闪耀之时,在无之无化的时空中,存在物得以在此一无之无化中"成其所是"。但倘若以近代所盛行之美学观点来看待艺术作品的话,便会以"观点"的视角

① Giorgio Agamben, *The Man without Content*, trans. by Georgia Albert, Stanford University Press, 1999, p.63.

切入艺术作品，进而倾向于以"主观"的姿态来面对（against）艺术作品。是故，此一"对于"艺术作品之解读也往往隔限于近代主体形而上学的观点之中，并以"一学"（logic）之准绳将艺术作品带到对象之角度，并就此而阐释出各类艺术家和评论人的"美学观点"。但技艺之置造却并非基于任何实践性、作用性或属性化的制造，相反，技术之置造馈赠并缘构存在（Being）之敞显；技艺呼唤、牵引、渡越，向着无蔽进发，最终将"真"置立于艺术作品之中。是故，只有在所谓现实性与客观性的角度上，艺术才会进入美学的维度，从而成为理论。而当我们摆脱了美学的理论去观看艺术作品时，"技"与"艺"二者将不会成为美学阐释中被二分的范畴，而是回到了技艺（techne）之源初场景之中。

二、技术与集置

技术的敷设在形而上学的历史中远比"科学/知识"（episteme）更为久远，而在技术与知识的关联中，倘若"理论"（theory）的凝视与观望在于洞察某一存在物之存在，那么，技术对于理论的敷设性的统摄，就在于技术所具有的"生产/置造"之本然。此一"生产"之本然使得知识成为一种技术生产背景中被不断塑形和规定之知识，而当这一知识作为某一类型学之中衍生出的话语体系时，它便又在不同的类型学之中——经由"逻辑（学）"所独有的摆置及规定特征——持续不断地生产出各种不同的真理观、价值观、世界观。而究其所以然，可以说，均是技术本身在形而上学历史中敷设之结果。

此一敷设性，在形而上学之完成时态——技术性"集置"——中显现出来。此一集置之形态，也是哲学，即形而上学之终结时态。因此，可以说，此一终结亦体现于集置之完成，即基于技术（性）（techne）的现代技术（technology）对于自然（phusis）的全局性摆置之完成。在全局性的摆置中，自然成为现代技术系统之中一个具有生产功能和投置效用的生态系统。在此一投置系统中，基于现代技术的"集置"原则，所有的存在物成为听命于技术系统调遣与使用的"持存物"（Bestand）。技术成为自然之变形（transformation），并由其自身建立起技术化的"第二自然"。

　　技术化的"第二自然"不仅是"存在"（Sein）被遗忘与弃置之结果，而且也是"存在"天命（Geschick）之完成。在这个角度上，哲学史同样是一部"存在"的遗忘史和遮蔽史。因此，在存在命运性的"置送"（Geschick）之中，当现代技术以"集置"型态完成了存在自身天命般的聚集，那么，所谓存在的"天命置送"（Geschick）一词就在哲学的发端处指向了那一被亚里士多德所定义的"技术"。这一"知道—如何"之技术作为向着至高（sovereign）理念的递进方法，其涵义与希腊早期对于"爱智／哲学"（philo-sophia）理解中的"智慧"（know-how/Sophia）一词不谋而合，这也意味着"哲学"从其诞生之初，便是一种对于"技术"的痴迷与追寻。而近代基于存在物（ontic）层面的科学研究，实则显现为作为技术的方法不断推进其自身的进程。在此进程中，技术自身的演变与发展在近代"知识大生产"背景中逐渐地显示出技术自身在形而上学历史中的敷设性。由此，这一爱智之学——哲学——从其发端之初就成为一门关于技术的形而上学，即技术学（technology）。①

　　在《哲学的终结与思的任务》（*Das Ende der Philosophie und die Aufgabe des Denkens*）一文中，海德格尔认为：

---

① 在古希腊思想之中，智慧（Sophia）即一种"知道—如何"（know-how），指一个人知道使得某一事物进入无蔽之方法。从这一源发式的含义上讲智慧（Sophia）与技术（techne）具有相同的含义。（Reiner Schurmann, *Heidegger on Being and Acting: From Principles to Anarchy*, Bloomington：Indiana UniversityPress，1987，p.358-59）

哲学是形而上学。形而上学思考作为整体之存在——世界、人类与上帝，以及关于存在中的存在者之共属一体来思考存在者整体……终结（end）一词之古老意义与位置（place）相同："从这一终结到另一终结"，其意为由这一位置到另一位置。哲学之终结是这样一种位置，在其中，哲学历史之整体被聚集到它的最极端之可能性之中。终结作为完成，意味着此种聚集……尼采将自己的哲学说成颠倒的柏拉图主义。随着这一已经由卡尔·马克思所完成的对于形而上学之颠倒，哲学就达到了最极端之可能性。哲学进入了它的最终阶段……科学之发展同时就是科学由哲学那里分离出来以及自身独立性之建立。这一过程属于哲学之完成……哲学转变为人的经验科学，转变为关于一切能够成为人所能经验到之技术对象的经验科学，人经由这种技术以多种之制造与设计方式来加工世界而将自身建立于世界之中。①

根据此一分析，首先，哲学之"完成"表现为"存在地形学"中存在位置的变换，在"存在"的拓扑模态中，其位置变换体现于：存在以极端的技术式"集置"型态显现了自身。其次，正是在技术的"座驾"（Gestell）之上，哲学在以"人类"为名的主体形而上学的形式中将"人类"作为主语，从而以"人类中心主义"的视角为中心推进其介入和改造自然的历史性进程。而此一进程和其造成的结果便是，人通过赋予自身一个"主体"之身份（identity）——将自身"作为"（as）生产者——凭借技术所擅长的"生产"之本然开拓人造世界。由此，此一生产之本然必须在以"人"为假设的主体的点位之上寻找其立足点，而在此一立足点之上形成的所谓视角、

① Martin Heidegger, *Time and Being*, trans. by Joan Stambaugh, University of Chicago Press. 2002, p. 55-57.

观点之本质,便是通过以"人"为主体(subject)所形成的透视法而将一切存在物层面的知识与思想在技术生产的视阈中进行聚合与调配,以最终达成一个符合并服从于主体意志对"自然"的改造与摆置之目的。

是故,表面上看,此一改造与摆置的过程是"人"不断介入与影响"自然"之过程,但倘若将此一坐拥"生产"特质之技术上升至存在学(ontology)的高度,那么,此一过程便体现出技术本身对人的摆置与调试。换句话说,"人类中心主义"之所以表现为主体形而上学的完成时态,就是因为这种"完成时态"以"虚无主义"的表述形式出现在尼采关于"权力意志"的论述中,并在其对于"永恒回归"的思辨中达至顶峰。而与西方虚无主义相关联的权力意志在工业资本主义的发展阶段中,就是以"人"作为一种"全体动员"式的"工人(生产者)"的形象出现的。因为在"工人"的视角中,一切存在物仅仅只是服从于制造者意志并被预定成为符合制造(Making)目的的原材料。于是,权力意志在"权谋造作"(Machenschaft)中就体现为一种初阶的"集置"视角。这一视角在其发展中便试图逐渐地将所有的存在物以制造之方式摆置为一种可被计算和产出的"数据性"存在物。

数据性的存在物以丧失其客体的空间性、实存性质为特征,从而完全沦为一种具有算法功用的、被齐一的对象化进程抹平了一切实存特征(甚至存在物之客体性中所具有的对象性特质[objectivity]也在对其"对象化"[objectness]的处置过程中完全消失)的"技术原子"。技术原子也包括"人"将自身视为可置算之物,而进行摆置,从而"制造"其自身。

海德格尔认为此一"权谋造作"就是:

某物由自身来制作自身(something makes itself by itself),

由此，对于一种相应的活动来说它也是可制作的——此一由自身而制作，就是从"技术"及其视界（outlook）而出发对物实行的一项关于"自然"（phusis）的解释，这样一来，可制作者和自行制作者的优势地位就发挥作用了——简而言之，那就是所谓的"权谋造作"。只不过，在第一开端的时代里，"自然"被剥夺了权力，而"权谋造作"尚未显示出其完全本质。它隐蔽地保持在持续之在场状态中，而在开端性的希腊思想的范围内，这一在场状态的规定性在"隐德莱希"①中已然登峰造极了。中世纪的"作用"（actus）概念已经掩盖了对于源初希腊的"存在状态"（beingness）之解释的本质。与此相联系，权谋造作之因素现在更为清晰地实现出来，由于上帝观念，物（ens）变成了受造物（enscreatum）。即使人们拒绝对于创世理念作一种粗暴的解释，本质性的东西依然是存在者之被"造成"（caused）状态。因果联系变成支配一切的联系（上帝作为"自因"[causa sui]）。这于是成为一种对于自然的本质性的疏远，同时也是向着现在思想中出现的作为"存在状态"之本质的权谋造作之过渡。②

---

① 隐德莱希（Entelechy）在一种完全拥有自身之意义上，直指某物走向其存在，并最终成为存在物；并且这一存在物置立于自身的过程中，成为了完全的在场者，这也意味着"隐德莱希"这一在场者无法以"潜能"的方式更新并突破自身。是故，海德格尔认为："隐德莱希"指向一种完全之此在者，它总是已然完全存在，而绝非将要被制造，也并非有可能之存在（者）；相反，它是不折不扣地存在于当前，并且排除了曾经不在场之可能性，也排除了以后将会消失之可能性。（Martin Heidegger, *Basic Concepts of Aristotelian Philosophy*, trans. by Robert D. Metcalf and Mark B. Tanzer, Indiana University Press, 2009, p. 201.）在希腊哲学开端处的这一对于某物"隐德莱希"的在场状态之理解，在接通中世纪之后，直接将这一在场状态解读为所谓彻底的实存性、现实性，从而彻底将"物"从"自然"之生境中抽离、固化；由此预示着近代之"权谋造作"中所蕴含的对于存在物全然的宰制与摆置态度。

② Martin Heidegger, *Contributions to Philosophy*, trans. by Richard Rojcewicz and Daniela Vallega-Neu, Indiana University Press, 2012, p. 100.

因此，权谋造作实则是一种"存在状态"或"存在性质"的改变，这一改变在基于技术集置的"第二自然"的摆置层面上出现。如果说在"自然"之中，诸存在物生生不息而往复循环；那么，凭借现代技术的全局性摆置，之前"生成"性的自然已经被由技术所构建的"生产"性的自然所替代，诸存在物由此成为"权谋造作"中被利用与造弄的对象性存在物。由此出发，技术的摆置就不是常规意义上的设定与确立，而是"存在学"自身在技术平面上的自行转变。如果将技术"集置"之本质比喻为亚里士多德为西方奠立理论科学意义上的"实体"（ousia），那么，在现代技术科学的视阈中，"集置"就成为存在者全体"是其所是"之由来。可以窥见的是，由"集置"所延伸并设准的各种技术摆置，就是存在本身在技术集置中被展开的关于发展、速度、精确等权力意志的展现。而"集置"的初级动作就源自一种主体意识的"先行—摆置"。

"先行—摆置"（vor-stellung）即一种奠基于"我思"（cogitare）之上的摆置活动：思想摆置出对象，并将对象投置给它自己。作为一种投送与设置（stellen）的活动，摆置的运作表现为：设置到自身面前并不断地向着自身来设置。摆置将被摆置者带到自身之前，由此支配与控制被摆置者。然而，因为被摆置者并没有被先行给予，所以此一被摆置之存在者是作为一个其自身拥有纯粹的可支配性而由此被设定和设置出来的。此外，摆置并非一种单纯的再现与表象；抑或重现某一存在者的行为（behavior），因为行为只是基于动作（action）的次级衍生。由此，表象只是基于某一在场者的次级再现；而摆置更是一种动作，是达成表象的必要条件。这一动作并不在次级系统之运作中寻求在场者的再现，而是直接针对某一存在者的决定与确定。是故，摆置直接为存在者之存在定调。由此，摆置这一动作，完全由主体发出，而这一摆置着的主体就成了所有存在者之基础。

是故，主体对于此一权力意志的保证与延续也同样是主体作为主人和主权者的延续，此一权力将所有周遭的在场者以权力意志的本性—技术性摆置在自我意识的确证之中，将在场者之"外观"带入摆置之权能之中，也正是在此一权能之中，摆置就成为了知识得以形成的前提。简言之，但凡能在知识的图像之中得以确立和存在的事物，就是符合权力意志的摆置要求的要将某物以生产为目的而支配和确立的存在物。

因此，这一系列基于技术展开的"摆置"过程，就是在技术性"集置"的层面上展开。哪里有"人"存在，那里便会有权力之意志。可以说，权力主体并非完全是一个本质性的概念，更准确地说是一个历史性的概念；如西蒙·克里奇利（Simon Critchley）便将主体等同于形而上学的终极基础，并认为：

> 前现代形而上学的重要概念如理念/相（eidos）、实体（ousia）、自因（causa sui）都是主体。而现代形而上学——笛卡尔之后的哲学——的特殊之处在于，其基础不再驻留于人类悟性之外的神性、实体、形式之中，而是被奠基于作为主体的人类之中。人类主体——作为自己、自我或自我意识、思维物——变成终极基础，在其之上存在者才成为可被理解的，凭借它存在者才被领悟于其存在之中。①

因此，"人"作为一种源于理论态度与科学研究视角之预设，只要其作为主体而被设定，物便由此而取得了一个对象性的地位，而只要物在这一理论化的视角中存在，它必定是某一存在物；

---

① Simon Critchley, *Ethics*, *Politics*, *Subjectivity: Essays on Derrida*, *Levinas and Contemporary French Thought*. London, New York：Verso. 1999, p. 53.

而以此种方式被确立的存在物，其"是其所是"便使得针对该存在物进行的普遍的数理化与集成化的摆置成为可能，而这一可能性就能使科学知识研究探讨任何有关"存在物"层面的实事与问题，并在科学真理的视角与解释的维度上形成各种科学的真理话语。

三、控 制 社 会

伯特兰德·吉尔斯(Bertrand Gilles)认为，

在技术史即技术体系史与社会史中，由社会体系构成的社会需要不断的调整以适应技术体系，在某些阶段，经过调整的技术体系会发生转变，变为一种新的技术体系。在这种变化中，社会体系开始出现灾难、冲突，并经常发生革命、内战或宗教战争，从而导致一种失调。自从 18 世纪以来，那一发端于欧洲，进而是美国，直至今天遍布于世界各地的工业技术体系是基于技术，即基于科学知识和数学形式主义，而不是基于实证经验，这种工业技术体系总是变化得越来越快，总是在技术体系与社会体系间产生失调状况。[①]

在吉尔斯的论断中，技术系统与社会系统在"失调"背景的并置之下相互协调并发展出彼此恰切的关联性。在技术体系的视阈中，所谓社会体系是由不同范畴之主体聚合而成的"集成性主体"，这些"集成性主体"构成了社会系统的方方面面。由此可以推断的是，组构社会系统的这些"集成性主体"在技术的集置中，均是服务于技术的生产逻辑而被设定和组装而成的，或是已经成为了某一被生产制造的逻辑带向现实的"技术物"。因而从现代

---

① 　贝尔纳·斯蒂格勒:《南京课程》,张福公译,南京大学出版社,2019 年版,第 104 页。

技术集置的视阈出发,社会体系出现失调的情况越多,表明技术体系还未在集置中将社会体系彻底地集成化,反之亦然。比如,现代技术科学革命所造成的显著后果之一便是逐渐地消除与抹去"自然物"与"制造物"的区别与界限,城市作为制造物之集大成者——所谓"人类文明"之标识——显现出现代人类的生活与技术制造物(人工物)之间的关联。而城市作为典型的集成性主体,其治理的思维,在现代行政学的背景中,便是基于技术摆置的"数字化"治理模式。

在现代技术的统治之下,大多数的自然物均无法逃脱被摆置和制造——成为技术物——的命运。由此,技术性中固有的控制与操作因素便以技术的"控制"逻辑铺展至整个社会与生活的层面,发展出一种控制社会(society of control)。

而在以"控制论"为标志的社会治理方式成形之前,福柯首先论证并描绘了一种"规训社会"(disciplinary society)之景象。如同他在《规训与惩罚》中所力图展示的那样,规训社会的初期形态体现为:权力的运行机制如何在一种被称之为"全景敞视的监狱"(Panopticon)的范式中运作并生效。① 福柯在此提出了"微观权力"(micro-power)的概念,此一权力作为规训社会中塑造主体的一种方式,能通过持续地观察与凝视而不断地重构(reconstruct)主体,并最终使其成为一个符合社会规范(norms)的"人"。因此,"规训社会"作为一个不同于先前以"王权机制"(the sovereign)为典范而运转的统治范型,其运作模式的特征在于,如果说王权掌

---

① 边沁设想的"全景敞视监狱"成为福柯心目中规训装置之典型,外侧透光的个别囚室环绕着位于中央的监视塔,被配置监禁于个别囚室中的个体,都无所遁逃于监视者的目光,但囚室的墙壁却阻断了和囚犯们沟通的可能性。他们被注视着,却无法回视。个体甚至内化了此一监视体系的凝视,进而自我监控。(Foucault, Michel, *Discipline and Punish: The Birth of the Prison*. Trans. Alan Sheridan, New York: Vintage. 1977, p.138, pp.141-43, p.176, p.200)

握着诸如对于生杀大权等垄断式暴力的运用，那么规训权力的目标则直指"身体的驯服"（docile bodies），旨在将各类操纵、塑形与控制的技术施加于身体之上，通过转化并重构，使之顺从并且具备生产力。[1]

与福柯所描述的规训社会中以训育与惩罚为表征的"微观权力"不同，德勒兹认为到了 20 世纪初，由于先前"王权机制"的不断衰落，使得规训权力得以运行和滋长的各类惩戒场域开始逐渐地消退，并隐于幕后。但不能就此轻易断言权力本身随着其先前的运行策略及运行机制的改变而发生了变化。举例来说，在控制社会中，权力的运作被应用和设置于——以各式技术物之创制为标志的——数码监控科技的模式之中，权力的空间性质也由此朝向虚拟空间发生了转变和扩散。此一变化非但没有减弱权力之威力，反而因为使其寄生在一种由技术物搭建的技术场景所固有的"幽灵性"（spectre）之中，而导致权力本身的不可见性和虚拟性。

德勒兹用"调控"（modulation）这一名称形容技术摆置背景下，那些被摆置为技术原子的"个体"（individual）通过"控制社会"的调试和整编而被治理和控制的情景。在此处，控制社会的治理的要点不再是权力的直接介入——迥异于"规训社会"中权力介入需要以"主体"这一载体作为其目标和预设——而是塑造了一种"超主体"（Hypersubject）的权力形态。这也意味着，现代启蒙（enlightenment）运动中基于权力个体意义之上的主体，已被分裂并重塑成为一种"超主体"的"分体"（dividual）。是故，在控制社会的"调控（性）"中，主体已然被打散和溶解，它被技术性权力穿

---

① Foucault, Michel, *Discipline and Punish: The Birth of the Prison*. Trans. Alan Sheridan, New York: Vintage. 1977, p.47, p.136.

透,并被重新塑造和赋形,由此被摆置并调控为算法平台之上的数据或是网格治理模式中的点状存在。也许激进一点来讲,控制社会是一个"无人统治"之社会。这也许恰好吻合了权力自身希望隐藏自身的企图,正是在隐而不现中,权力实现了其自身威力之最大化。①

简言之,规训社会向着控制社会的转变首先指向了一种权力自身的拓扑学,并且,转变首先需要基于权力自身的作用面与寄生面—主体—模态的转变;而转变之结果就是那一被"去主体化"的新型化"主体—分体"。因此,如果说规训社会中的"生命政治"(biopolitics)是凭借对于主体的创制与发明来施展生命权力;那么,当代社会之中,凭借信息技术和生物技术的结合,便使得权力在控制社会之中发展出一套新的显现模态和运行策略。学者韩秉哲(Byung-chul Han)认为,

控制社会中的控制是无死角的,数字化监控之非视角性(aperspectival)被证明是非常高效的。因为其不受视角之局限,局限是由于其模拟视觉的特征(analogue optical)。数字化视觉(Digital optics)可以对所有的角度进行全方位的监控。这样一来,它就根除了所有的盲点。并且,与模拟视角和透视光学(视

---

① 例如被称之为"生物识别监控系统"的治理模态,作为一种新型的治理方式,它以特定感应器收集生理特征或是行为型态等生物资料,凭借特定的演算法将这些资料转换为数据信息(数位资讯)后储存于数据库,供生物识别之用途。例如脸部辨识软件在登录某人面容后,即可被延伸使用以辨识该位人士,甚至已有黑客可凭借脸部照片辨识指纹。此外,这些生物识别系统可搭载于原已遍布于生活环境中的监视器上,尤其是被重新想像并建构为资讯沟通网络之任一平台或节点的智慧城市中;人们往往鲜少察觉这些系统的存在,更遑论同意对被采取生物资讯与否加以评判。(Sadowski, Jathan, and Frank Pasquale. "*The Spectrum of Control: A Theory of the Smart City*." [J] First Monday 20.7 (2015): 1-22. Web. 15 May 2019. p.8-10. p.2.) [http://dx.doi.org/ 10.5210/fm.v20i7.5903]

角）相比，数字化视角可以通过透析从而进入人的灵魂之中。①

在控制社会中，对于数据的收集与监控的具体实施一样，这些操作并非单一面向的集合与输出，而是基于多样化、多层级的控制与反馈机制。在这些机制之中，针对数据的统计与计算不再以一个收集器为中心，而是广泛地分散于公司与企业，或是由国家主导并控制的数据库。由此，数据的记录与采编就从属于多维度、多中心的技术分析系统。而从资本的角度来看，数据收集的最终结果并非以单纯的积累和统计为目标，而是以更快的速度将其重新分布并强制于由无数个"用户"所代表的个人信息的源头之上。如在控制社会的算法平台之上，在资本驱动的背景下，"分体"作为"用户"所产生的数据在经过平台的置算分析后，形成了一种以"用户肖像"（User Profile）为代表的"递归性"的设定机制。进而在这一机制之中生成了一系列有关用户的信息，并被呈报于技术系统。而这一呈报更以媒介还原的置算形态以"大数据"（big data）的形式被反推给"用户"，并以此为基础进行更进一步的精算和推送。由此便使得技术系统对于认知和知性的一种系统性清算与设定成为可能。

因此，从上述的论断出发，控制社会中"分体"的理论假设就显示并指向了技术性"集置"对人本身的摆置。如若将此一"摆置"视为"认识论"层面的调控，那么，正是在技术科学对于认知与知识的调控中，"分体"的模态才会实现，技术性集置中的权力模态也得以呈现为一种去中心化的散点透视形态；或者说，权力的散点透视状态即治理"主体"向"分体"转化的关键因素。因此，从

---

① Byung-Chul Han, *Psychopolitics*. trans. by Erik Butler. London：Verso. 2017，p. 102.（Apple Books）

福柯"知识型/认知阈"（episteme）的角度来看,既然在不同的历史时期之中,各类分梳的真理话语建构出了不同类型的知识体系,并由此训育出不同模态的主体形式;那么,反过来看,被技术系统调试的"分体"之所以存在,就是因为"分体"是技术系统垄断并重新调控生产真理话语机制的最终结果。

由此,从"存在学"的视角来看,技术对知识的剥夺过程就是技术成为存在、替换存在、篡夺存在的结果。在这一结果之中,技术的"集置"便意味着:存在只能由技术而来,或者说,技术就是存在。并且,在控制社会的视阈中,一切存在物层面的知识都是经过技术摆置的过滤和规定后形成的知识。是故,从这一视角出发,技术系统中的"分体"就象征着权力层级上主体化形而上学的完成。这一完成不仅是技术生产知识的结果,更是现代技术作为真理本身继而调控并塑造认知方式的结果。

因此,就技术系统本身作为集置的集成性系统而言,从控制社会向着斯蒂格勒认为的"自动化社会"的转变,就是技术自身作为"存在"的显现。他认为:

当德勒兹指认他眼中的"控制社会"时,他便已经预告了超级工业时代的到来。对注意力以及欲望的破坏性捕捉就在德勒兹根据20世纪末电视对于消费者的非强制性调节（the non-coercive modulation）所描述的控制社会中,并通过这种控制社会发生着。控制社会出现在消费主义时代晚期,它们要做的就是向超级工业社会过渡。德勒兹还未意识到"自动社会"（automatedsociety）。但他与加塔利预言了它,特别是当他们指认了分体（dividuals）的时候。而在自动化社会中,控制即对于辨别力与洞察力的机械式清算（mechanical liquidation）。洞察力,就是康德所说的知性,已然被自动化并且被自动化为依托于算法的分析权力（analytical power）。

算法是通过传感器与执行器传递形式化指令的，而这都是在康德意义上的任何直观与经验之外的。[1]

　　一般而言，在关于知识的讨论中，存在着两种截然相反的态度，首先是启蒙式的立场，这一立场可以用"知识就是力量"这一表达而定义，此一立场相信存在着一种普全的知识，使得整个人类摆脱各种柏拉图意义上的"洞穴"；而另一种则是反启蒙式的，其认为正是启蒙式的知识使得人与自然相分离，从而导致了普遍化的灾难与异化。但在器官学（organology）的语境中，知识与技术间的关联性则可被解释为，某一技术物作为体外化（exorganism）的存在物而成为人的器官的再延伸，并以基于此一延伸的形式与生命发生共同的演化。但在此一过程中，由于技术物所固有的药性（pharmakon），使得生命需要不断更新自身的知识来中和由技术物的药性带来的副作用。因此，在器官学的背景中，人必须运用自身掌握的知识来使用和面对技术物。就像斯蒂格勒所提出的，一种"真正的知识"就是在技术体系之中懂得如何以思、做、活的知识来不断地改造和发现自身，就此参与到与技术物的互动之中，并在由技术物构建的技术场景之中与之共同形成一种逆熵的（negentropic）、在地的、多样化的实践与生活。

　　是故，人的生命不仅是生物学意义上的生命，更是技术层面上由技术物所驱动的"体外生命"（exosomatic life）。倘若人无法以新的知识不断地对冲和平衡技术物对于生命本身产生的影响及作用，那么生命自身就倾向于被技术物捆绑和引导，在技术对认知的捕捉和设定之中，由于丧失了那一思、做、活的知识，从而

---

[1]　贝尔纳·斯蒂格勒：《南京课程》，张福公译，南京：南京大学出版社，2019年，第49—50页。

导向感性和知识层面的"废人化"（proletariat）。① 如同卡尔·马克思所注意到的工人的异化现象，那些机械时代的工人们已经无法运用自身世代相传的知识而获取生存之道，因为机械不仅替代了他们，更是从他们手中夺取了知识，从而产生了无产阶级（proletariat）。同样，感性与知识的"废人化"，就是由于无法运用自身的知识和思想去生活，从而沦为"分体"这样一种控制社会中被技术摆置着的特殊的存在者样式。

在控制社会中，由数码网络所搭建的"数据现实"或"互联网现实"已经成为一种比日常的真实更加"真实"的"超真实"，在"超真实"的生境之中，真相不是最重要的，"后真相"随即产生。因此，在控制社会中，由"算法治理术"（algorithmic governmentality）所主导的现代信息技术（制度）就成为了一种"知识型"。它既以技术制造的思维模式生产知识，又以基于对认知的捕捉及设定来灌输和规定知识。斯蒂格勒将这一"知识型"的资本主义解释为，

---

① 针对 proletariat 这一术语的翻译，许煜认为：马克思在《资本论》中描述了由科技推动的现代工业所造成的异化。农民失去了土地，因为矿产的发现，最后要到工厂工作。工匠们世世代代所传下来的技能原本足够他们维生，但是因为机械的大量生产，他们的技能已沦为过时，最后也不得不放弃他们的生活而加入工厂的工作。劳动仅成为交换价值，以换得面包和牛奶。在工厂里，他们要跟着机器的节奏，将他们自主的身体交给了机器的自动化，也即他们成为了被动的、提供能量的个体。斯蒂格勒视这种"知识的流失"为"proletariat"的过程。中文将 proletariat 译成"无产阶级"或"贫民"其实并不十分准确，事实上，"无产阶级化"并不是使人变穷，而更像是"废人化"。斯蒂格勒的解读与传统的马克思主义者相异，他们不少人至今仍然视"劳动阶级"为 proletariat。斯蒂格勒视"废人"为那些不再知道怎样运用自身知识的人，因为他们不再拥有可以自给自足的知识，他们也失去了生活的知识。这是 19 世纪资本主义发展以来，人类状况的第一个灾难性的结果，它远比经济意义上的危机、累积的危机更加危险。（贝尔纳·斯蒂格勒：《人类纪里的艺术：斯蒂格勒中国美院讲座》，陆兴华许煜译，重庆：重庆大学出版社，2016年，第9—10页）

由资本已经业已成为的生产的网架化装置这一固定资本来体现。这一霸权知识型通过在功能上整合各种计算的工具,将它们当成统计、测量、模拟、建模、观察、生产、物流、流动、定位、书面参数化、科学参数化、营销、生命量化等工具,来重构它们。①

是故,"控制社会"这一描述不但旨在提出了一种新的权力的运行模态和机制,更是反映出技术科学在此一时代中的统治性地位,对于技术科学的统治地位而言,"人"的位置发生了变化,这一变化可以用"人类世"一词来概观,即人从广义的自然进入由技术塑造的"第二自然",并在"第二自然"中使得自身的行为所产生的影响波及到地球自身的"地理—化学"运动(geo-chemical activities)。贝尔纳·斯蒂格勒如此写道:

人类世是地史(geological)之时代,与工业化和资本主义一起出现在约 250 年前,这也同样是体外化历史的一个新阶段……(这一时代)是一个广阔的极端化的极速增熵的过程,因此"人类世"也将必然的摧毁所有生命,而首当其冲的,就是人类。更进一步讲,从吉尔与卢曼的观点来看,人类世作为一种数码扰乱,也是对于所有时下社会系统的摧毁。并将这些社会系统置换为一个被称之为算法治理术的"超—控制的技术学"(hyper-control technologies),人类世的终结是强制一种被称为"超人类主义"(transhumanism)的新的意识形态之尝试。②

---

① Bernard Stiegler, *Neganthropocene*, trans. by Daniel Ross, London: Open Humanities, 2018, p.139.

② Bernard Stiegler, *Nanjing lectures*, trans. by Daniel Ross, London: Open humanities, 2016, p.5.

因此，"技术"对于"自然"的替代——生产模式对于生成韵律的转换与覆盖——是"控制社会"的理论深意。当自然在技术的集置中以属性化、图像化、数码化的方式凭借技术的符号化被还原为数据时，一种以还原主义为特征的控制论，便可以在其预测与反馈的机制中，经由机械主义思维的递归式算法使基于技术的决定论成为可能。由此，在控制社会的机制中，控制的调控机制将有能力把任何可发的偶然与未知调整为系统的一部分，在这一意义上，系统的危机非但不是终结，反而是控制系统得以增强和巩固自身的力量。[①]

结　　语

在《转向》(die Kehre)一文中，海德格尔认为，

> 如果技术的所是(essence)是存有(being)之中作为危险的集置，即存有本身，那么，技术就绝对不可能单凭一种人类自身之行为而得到掌控，不论其是积极还是消极。以存在本身作为其所是的现代技术，绝对不可能通过人类而得到克服。如果能，那便意味着人类是存在之主人。[②]

资本主义自身在将技术推向其极限的同时，技术系统也要求资本主义以其增速进一步巩固"集置"之统摄形态。资本欲求着

---

① 许煜认为：如果海德格尔意义上的控制论是哲学的终结，如果递归性已成为过程哲学的"同义词"，那么我们只有借助不同的技术思想重新挪用这一控制论环节，才能设想一种后欧洲哲学。（许煜著：《递归与偶然》，苏子滢译，上海：华东师范大学出版社，2020年，第341—347页）

② Martin Heidegger, *Bremen and Freiburg Lectures: Insight into That Which Is and Basic Principles of Thinking*. trans. by Andrew J. Mitchell, Bloomington and Indiana polis: Indiana University Press, 2012, p.65.

无限与超越，由此也无法忍受"系统"之死带来的终止与停顿。无限欲求永恒，在这一意义上，资本主义是严格的超越论哲学，而技术是这一超越论哲学的极限形态。技术要求速度和无限的速率。从速率的无限来讲，加速追求虚无，因为虚无是无障碍无所指的，虚无是对解域（deterritorialization）的再解域，正是在技术系统对于虚无的扩进及达成中，技术系统的加速将没有极限，因为极限是其自身的内爆与解构。因此，在系统的架构中，为了避免加速带来的危险，技术就需要在集置的领域中将自身设置于不同的领域，从而以"控制论"的模态完成新的嫁接与构造，由此在不断更新的控制论模态中生成新的递归机制来避免其自身的失调。那么，倘若加速（accelerationism）作为技术摆置的一种强度变化使提高"生成"的时机出现，若将技术集置理解为一种速率不断提高的进程，是否此一速率飙升，得益于技术系统中作为信息（information）的变形（transformation）能力与赋形（formation）能力，由此以技术的"加速度"而生发的"存有之转向"是否会在系统自身的可能性空间中"成形"？ 如同马莱姆（Catherine Malabou）所认为的，

> 技术集置之时代是一个"居—间"（in-between）的阶段，这一时代指涉了两个面向，如同"双面雅努斯"（Janus）。[1] 这既可以被理解为一种求意志的意志之持续，因而也就是作为"存在/是"最为极端的形态；但与此同时，也是"事件"（Ereignis）的第一个形态。[2]

---

[1] 雅努斯被称之为开端之神（God of beginnings），即罗马人的门神和保护神。这位神祇既执掌着开端，也执掌着终结。传说中，雅努斯的两副面孔一个在前、一个在后；一副看着过去，一副看着未来。

[2] Catherine Malabou, *The Heidegger Change: On the Fantastic in Philosophy*, trans. by Peter Skafish, New York: Suny press, 2011, p.25.

在现代技术的"集置"中,面对技术社会的展开,对于"现代技术"的分析却还是受限于一种形而上学的语言,这一受限在于:技术本身就是形而上学。而在种种基于价值、理论或是存在物的层面的论说中,技术给定的维度就是最终达成"制造"的真理,一个被不断摆置和塑形的真理。而"制造"性真理的残酷则体现于其形而上学的顶峰——虚无。在技术命运般的展开中,技术与自然由一种隶属关系逐渐转变为技术对于自然的彻底支配,在控制论的视角中,如同卡尔·马克思曾经所预见的:"一切坚固东西的都烟消云散了。"

德里达、利奥塔、德勒兹都在不停地呼吁抵抗,但我们今天需要的是发明。哲学只是理论器官术(theoretical organology),仅仅研究延异和增补的历史,不会给我们带来精神多样性。重要的是发明新的器官术(organological)实践,并由此带来新的体外化尝试方案,导向新的增补的历史,走向分枝(bufurcation),打开新的技智(noesis)时代:逆熵纪(Neganthropocene)。①

在斯蒂格勒的"诊断"中,"人类世"作为技术集置的结果是一种"危险",但此一危险并非源于技术本身,而是"存在"于技术集置中所显示出的那无所顾忌的规定性与强迫性。因此,逆熵作为一种应对技术集置的希冀,在"器官学"的思考路径中,使得技术与生命再一次地"结为一体",从而摆脱了那一将思考圉于技术、与文化对立的二元论方式而导致的愤怒与无望;再者,这更是显示了技术的另一面,即作为"艺术"(techne)的契机性。技术也曾

① Bernard Stiegler, *Neganthropocene*, trans. by Daniel Ross, London: Open Humanities, 2018, p.254.

是艺术降临的时刻,即在"自然"的视阈之中,技术所蕴含着的那一"当下生成的时机性",由此,技术在其生成性的生命"时间/时机"中,能否在一种造型尺度的幻化与生成之中,给予一种尚不可见的"未来者"以生机? 便是此一"人类世"的危机抛给所有人的问题。

作为跨个体关系支撑与象征的技术物件

——西蒙东对人、技术、自然诸关系性的思考

钟　立

（同济大学人文学院）

近些年来，西蒙东在国际学术界中开始受到关注，他的所有作品都已出版，主要作品已经被翻译为了英语，英美学术界中也出现了大量相关研究①；在国内，伴随斯蒂格勒作品的出版与许煜的译介工作，西蒙东也已经逐渐地进入了人们的视野②，其重要作品《技术物件的实存模态》即将出版中译本。西蒙东在世时，很少有人对他感兴趣，他的主要工作以及博士论文《从形式与信息的观念出发的个体化》历经25年才完整出版，期间除了社会学家乔治·弗里德曼（Georges Friedmann）与哲学家德勒兹以外，基本没有人引用他的著作③；而这位深刻地思考了技术与个体化的哲学家仍旧启迪了此后的德勒兹、拉图尔、斯蒂格勒等当代重要哲

---

① 例如，著名哲学期刊 *Parrhesia* 推出了西蒙东的专题讨论。参见 *Parrhesia* 第7期。

② 2017年，国际知名的西蒙东专家许煜最先在中国美院开展了《西蒙东的技术思想》专题思想工作坊，开创了国内对西蒙东译介的先河，讲座班记录可见 https://www.caa-ins.org/archives/1596。同一时间，国内对于斯蒂格勒的研究中经常出现西蒙东的身影，例如：张一兵：《斯蒂格勒：西方技术哲学的评论》，《理论探讨》2017年第4期。陈明宽：《外在化的技术物体与技术物体的个性化——论斯蒂格勒技术哲学的内在张力》，《科学技术哲学研究》2018年第3期。

③ Pascal Chabot, *La philosophie de Simondon*, Vrin, 2003, p.8.

学家。

西蒙东之所以会被再一次发现，或许主要是因为：（1）相较于后人类主义与跨人类主义对于技术的狂热崇拜，以及海德格尔对于技术一般被认作比较悲观的看法，西蒙东的工作指示了延续人文主义传统的另一未来出路，他在文化与技术、人与机器间做出简单对立划分①的简单人文主义（un facile humanisme）外，引入了一种更为艰难的人道主义，后者的核心正是对人、技术与自然间错杂对立的逆转；（2）通过"缔合环境"的思考，西蒙东一同思考了技术系统以及与之相关的技术—地理环境（le milieu techno-géographique），而技术现实可以从生态学的视角出发得到思考②，于是，在法国，西蒙东的技术哲学也常常被理解为自然哲学。③

本文中，笔者将试图分析西蒙东重新建构人与技术、人与机器的关联的计划，阐释怎样从环境以及关系的角度出发临近技术的本质，并对西蒙东的个体化本体发生学进行勾勒。文章的最后，我将试图说明西蒙东对技术理解的局限性，在面对诸如基因治疗、移植手术的人类技术（anthropotechnics）时，西蒙东理论的局限性十分明显；我将对此展开批评，并试图说明这一局限源自于其对人类存在自身的技术性以及自然的技术性的低估。

一、作为跨个体关系支撑的技术

让-霍格斯·巴特莱米（Jean-Hugues Barthélémy）于著作《在

① Gilbert Simondon, *Du mode d'existence des objets techniques*, Paris: Aubier, 1989, p. 9.

② Bernard Stiegler, *For a New Critique of Political Economy*, Polity Press, 2010, p. 128.

③ 可参见 Jean-Hugues Barthélémy, *Penser l'individuation. Simondon et la philosophie de la nature*, Paris: L'Harmattan, 2005.

西蒙东之后思考知识与技术》中阐明：西蒙东将技术物件思考为跨个体关系的支撑与象征。[1] 作为这一关系的支撑，物件不是共同体的基础，而是跨个体关系的中介，它并不将已经构成的个体联系在一起，而表达了前个体(pré-individuelle)的多于一(plus d'un)的现实，个体经由这一现实才能发生。技术物件使人与他者的共在成为可能，此外，它们也是人与之共在的东西，由此，人以特定的方式与技术物件共在。在《技术物件的实存模态》的导论部分，西蒙东认为人与技术的关系理应是：

　　拥有高度的技术性的机器是一个开放机器，而开放机器的集配预设了人作为它们永久的组织者，作为所有机器之间的阐释者。人远非是一群奴隶的监督者，而是技术物件的社会的永久组织者，这些技术物件需要他，就像乐团里的演奏者需要指挥……因此，人的功能是成为他周围的机器的永久协调者以及发明者，他在机器之中，并且机器与他一同运作。[2]

　　因此人是处于(parmi)机器之中的，机器与人是共运作的(opérer avec)；另一方面，西蒙东也认为，技术物件在本质上并非仅是物质的，而是一种运转，它首先是与自身的关系，并不存在运作以外的技术物件。所以，事实上，机器与人的关系并不仅是opérer avec(与之一同运作)，而且是être avec(与之共同存在)的关系。因此，以"工具性"来理解人与技术物件的关系是不合适的，必须从共同存在的角度加以解释——并非是两个个体预先已

---

[1]　Jean-Hugues Barthélémy, *Penser l'individuation. Simondon et la philosophie de la nature*, Paris: L'Harmattan, 2005, p.142.

[2]　Gilbert Simondon, *Du mode d'existence des objets techniques*, Paris: Aubier, 1989, pp.11-12.

经有了各自分别可数的单一存在，之后再选择共生（vivre ensemble），而是存在本身就已经必要地预设了这一共同存在。从这一视角出发，西蒙东试图比技术恐惧的传统人文主义者以及技术狂热的技术官僚更好地理解技术物件。人与技术物件的共同存在有别于一个人与他人、动物、自然存在的共同存在，因为技术物件是以其他形式共同存在的中介。西蒙东区分了三个与技术物件共同存在的方式，并通过工匠、工程师以及技术人的形象进行了说明。

首先，工匠与技术物件间的关系是"本真"的，工匠十分熟悉他的工作关涉到的"成分"（éléments，例如：水、土、木头……），他也掌握了大量可以在工作中运用的技能，因此，工匠至少比工厂工人在技术方面更有成就。尽管如此，西蒙东仍旧认为工匠处于技术的"幼龄期"状况：工匠是通过动手做习得技艺的，这是一个无意识并且不自觉的过程，就像小孩子学走路、学说话一样，缺乏自觉，令他无法将技艺转换应用到别的工作中，也很难去发明新的技艺。西蒙东认为，工匠与技术物件的关系缺乏反思性，只有后者才可以导向"成人"的与技术的关系中的可塑性。[①]

这种可塑性在工程师与技术的关系之中有所体现，但是在西蒙东看来，工程师与技术的关系也是不圆满的。因为在现代中，工程师与技术的关系受制于技术物件的经济功能，这令工程师与工厂工人以及资本家都被异化了。在西蒙东看来，马克思对资本主义异化的批判忽略了技术内在的异化，工作本身在马克思看来并不会产生异化；而西蒙东认为工作是工作本身的前资本主义的本质异化（une aliénation pré-capitaliste essentielle au travail en

---

① 西蒙东在这一区分中应用了康德在《什么是启蒙》中关于多数状态与少数状态的分析，可参见 Gilbert Simondon, *Du mode d'existence des objets techniques*, Paris: Aubier, 1989, pp.85-88.

tant que travail)。① 社会心理仅能与已经个体化的个体发生关联，而技术物件可以表达的是前个体的现实，因此，如果技术物件仅服从于已经个体化的关系，例如在已经个体化的秩序下的工作领域，那么技术就被异化了。这一观点是与马克思以及海德格尔对工业现代世界的批判截然对立的，并非是技术异化了人——现代的异化是人在其与机器的关系之中被异化，机器由于这一异化无法实现自身真正的能力，无法发展并导向新的使用，因此机器也在这一关系之中被异化了。

西蒙东唯一赞许的与技术间的关系呈现在技术人的形象中，本真的技术人超越"幼龄期"无自觉的技能运用的同时，克服了工业社会中的异化。他学会了如何去与技术共处，于是更好地理解了什么是共同存在。技术物件对技术人不再是一个黑箱，仅知道输入、输出，但对内部信息处理机制却是一无所知。技术人的工作是理解机器，他不但能解释也能发明新机器。他并不是一个在外部对机器发号施令的人，他处在机器之间（parmi）。正如同西蒙东所言："然而，技术生活并不是去监督机器，而是作为一个与机器处于同一层次的存在，掌管机器之间的关系，能够同时或相继与数台机器结合在一起。"②技术人对机器进行了解读，并使得机器彼此互译，以建构更好的技术集配、"技术—地理"环境——后者是技术物件投射出作为自身之条件的、技术的、地理的环境。此外，技术人需要向对机器无知的"艺术家与思想家"解释机器，以此完成他作为社会中的一个角色的工作。③

西蒙东对技术人的呼吁更像是在搜寻本真的技术专家，而并非是在呼吁对技术能力进行民主化。二者是有一定细微却关键

---

① Gilbert Simondon，*Du mode d'existence des objets techniques*，op.cit.，p.249.

② Ibid.，p.125.

③ Ibid.，p.151.

的差别的：技术人并非仅是比一般的工程师在技术能力上更优秀的专家，因为即便如此，专家的职责仍旧是去解决既有问题。技术人与技术的关系不再处于一个服从的秩序之下，不再仅回应来自外部的命令，因此技术人也不再对技术物件发布命令，这一关系可以被称为是"民主"的；而在此种关系下开展的技术思维的目的是发明新的与人相处及与自身相处的方式。

技术思想存在于一切技术活动中，技术思想处于属于发明的范畴中；它可以被传达；它可以被参与。……技术物件一旦被发明、设想与追求，一旦为一个人类主体接受，就成为了可以被称作为跨个体的关系的支撑与象征。①

跨个体的既不是集体的，也不是主体间性的——换而言之，经由技术物件与他人的"跨个体"关系并不服从于单一原则的集体关系，也不是既成的个体之间的主体间性关系。以现代即时通讯技术为例，微信以及"朋友圈"机制在发明的这一刻就允许了个体化在另一时间的模态下（不但是即时的，而且是随身的，并且处于一定的"可见性"原则下），从一个人到另一个人横向的延展，由而它构造的关系与过往既成的主体间性关系并非是相同的；同时，即便这一技术可以用于竖向集体沟通（例如在工作群中上级统一发布通知），与之更相关的是它所导向的另一种社会心理文化（朋友圈特定的社会—心理机制）。所以，与技术的共同存在成了共同存的模态。一个纯粹的技术人"尊重"技术物件，技术对象通过他被"解放"，甚至被"拯救"了，摆脱了之于纯粹实用性或者其他命令（经济命令等）的"奴役"。技术物件不再是一个"黑盒

---

① Gilbert Simondon, *Du mode d'existence des objets techniques*, op. cit., p. 247.

子",不再是一个拒绝一切变更的"封闭的机器",而是一个可以修理、改造,可以成为新发明中的一部分的"开放的机器"。"本真的技术物件"是可以自由发展的。

二、技术物件的关系性与共同存在的模态

人与技术物件的共同存在是其他形式共同存在的中介。也正因此,技术物件的"自然""开放"甚至"本真"对于共同存在是至关重要的。西蒙东经由技术史与哲学思辨对与技术物件相关的关系性做了深刻的反思。

西蒙东对技术史的梳理是从生物学开始的,延续了启始自雅各布·冯·韦克斯库尔(Jacob von Uexküll)的生命现象学以及生物符号学传统。[1] 在韦克斯库尔的分析中,动物并不完全处于一个给定的环境中,而仅与环境中某些对它有意义的特质进行交互,而这些特征在某种意义上是与动物自身的器官相对应的,因此,他称动物所在的真正环境为 Umwelt(为一个特定的生命体所经验的世界),并且称对动物的真正理解仅可以在 Umwelt 中做出。[2]

韦克斯库尔为此举过一个著名的例子——蜱虫。蜱没有视觉、听觉,也无法发声,它至多通过光敏皮肤感受到温度,它有敏锐但仅闻得到特定气味的嗅觉。雌蜱交配后会沿着树枝向着光亮的方向移动,它需要接触哺乳动物的身体,因为后者的血液是它需要的。蜱仅能分辨出丁酸的气味,但是它对于丁酸的嗅觉非

---

[1] Jean-Yves Chateau, "L'invention dans les techniques selon Gilbert Simondon," *L'invention dans les techniques: Cours et conférences*, Paris: Éditions du Seuil, 2005, p.50.

[2] Jacob von Uexküll, "The New Concept of Umwelt: A Link Between Science and the Humanities," *Semiotica* 134(1/4), 1957, p.117.

常发达,所有哺乳动物的汗液中都有这种气味。当这种气味经过它栖息的枝叶之下时,蜱就会从枝叶上跳下去,落到哺乳动物身上,寻找没有毛发或者毛发稀疏的皮肤,一旦感受到了动物身上散发的热量,蜱就会开始吸血,待吸食到一定量后,它会从哺乳动物身上掉落、产卵、死亡。接着,又一个蜱的生命周期开始了。①

蜱的世界是由三个成分构成的——丁酸的气味、来自阳光以及哺乳动物表皮的热量、血液的味道。它与哺乳动物构成了一个临时的整体,一个泡沫—世界。而它无法辨别出它跌落到的哺乳动物的其他性质,它无法感知大量的信息。蜱虫生活在一个在人看来简化的世界里,一个由它自己的节奏和旋律组成的和谐世界,即哺乳动物—树枝—太阳的结合体。在这个世界里,它是一个连接,一个工具。物种并非是一个余存的单位,最小的余存单位是生命体以及它的 Umwelt。②

而对于西蒙东而言,技术现实是一个生命存在与其环境的关系的一个模态。简单的工具或者器械已经构成了人类存在与他的环境间的中介。③ 复杂的技术物件内在地就是一个关系网络,它们可以根据自我管制的机制工作,例如,根据测定的 CPU 温度选择是否启动的计算机风扇就是一个很简单的例子。复杂的技术物件相比简单的工具更吸引西蒙东,而一个根据复杂的自我管制机制工作的自动机器正是控制论的研究对象,但西蒙东认为诺伯特·维纳(Norbert Wiener)的控制论是一个过于有限的理论。因为它过度专一地研究了完全封闭系统中的自动机器。但事实

① Jacob von Uexküll, "The New Concept of Umwelt: A Link Between Science and the Humanities," *Semiotica* 134(1/4), 1957, p.119.

② Ibid., pp.119-120.

③ Gilbert Simondon, "L'invention et le développement des techniques," *L'invention dans les techniques: Cours et conférences*, Paris: Éditions du Seuil, 2005, p.89.

上，一个纯粹的自动机器并不存在，因为所有的技术物件都嵌入到了它们的技术环境中，并与之交换信息。① 在 1968—1969 年讲座班《技术的发明与发展》中，西蒙东讨论了信息与远程通讯技术，这些技术是在不同"终端"中经由"程序"以及对于一个特定"网络"的组织运作的。这些网络在本质上已经是关系实体，孤立的终端（电话、电视机、电脑）与网络分离后是无用的。②

而另一方面，任何技术物件首先都是与自身的关系——因为技术物件并非其物质的在场，而是其运转的当下；在运转的时刻，技术物件才是与自身共同存在的；并且仅经过运转，它才与自身关联。所以，技术物件并非一个物质的物，而是一种运转，"机器是运转的存在"。③ 技术物件并非人的手的延伸，而是人的姿势（le geste humain）的延伸："驻留在机器中的是人的现实，是固定了的、结晶化了的人的手势，它转化为了一个可以运转的结构"④，"机器是一个储蓄的、固定的人的姿势，生成为原型以及重新开始的力量"。⑤ 并且运转的技术物件也与自身相联系，例如，当它的制造者和使用者逐渐使之适应特定的任务时，"技术物件通过融合与自我适应而进化。它根据内在共振的原则在内部统一起来"。⑥

一个技术物件也与其他的技术物件共同存在，"个体的技术物件并不是在此时此刻（hic et nunc）给予的这一物件或者那一物

---

① Gilbert Simondon，"L'invention et le développement des techniques," *L'invention dans les techniques: Cours et conférences*，Paris：Éditions du Seuil，2005，p. 93-94.

② Ibid.，pp. 98-101.

③ Gilbert Simondon，*Du mode d'existence des objets techniques*，Paris：Aubier，1989，p. 138.

④ Ibid.，p. 12.

⑤ Ibid.，p. 138.

⑥ Ibid.，p. 20.

件,而是一个'那里有创世'的什么"①,技术物件是自身的创世,技术物件的创世是整一个技术物件谱系的创世,"技术本质"在其中逐渐地进化。因此,技术物件也是一个历史性的与其他技术物件的共在,它作为一个后生发生(épigénétiques)的事件序列而存在,部署了一种由发明开始的历史,这种历史不是对某一物的发明,而是对技术功能的发明,后者并非是确定的解决方案,而是对于一个问题的可能回应。

正因此,发明性在西蒙东看来来自技术物件本身,发明并非是一个出自人类意志的行动,所以保持技术物件的开放性至关重要。"技术物件是自身现象的基座(siège)",而正是在这一基座之上,技术物件拥有了繁衍能力(产生新变体或者新组合的能力);并且,这一基础是非—饱和(non saturé)的,正因此技术物件的后代才会出现。② 原始的技术物件是一个非饱和的系统,而后来到的完善(perfectionnements)是系统朝向饱和的进步,"技术物件的进步是通过诞生一个家族发生的"③。然而,生物学仅提供了一个类比,实际上,西蒙东是禁止将技术物件与生命体混为一谈的。④ 技术进化更好的类比是记忆,技术记忆可以保存并且重复在其中记录的任何内容——而在另一边,人类的记忆会遗忘一些内容,却可以在过往的内容中引入新的形式,或者嵌入别的内容。即便"开放机器"可以嵌入新的代码,这一些内容还是需要人类去加入的。

技术物件的进化是其"具体化"(concrétisation)。一个"原始"的技术物件是"抽象"的。一个抽象的物件是在特定情况下才

① Gilbert Simondon, *Du mode d'existence des objets techniques*, Paris: Aubier, 1989, p.20.
② Ibid., p.43.
③ Ibid., p.43.
④ Ibid., p.48.

可以发挥作用的定制物件。而具体化的物件的成分（éléments）与其他物件的成分可以相适配，并且可以与其他成分一起发挥作用。经由具体化，技术物件"证明了某种结构的可行性和稳定性，这种结构具有与自然结构相同的状态"。① 它变成了实在的世界，技术物件不再仅是世界中的，它成为了世界的支撑。

伴随时间的流逝，技术物件的形体会逐渐损耗，乃至不可以再运转，但技术物并不是物质的存在，它本身不会死亡，也无法被摧毁。这与生命体或者艺术品不同，因为后者都是独一的，而技术物件总是可以替换的。与之相对应的是：技术性的本质却可以过时，会被淘汰。在《技术性的社会心理学》讲座班中，西蒙东分析了技术物件过时的不同方面：一方面是异化，一个正常运作的机器可能因为外技术的原因被淘汰（有时候是逆向淘汰，劣币驱逐良币）；而另一方面，一个过时的开放机器只要它的本质是不饱和的，它仍旧可以被修复，它的成分可以被用于其他技术组合。换而言之，它仍旧可以衍生新的发明。②

技术物件在空间上也与其他的物件，以及其他的存在者共同存在。它与周边环境有双重关系，因为它既与自然条件有关，又与技术环境有关，它是二者的交汇点。技术物件"能适应生产的物质条件与人为条件［……］，而后，它就能够适应它用来被完成的任务"。③ 人类的任务是在这两个世界之间发明出最佳的折衷方案，而先进技术的特质是技术世界对自然世界的高度适应。④

---

① Gilbert Simondon, *Du mode d'existence des objets techniques*，Paris：Aubier，1989，p.48.

② Gilbert Simondon, *Sur la technique*. Paris：Presses Universitaires de France，2014，pp.54-62.

③ Gilbert Simondon, *Du mode d'existence des objets techniques*，Paris：Aubier，1989，p.50.

④ Ibid.，pp.52-53.

　　适应—具体化是一个过程，它为一个环境的诞生划定了条件，而并不是以一个既定的环境为条件；它是以一个仅是虚拟地在发明之前存在的环境为条件的。发明之所以存在，是因为存在着一种飞跃，这种飞跃在经它创造的环境中为由它带来的关系赋予了合理性；[……]一个人可以说，一个具体化的发明实现了一种技术地理环境[……]而这一技术地理环境是技术物件运转的可能性条件。技术物件是其自身条件，这一条件是混合环境的实存条件，后者同时是技术的与地理的。①

　　这一技术物件所创造并投射的作为它自身基础的技术—自然环境，西蒙东称之为"缔合环境"(le milieu associé)。依据这一"缔合环境"的观念，西蒙东定义了三个技术物件的存在模态，分别是"成分"(élément)、"个体"(individu)与"集配"(emsemble)。技术个体是技术本质的体现，西蒙东为之举的例子是君堡涡轮机(Guimbal Turbine)，带动涡轮机的河流同时也起到散热作用，河流这一地理环境成了涡轮机的一部分，这一环境对于涡轮机的运转是不可或缺的，缺乏河水在散热上的帮助，机器就会因过热而爆炸。② 西蒙东说过，每一项技术物件发明之后，都有一个"缔合环境"，"当一个缔合环境存在并且成为了技术物件运作的必要条件时，我们就应该说这是技术个体，假使并非是必要条件，它就是一个技术集配"。③ 技术成分仅是一个部分，例如二极管、三极管、五极管，它可以与技术个体脱离并且纳入到另一个不同的技术个体中(因此技术进化是不连续的)。"技术性在成分之中以最纯

①　Gilbert Simondon，*Du mode d'existence des objets techniques*，Paris：Aubier，1989，p.55.

②　Ibid.，pp.54-55.

③　Ibid.，p.61.

粹、最自由的方式存在,而在个体以及集配中,技术性仅是以一个组合的状态存在。"[1]在成分之中,技术性作为一个"转导本位"而存在,它能够从一个物件转移到另一个物件。而技术集配没有"缔合环境",它是在人的协调下共同工作的机器。在个体、成分、集配之间有一个循环的关系。君堡涡轮机并不是凭空产生的,它是由一个时代的技术成分组成的。由于成分的存在,技术性可以从一个个体转移到另一个个体,正是成分的转导,而非发明技术的单一行动,使得技术进化成为了可能。

三、从技术物件的实存模态到个体化的本体发生论

西蒙东曾在技术活动与简单工作间作出了区分,技术活动并非仅是对于机器的应用,同时必须也是对于技术功能的关注,对机器的维护、调校、增进,进而延续了对于机器的发明以及建构活动。这一必要性来自于:技术物件有一个根本的异化可能性,后者位于"技术物件的本体发生与技术物件的实存间的裂口处"。[2]由此,西蒙东认为对于技术物件的发生认识应该成为对技术物件的使用知识中的一部分。

对于这一本体发生的忽视,西蒙东认为来自于原子主义(atomisme)以及形式质料论(hylémorphisme)的实质主义哲学传统,二者都从作为已经完成的"一"的个体出发进行思考:在伊壁鸠鲁与卢克莱修的原子主义中,原子已经是首要的实质现实,通过克里纳门(clinamen,微偏移)的奇迹事件,一个原子可以偏离它的轨迹与其他原子组合从而构成一个个体;而在形式质料论中,形式是决定性的,物质是被决定的,这一理论论及形式与质料

① Gilbert Simondon, *Du mode d'existence des objets techniques*, Paris: Aubier, 1989, p. 73.

② Ibid., p. 250.

之间奇迹般的相遇,但并没有对这一相遇的条件进行解释。① 西蒙东对这两种方式的思考都不赞同,由而自己发展了个体化的理论,先前作过说明的之于技术物件的"现象学"分析,成为这一个体化的本体发生论最为关键的启发。②

正如穆里尔·康贝斯(Muriel Combes)在《吉尔伯特·西蒙东与跨个体的哲学》中所主张的:西蒙东对个体化的思考是对真正生成转变的思考,他认为个体化的进程是一个从前个体存在的运作开始的进程,他以个体化的进程与单一相同的存在的观念对抗。个体化显示了潜能的过度以及充满张力的亚稳态(métastabilité)维度,后者可以导向不同的个体化而并不穷竭前个体。③ 以技术系统为例,技术的本质并不先于技术物件的发生,并且发明是在技术演变中逐渐发生的行进中的过程。实际上,并没有(技术)个体,仅有个体化的过程。所有的技术现实都是"亚稳态"的,换而言之,它们承载了非对称的不平衡,其中喧嚣的张力总是要求新的平衡解决。一个亚稳态的状态投射了一个"前个体"的状况,发

---

① 可参见 Gilbert Simondon,"Position du probleme de l'ontogenese", *L'individuation psychique et collective*, Paris:Aubier,2007,pp.9-30.

② 张艳博士认为,西蒙东是从"个体化"概念出发对技术物件进行重构的。而西蒙东本人从来没有用个体化(individuation)这一概念分析过技术物件(但可以用于"技术系统"),他用于描述技术物件的词汇是个性化(l'individualisation),后者对应了技术个体与缔造环境的共同出现。而个体化对应的是通过关系的重新建构,不同的张力的诞生与决断抵达了一个亚稳态的平衡中,他用个体化来阐释物理存在(例如结晶的现象)、生命存在与心理存在,但从来没有用来阐释过技术物件。许煜在《数码物件的实存模式》中对于这一区分是否稳固作了进一步的分析。参见:张艳:《"个体化"和关系性思考——西蒙东对"技术物体"概念的重构及其在数码技术分析中的应用》,《科学技术哲学研究》2019 年第 5 期。Gilbert Simondon, *Du mode d'existence des objets techniques*, Paris:Aubier,1989,pp.56-57. Yuk Hui, *On the Existence of Digital Objects*, University of Minnesota Press,2016, p.54-56.

③ Muriel Combes, *Gilbert Simondon and the Philosophy of the Transindividual*, London:MIT Press,2013,p.2-9.

明在之中发生：前个体是一个"物质主义"的根基，但它并不可以被理解为形而上学的源—物质，而是呈现为差异、张力、问题的动态可能性。[1]

诸多技术发明都不是无中生有的，它们是对在"缔合环境"的可用成分的重新安排中出现的，并且回应了一些具体的问题。[2] 成分并非是实在的构件，在与自身的关系中，它是"差异—重复"（disparation）的过程，换而言之，这些过程重复了之前的过程，但是有微小的差异，新的涌现由此成为可能。[3] 所有技术系统都是"亚稳态"的临时生命。在演变的过程中，前个体的成分被整合与转化进了新的技术个体，而新的技术个体仍旧是临时的、不断变化的。

四、面向人类技术的西蒙东哲学

对于西蒙东，当代异化的技术物件是必须被拯救的，这一立场也已经预设了他是从人类选择的对错出发来看待我们的技术处境的，在接受阿尼塔·凯奇齐涧（Anita Kechickian）邀请的采访"拯救技术物件"中，这一姿势是十分明确的。[4] 西蒙东的工作以一个绝妙的方式打开了技术的"黑箱"；而在另一方面，或许他对于人类存在自身的技术性理解是不足够的。

吉尔伯特·欧托伊斯（Gilbert Hottois）曾经论断：西蒙东的

① Gilbert Simondon, *Du mode d'existence des objets techniques*, Paris: Aubier, 1989, pp. 155, 156, 163.

② Ibid., p. 74.

③ Toscano Alberto,《La disparation.》, *Multitudes*, 2004/4 (no 18), pp. 73-82.

④ Simondon Gilbert,《Sauver l'objet technique》, *Sur la technique*, Paris: Presses Universitaires de France,《Hors collection》, 2014, pp. 447-454.

理论在应对当代的人类技术时有一定缺陷。① 这不仅是因为在他的时代,例如基因治疗、移植手术等等的技术并不存在,所以他没有对之进行思考,更因为他的人性观念十分传统。② 斯蒂格勒指出了缺陷发生的根源,他认为西蒙东预设了前技术的原初巫术统一性(unité magique primitive)是不可取的,与之相对,古人类学家安德烈・勒罗伊-古尔汉(André Leroi-Gourhan)的观点——人性原始地就是技术的——更值得追随。③ 而"原初巫术统一性"引发的判断是:当代的异化仅仅是一个暂时的状况,并且可以由本真的技术人克服,本真的技术人会发明本真的机器,本真的技术机器可以构成一个积极的技术—地理环境。

穆里尔・康贝斯认为西蒙东在思考无工具的技术这一任务上是失败的,她列举的例子是禁欲和萨满主义的自我技术,这一些技术导向主体化(subjectivation),可以转变自我与世界。④ 事实上,这一看法可以扩展到一般的自我技术,它不仅涵盖了福柯所描述的有意识的自我建构技术,也涵盖了从行走与说话开始的所有基于习惯的技术。人在一开始就是他自己的第一个工具,而且他并没有独自发明这一工具的工具性,而是跨个体地获得了这种工具性。所以他与工具性的关系永远不可能是完全自觉的、本

① Gilbert Hottois, "Technoscience et technoesthétique," *Simondon*, ed. Pascal Chabot, Paris:Vrin, 2002, pp.98-100.

② 与同时代的许多思想家不同的是,西蒙东仍旧是一个人文主义者,他也批评挑战简单人文主义权威的结构主义。

③ Bernard Stiegler, "Chute et élévation," *Revue philosophique de la France et de l'étranger*, 2006(3), pp 325-341.

④ Muriel Combes, "Tentative d'ouverture d'une boîte noire. Ce que referme la 《question de la technique》," *Technique*, *monde*, *individuation*:*Heidegger*, *Simondon*, *Deleuze*, Georg Olms Verlag, 2006, pp.75-98.

真的、掌控的(这一关系永久地受制于"他者"①)。语言或音乐技能的学习就是一个很好的例子,这一过程中既包括一种本能的"幼龄期"的养成,也包括了"成人"对这一过程的反思。西蒙东的教育理论是建立在非反思的幼龄期和反思的成熟期之间明确的区分之上的②,假使完全应用西蒙东的教育理论,极有可能就学不好一门语言了。

　　西蒙东提出的技术—地理环境可以允许人们克服自然与技术间的对立。在当代世界中,在自然与技术间划出一条明确的界限越发不可能,因为两者已经融合成一个单一的技术自然,在这个过程中,自然像技术受制于自然一样受制于技术。而正因为西蒙东总是从人类选择的对错出发对技术处境进行判断,他并没有充分注意到技术地理情境本身具有的破坏潜力。并非一切根源于技术的灾难都是人为的,或者至少诸多灾难都不是人类有意为之(例如气候变化),并且自然灾难的可能性总是技术地理环境的一部分。对我们在技术—地理环境之中与技术物件共同存在的生命,西蒙东提供了一个有价值的分析;但是,他并没有给予技术不处于"可以掌控"的秩序下的那些方面必要的关注。斯蒂格勒用从德里达那里借用的语汇 pharmakon 来评述技术,提示了人们在西蒙东的"艰难的人文主义"那里出现的盲区,即:技术永远同时是"危险"(对应 pharmakon 毒药的意义)与"救赎"(对应 pharmakon 药的意义)。

---

① 同时代的哲学家德里达对相关的问题作了很多分析。例如语言就是一个人永远无法具有的,我唯一能够说的语言并不是我的语言,永远是他者的语言,不在我掌控的秩序之下。参见 Jacques Derrida, *Le monolinguisme de l'autre ou la prothèse d'origine*, Paris：Galilée, 1996.

② Gilbert Simondon, *Sur la technique*. Paris：Presses Universitaires de France, 2014，pp. 203-254.

"义肢"论：维利里奥与斯蒂格勒的一种比较

郑 兴

（华东政法大学 传播学院）

导 言

在法国哲学家保罗·维利里奥（Paul Virilio）写于20世纪70年代的早期著作《速度与政治》中，"义肢"（Prosthesis）概念不再是一个单纯的医学名词，它第一次被赋予了哲学意涵。"义肢"本指协助残疾人行动的医学假肢，但被维利里奥重新陌生化，用于指代借助于和人类身体密切联结并由此延展身体感官能力和肢体能力的种种工具，它尤其指代种种现代技术物（technological objects）。正因为现代"义肢"和身体之间越发密切的关联，以及其所引起的种种复杂效应，自维利里奥之后，"义肢"问题成为当代技术哲学中的一个关键维度。在诸多哲学家之中，维利里奥和贝尔纳·斯蒂格勒是最重要的代表。遗憾的是，在当前的国内外学界中，"义肢"问题仍没有得到系统的讨论。本文经由细读维利里奥关于"义肢"问题的相关文本，并通过与斯蒂格勒的对照，求得对这一问题更全面的认识。

一、"义肢"与"身体"

在《速度与政治》之中，维利里奥第一次试图勾勒出"义肢"与人类身体二者之间在能力上的"此消彼长"。他指明，在原始社会，人的身体在运输中曾经占据重要作用，有了马匹之后，人类可以依靠骑乘马匹获取速度，但大规模行军仍需要士兵的脚力。但到了 19 世纪，机械运输机器发展，身体在行进/运载的层面中不再重要。一个耐人寻味的历史细节是，纳粹德国的空军司令赫尔曼·戈林，在第一次世界大战时曾是一个飞行员。他患有风湿病，如果身处 19 世纪以前，他甚至不具备参军的可能，因为军队经常长途行军，一旦遇到恶劣天气，他的身体必然无法支撑。但是，随着空军在"一战"中发展起来，戈林的腿疾就不再成为问题。他被调入空军，甚至还成了王牌飞行员，最终成为希特勒纳粹帝国的元帅。[1] 也就是说，如果没有当时的技术进步，戈林可能只能一生籍籍无名，历史上就不会有后来声名昭著的戈林司令了。

维利里奥试图通过这一历史细节的勾勒向我们呈现"义肢"与身体的关系。他曾深受现象学家梅洛-庞蒂的影响，现象学的知识背景使他从来不孤立地探讨"义肢"问题，而是以身体为中心展开讨论。对他来说，考量"义肢"乃至技术问题，最终还是要落实到以身体为中心的在世体验上来。他看到，以种种现代技术物为代表的"义肢"，虽然延伸或增强了人类身体的有限能力，但这种"增强"并不是使人类身体能力直接得到强化，而是"寄生"在"义肢"之上，也即，必须经由"义肢"的中介，"能力"才能出现。"义肢"和身体的这一关系，必然带来种种隐忧。

---

[1] Paul Virilio, *Speed and Politics*, trans. M. Polizzotti, New York: Semiotext (e), 1986, p.83.

首先，当"义肢"与身体相结合，毋庸置疑，"义肢"创造了便利，也同样创造了舒适。这种便利和舒适使我们产生了一种错觉，以至于遗忘了"义肢"的能力并不是我们身体自己的能力。维利里奥举例说，当我们坐在汽车的柔软座椅上时，我们使自己处于舒适的姿势之中，肌肉被放松，汽车移动，我们感觉自己的身体更快了；电视实时远程播送，也使我们感觉到，自身视看的速度被加快。[①] 汽车这样的载具类义肢创造了"体态舒适"，电视这样的视听类"义肢"，也同样创造出一种"精神舒适"。我们忘记了，这种运动有赖于"义肢"在身体上的嫁接。汽车技术其实是"我替你跑"，视听技术其实就是"我替你看"，但我们却以为一切都是由自己的身体来完成的，这种幻觉使得"义肢"的"替"的性质被我们忽视了。

舒适和便利之所以能够产生，是因为我们对于身体的主动调用不再必要。"义肢"创造的能力强于我们身体自身的能力。汽车的运行速度远比我们身体奔跑更快，计算机处理器的运算能力远比我们大脑更强。当"义肢"替代我们自己的身体去更好地完成我们的意图，当"义肢"能够让自己免于主动驱使、运用身体（因为一旦使用就意味着需要耗费能量，意味着疲劳），我们就摒弃了自己能力相对较弱的身体，不再有强烈的动机去主动调动自身的身体，去感受、视看和移动。就像当电梯诞生之后，楼梯也就不会成为多数人的选择，我们顺从于"最少行动法则"（law of least action），倾向于更加省力的方式，也正因为"最少行动法则"，我们不断发展各种义肢，使自己更为省力。[②] 因而，"义肢"以其"间接

---

① Paul Virilio & Sylvère Lotringer, *Pure War*, trans. Mark Polizzotti, New York: Semiotext(e), 2007, p.88.

② Paul Virilio, Philippe Petit, *Politics of The Very Worst*, trans. Michael Cavaliere, New York: Semiotext(e), 1999, p.59.

化"却远远更为"强化"的能力，替代了我们自身的身体去完成各
种任务，使得我们调动自身直接体验的"欲望"消失殆尽。

当自身身体被"搁置"形成常态，维利里奥要说的是，"义肢"
发展的历史，其实反过来就会意味着人类自身身体越发虚弱的历
史，"义肢"能力强化，人类自身身体的短处和缺陷得到弥补，进而
发展到人类的身体能力相形见绌，其能力显得多余、过剩，于是
"义肢"代为完成各种目标。与此同时，我们自身的能力就会越来
越少地被主动调用，进而被侵蚀和弱化。就像马克思也曾说过，
随着机器的发展，"一旦人不再用工具作用于劳动对象，而只是作
为动力作用于工具机，人的肌肉充当动力的现象就成为偶然的
了，就可以被风、水、蒸汽等等所代替了"。[1] 与"义肢"的能力一直
在进化这一趋势相比较，人类身体的劣势越发明显，相形之下也
就越发无用。身体不断遭到"贬值"，逐步成为"无能力身体"
（unable bodies）。

在当代，这一趋势越发明显。人类技术"义肢"的功能和能力
已经越发强化、多样化，随着网络和人工智能的发展，人体自身的
意识、知觉和记忆，似乎都已显得"过剩"。[2] 举例而言，当代人已
经习惯于用手机软件帮助自己进行"记忆"事件和信息，那么，我
们自己原生的记忆能力到底还有何用？再比如，年轻一代解读
"文字"的能力越发下降了，这不是因为他们的智力下降了，而是
因为，随着电视、电影等各类视听供应在今天已经随处可见，浸淫
于这一环境中的年轻一代，已经不能让文字在自己的头脑中"再
现"。阅读文字已不能给他们带来愉悦，也不能激发他们的想象，
对他们而言，图像才能被他们更快、更舒适地感知，而词语已经不

---

[1] ［德］马克思，恩格斯：《马克思恩格斯文集·第五卷》，北京：人民出版社，2009 年，
第 432 页。

[2] Paul Virilio, *Open Sky*, trans. Julie Rose, London: Verso, 1997, p.19.

再具备在他们头脑中"栩栩如生"的可能。① 维利里奥甚至宣称，装配了种种"义肢"的现代人，与残疾人无异，我们被"义肢"所驱动，就意味着，我们本身潜在地存在着某个局部的残疾。比如说，我们被汽车带着走，我们就是"运动—残疾"，我们在电视机前看比赛，就是"视看—残疾"。② 这样的宣称当然不无过激之嫌，但显然准确击中了某种现实中已然存在的症状。

在维利里奥看来，种种"义肢"激增的现代语境下，现代人的身体越发边缘化，如瓦莱里所说，今天的我们丧失了"自己身体就是能量来源"的这一内在感受（losing the capacity to experience himself as a centre of energy）。因为人体和汽车、轮船等机械载具的区别在于，后者的驱动力来自于某种异己性的燃料（通过化合作用或燃耗），然后才带来了它们的运动，而人体的驱动力本应主要依靠自己的内部能量。当"前—工业"时代的人需要开始完成某个动作时，他能够感觉到能量是来源于自己身体内部，而这种感受又往往与某种具体的"形式"紧密关联。比如，对他而言，早晨随日出而起床极为正常，几乎就是一个简单的条件反射。但是，到了现代人这里，"自然醒"越来越少，越来越难，只能借助闹钟的催促才能起床。也就是说，今天，人们很难感觉到驱动力是自然而然地来自身体内部，而是处处陷入"被动"的境地，必须借助于外来力量，尤其是技术力量的刺激才能完成目标，即便这个目标极为简单。属于我们自己"内感受性"（proprioceptive）的"反射"（reflex）越来越少，"外感受性"（exteroceptive）的"反射"却越来越多。这就是一种技术发展后造成的身体的异己化、外

---

① Paul Virilio. *Vision Machine*，trans. J. Rose，London：British Film Institute，1994. p.8.

② Paul Virilio，Sylvère Lotringer，*Pure War*，trans. Mark Polizzotti，New York：Semiotext(e)，2007，p.55.

化,乃至无用化。①

"义肢"的"间接体验"对人类身体的"直接体验"的负面影响典型体现于电脑和因特网发明后的今日世界。维利里奥特别强调,将"义肢"仅仅看作是一种中立意义上的"工具",特别是将其看作是一种人类器官的延伸,显然太过粗疏。如果说,仅仅停留在机械层面,停留在物质的层面,这一定义还是有效的,但是,随着计算机和网络技术的发展,当"义肢"发展到"信息"的层面,他认为,这一定义就需要修改了。也即,在这一层面,我们不能说,"义肢"延伸了人的身体,而是在一种自动化的情境中,造就了身体的彻底脱节(disconnection):只剩下可以忽略不计的手指端发出的电磁脉冲,只剩下静止不动的身体。这样的情况下,身体已经成了"无用之物",如果还说"义肢"是身体的"延伸",显然是值得商榷的。也正因为身体在电子化、信息化时代已经成为一种"剩余"(superfluous)之物,它感受不到自己是"能量"的来源中心,也就再正常不过。②

计算机和网络的"义肢"带来的效应因而值得我们一再思考:从速度上来说,它是"实时"(real-time)的,也即,它逼近了光速,相比于地球表面有限的空间,它是"绝对速度"。从功能上来说,它是复合型的,人们可以用它来进行视听、运算、获取信息、或者直播世界任意角落正在发生的事件。从工作机制上来说,它是"控制论"的,具有远程的连接能力和控制能力,可以将其他"义肢"的能力统合。计算机和网络有别于此前单一的、分离的义肢,却可以掌控、整合所有别的"义肢",成为一种"集合体"。在人工智能和自动化发达的今天,人类只要在一台电脑前点击鼠标和键

---

① Paul Virilio, *Open Sky*, trans. Julie Rose, London: Verso, 1997, p.110.
② Ibid., p.111.

盘，就可以整合所有的义肢，完成所有工作。电脑和互联网抵达
了"全能"（omnipotent）和"遍在"（omnipresent）的境地。虽然电
脑由人操控，但是，当人将自己融入这样近乎全知全能的义肢时，
他们获得了前所未有的掌控力，也同时放弃了自己的"直接体
验"。当人类与网络"义肢"相融合，当运算、视听和传输高度整
合，人类的将来，就是全身被联结上各种装置和设备，并被接入各
种"界面"（interface），如摄像头、键盘、显示器等等。当人们的身
体都配备了发射器（transmitter）和接收器（receiver），一切便都
始于身体（发送），也终于身体（接受）。此时，网络义肢让人类身
体完全沦为传输和传感过程的一个控制"终端"而已。

　　正是基于此种理由，维利里奥称今天的人类为"终端—人"
（terminal-man）。[①] 今天，我们不再是一群"比邻而居"的人，而是
依靠设备和众多网友在赛博空间"共居"的"终端—人"，这就是我
们今天所有人的形象。[②] 装备上各种"义肢"的"终端—人"将逐步
放弃去"直接视听"的欲望，也放弃自己去"直接运动"的想法，放
弃与人面对面交往的欲望，放弃由自然力驱动去实行"切近干预"
（immediate invention）的欲望。从动力学的角度来说，我们人类
已经经历依靠自己身体的"行动"（mobile）阶段，到汽车和飞机发
明后为种种"载具"所"驱动"（motorized）的阶段，到今天，随着互
联网和物联网的发达不断趋于极端，我们即将迎来"指动"
（motile）阶段——我们所有需要做的动作不过就是动动手指而
已，甚至可能在将来只需要动动眼球。维利里奥的质疑是，在这
看似一切已然完备于眼前的状态中，我们唯独遗忘了真实空间和
真实身体。他追问：当我们都成为这样的"终端—人"，到底会走

① Paul Virilio, *Open Sky*, trans. Julie Rose, London：Verso，1997，p.11.
② Ibid.，p.20.

向何种生活状态？

"交通革命"为我们所带来"普遍移动"（general mobili-zaiton）——飞机和高铁可以让我们坐在舒适的座椅上，就能把自己的身体快速运达远方。手机、电视和网络带来"通讯革命"后，我们甚至根本不需要动用自己的身体，自己便已经任意移动于世界的各个角落，又或者说，因为"通讯革命"，我们完成的其实是一种"普遍抵达"（general arrival）：只需要有网络设备，我不需要动用自己的身体，获取/抵达世界上任何一个角落的信息和物品都轻而易举。今天，人们已经不需要"移动"，就可以在家中购物、工作、乃至交友。维利里奥在 20 年前就已经预言到，"宅"（cocooning）文化这种生活形态必将在未来的城市中蔓延开来。① 今天，年轻一代人中越来越多的"御宅一族"即是代表，而今天的互联网、网络购物和物流系统使得"宅"式生活完全成为轻易实现的现实。今天的"终端—人"所需要"动"的只是眼球和手指而已。

这种"普遍抵达"的能力带来一种讽刺性的现实图景：我们身体的日常状态趋于静止了，因为我们的生活只需要固着于几个"极点"（polar）就已足够，固着于汽车和飞机的座椅，抑或固着于手机和电脑的屏幕。我们的身体处在一种铆定于这些"极点"的"惰性"（inertia）之中，再也不需要我们主动去驱动。尤其是在网络时代，我们完全可以足不出户，将一切交由自己在赛博空间中的"分身"——网络用户的虚拟身份。这就像是舞台上的独角戏，把自己限制在极为有限的舞台空间内，并把自己的身体交付给了另一个异于自己的角色，使后者代为完成某个预定的任务。在 20

---

① Paul Virilio, *Desert Screen*, trans. M. Degener, London：Continuum，2005. p. 83.

世纪 90 年代,维利里奥即已指出:

> 这即将到来的最终极的静态载具,把每个个体(或者说是主
> 体)的个人性永久地固定起来,他的运动就成了舞台上的演员的
> 运动。这个"远程-行动者/远程-演员"将不再把自己投入到任何
> 真实的运动之中,只是将自己抛入到另一个身体中,抛入到一种
> 光学身体中;他将去远,却无需移动,他将视看,用的却是别人的
> 眼睛,他去触碰,用的却是别人的手,他在彼处,却无需真的在那
> 里。他成了他自己的一个陌生人。他抛弃了他自己的身体。他
> 永久地放逐了自己。①

维利里奥因而将这种状态称之为"极-惰性"(polar inertia),
当我们使用网络时,我们的身体处于"惰性"状态,即便是当我们
处于高速载具(如飞机、地铁)上去往另一个城市,身体经历了"位
移",但相对"载具"仍是不动的,其实仍是静止的,也即,现代人无
论是工作、居家还是出行,在大部分情况下,身体都处在"惰性"状
态之中。"极惰性",缘自当代网络"义肢"对于身体获得的绝对支
配,缘自我们对于自身身体的弃绝。这是维利里奥对我们当代人
生活状态的一个形象化描述,也是对我们的技术未来的决绝
判词。

二、"内殖民":"义肢"的新阶段

当我们拥有了火车等充当载具功能的"义肢",有了电视这样
充当视听功能的"义肢",以及后来更加综合了各种功能、具备实
时传播能力的计算机和网络设备的"义肢"之后,维利里奥指出,

---

① Paul Virilio, *Polar Inertia*, trans. Patrick Camiller, London: Sage, 2000, p. 85.

还有一类在当下不断发展的"义肢"同样值得我们重视。曾几何时，"义肢"只是对人类身体的一种外部的"协助"，而维利里奥这里所谈论的这类新的"义肢"已经与身体相融合，已经被嫁接于身体，甚至植入到身体的内部，进而发挥作用。这是"义肢"的一种新的阶段。

维利里奥认为，固然如达尔文所说，自有生命诞生以来，物种的生存是一场淘汰赛，生存的过程也就是一种不断淘汰、消灭、清除的过程，但维利里奥更加强调，这种"淘汰"归根结底是一种"速度"的比拼：猎食者淘汰掉"速度"逊于自己的猎食对象。人类社会之中，那些无法使生产和流通的进程加速的群体将被更快的另一拨群体所消灭。但这样的"淘汰赛"不单是一种"消灭"对手的过程，更加要"消除"部分"自身身体"，以及消灭"地域身体"（地表）的"部分元素"，使得"速度"能够提高，从而提升自己的生存能力：于是人们通过运动减轻自己的体重，保持自己反应的敏捷和运动的快速；人们会开凿、打通地表上的高山与榛莽这类地表的地形障碍，使得地表更加适合速度的传导。同时，人们还需要建立起与此相配合的各种"基础设施"，使得速度潜能充分释放，或是建立起体育馆、竞技场用来锻炼自己的身体，或者修建起各种道路、飞机场、火车站用来作为交通枢纽。"地域体"（territorial body）被人类用一种运动员/竞技者的"动物体"（animal body）方式加以重组。种种开拓和扩张，都是为了方便速度能够得到最大程度的释放。①

不过，今天我们所能获取的速度早就已经超越以往。我们的速度不断突破各种"障"，突破了"音障"，随后突破"热障"，今天，

---

① Paul Virilio, *The Art of The Motor*, trans. J. Rose, New York: Semiotext(e), 2005, p.104.

随着网络传输所带来的"绝对速度",已经逼近光速之"障"。相较之下,地表的表面积已经极为"有限",因而毫无再能释放速度的空间。领土边界的概念在今天已然没有意义(这一点已经在"海湾战争"等各种当代战争中得到了体现),所谓的"全球"与"当地",将不存在区分。因为我们对"绝对速度"的操作,地球表面相对之下极为有限,所有的量级都被相对化了,向外扩张已经走向极限了,于是,往内扩张在所难免。当我们自身所处的地域视域形于丧失,我们的所有"尺度"也随之丧失。在地表之上,已经没有什么东西是"大"的或者是"远"的了。我们现在只能把开拓的"视角"向内转,现在,这种"淘汰/竞速"只能在生命体的内部开展开来。我们只能操演一种"内-器官"(intraorganic)的内窥和内侵。现在,人类身体的内部空间将是最后一块待征服的"领土"。①

当"地理空间"之"扩展"(expanse of geographical space)走到极限,进而带来"时理时间"之"延展"的缺位(chronographic time's absence of duration),在此情况下,若是要使得身体能够和今天这个时代的瞬时远程技术相同步,和我们已经通过通讯革命而获取的"实时"(real time)能力相同步,我们力求打破身体的"内/外"之隔,因为这样的"隔"使得"速度"潜能无法完全释放。人类也就会志在打破由于自身身体的封闭性而构建的"中心"与"边缘"的对立,让"实时时间"的"超-中心"(Hyper-centre)压倒"真实空间"中具体化的"中心"(centre)。或者说,人类将会促成一种最终极的"中心性"(centrality),一种"实时时间"的"超-中心性"(hyper-centrality)。在今天这个历史阶段,新的"淘汰赛"不单单是要让我们消灭自己身体的某些重量、赘肉,让其运动更快、

---

① Paul Virilio, *The Art of The Motor*, trans. J. Rose, New York: Semiotext(e), 2005, p. 109.

力量更强，它更加让我们自己试图去改变自身的生命节律，因而需要让我们的"义肢"走向身体的内部，以及与身体相联结，去改造、强化自己的身体。①

正是在这个意义上，维利里奥总结说，人类技术发展其实可以归纳为从"向外"到"向内"过程中发生的"三次革命"：从运输革命（revolution of transportation）到通讯革命（revolution of transmission），这是一个不断强化和拓深对外部真实空间的征服的过程，但是今天，技术开始"向内"转，开始向人类的身体进发，此即生物科学和材料科学带来的新的第三次革命——"移植革命"（revolution of transplantation）。② 在此过程中，"义肢"不再只是从外部"协助"身体，而是要凿刻身体、穿透身体，甚至直接进入身体的内部空间，从而发挥作用。这类新型的"义肢"不是为了人类逃脱猎食者的需要，也不是出于医疗矫正和治病救人的需要。在此情况下，达尔文的学说在今天已经不合时宜了，因为自然选择的作用已然式微。举例而言，良好的视力和听力曾经在"自然选择"的过程中占据重要地位，使得人们免于被捕食者俘获，但今天，所有听力和视力上的缺陷都已经可以通过工具来矫正。实际上，我们今天所处的环境早就已经是一个技术性的人工环境："技术圈"（人工环境）的影响已经压倒了"生物圈"（自然环境）自身的作用。③

因而，今天，我们发展出林林总总的内侵式"义肢"。它们可以分为不同的层次。这其中的第一步，也是初级的内侵式"义肢"，是种种通过口服而直接刺激人体、给人体带来愉悦和活力的各种人工制品。咖啡、酒精和烟草这样的刺激物即是代表。当

---

① Paul Virilio, *The Art of The Motor*, trans. J. Rose, New York：Semiotext(e)，2005，p.106.

② Paul Virilio, *Open Sky*, trans. Julie Rose, London：Verso, 1997, p.51.

③ Ibid.，p.115.

然，我们很快有了运动员为取得更好成绩而服用的兴奋剂。① 除了这些内服的"刺激物"之外，顺着这一强化自身的逻辑，更进一步的"义肢"是今日所谓的生命科学和纳米技术所带来的种种改造身体的技术物：异体器官移植、人造器官的植入，乃至种种更为先进的微型电子器件在身体内的植入。因此，就像我们曾经凿开地表、建成道路等"基础设施"，从而使得马车、火车等种种移动载具的速度得以释放，今天，我们也要给身体架设种种"基础设施"，要让身体也彻底成为种种速度传导的无障碍平台，于是我们直接改造自己的身体，让"义肢"与身体真正"融合"。

这类新型"义肢"的典型代表即是澳大利亚行为艺术家史特拉克（Stelarc）。史特拉克通过移植技术，给自己额外安装了一支机械手臂，并通过传感器对这第三只手加以控制，还通过电脑编程去控制机械手臂完成舞蹈表演。维利里奥认为，这种通过对自己身体入侵而改造自身的所谓"先锋艺术"，并无真的艺术性可言，而只是为了通过一种耸人耳目的手法去确认自己的"先锋性"。史特拉克的所作所为是当代人运用"义肢"来改造身体的一种重要表征，它已经印证了，在今天，我们如何通过"义肢"完成对于自身身体的重组，完成一种人与技术之间的"共生体"（symbiosis）。② 这种对于身体的穿透无有止境，更加从改造身体的外层进化到重组身体的内部空间。日本"丰田"实验室的负责人宣传，他们将在不久的将来发明出蚊子大小的微型机器人，这种机器人可以永久性地在人类的血管里自由游走，随时探索和监测人类器官。③ 因而，今天，借助生物技术、纳米技术和微电子技

---

① Paul Virilio, *The Art of The Motor*, trans. J. Rose, New York: Semiotext(e), 2005, p.102.

② Ibid., p.110.

③ Paul Virilio, *Open Sky*, trans. Julie Rose, London: Verso, 1997, p.49.

术，种种微型技术物进入身体、完成植入，乃至融合与强化。经此永久性植入，身体的混沌和封闭被持久地透视和掌控。

当义肢不断地"内转"，今天的我们也就已经彻底打破身体的内外之隔，让种种瞬时传导的速度矢量能够走向身体的内部，让速度的传导从此再无阻隔，只不过，这样的速度已经不再是传统的物理位移的"相对速度"（relative speed），而是电磁传导、微观物理传导和网络实时传输的"绝对速度"（absolute speed），一种"实时"速度。新的"内侵"义肢要通过技术管道的接通，使得人类能够主动通过电流和电磁直接作用于自己的神经和肌肉，让身体可以被外来动力（比如电流）彻底"机动化"（motorized），而不需要主体自己去主动动用。而且，这种"机动化"还不是随意的，它还配合着今天的电脑信息技术，使得"机动化"的具体方式可以通过编程来事先定制，进而彻底被掌控于人们的手中。维利里奥说，我们今天已经讽刺性地"超额"完成了未来主义者马里内蒂（Marinetti）的构想。马里内蒂在20世纪初期曾经展望，新世纪的人类将会通过各类机械，通过种种不可见的微型马达制造外来的速度，让人类的身体完全由这样的"速度"驱动，使身体的运动速度大幅提高。马里内蒂想不到的是，处于信息时代的我们，植入自身身体的"义肢"比他所设想的马达先进得多，我们要供应给身体的"义肢"严格来说更近于一种"收发装置"，使得它能够跟上我们今日电磁传导的绝对速度，以编制传导的类型和方式，而不单单只是一种高速的马达，或是一种动力的供应者。①

我们更加可以说，我们也讽刺性地完成了尼采的"超人"（over-man）构想，不过，今日之"超人"的真实内涵其实是"超应激

---

① Paul Virilio, *The Art of The Motor*, trans. J. Rose, New York: Semiotext(e), 2005, p.103.

之人"(over-reactive-man)，一种因持续遭受我们主动施加的"外来刺激"而过度活跃的肉身。此种刺激不单单施加于人类的肌肉组织和运动器官(通过健身和锻炼、以及类固醇的注射)，还会刺激到人类的神经系统，刺激人类的记忆活力和想象活力。① 以往致力于开拓地缘空间的"最少行动法则"(伴随这一法则的是"交通革命"和"通讯革命")就要被另一种法则所取代，这就是一种更加适应微观物理的"移植革命"的新的法则——"刺激法则"(law of stimulation)。这种新的法则旨在促进人体的反射和刺激的加速。因此我们可以说，技术科学的进步，是为了精简因克服地球引力需要而带来的必要努力，使得肢体免于疲劳，以及要使自己免于因为自身质量和生理密度而带来的神经疲劳。然而，今天的技术发展已经不满足于祛除种种疲劳了，而是要"过度-刺激"人体的有机组织，是要"编制"(program)神经和智力活动的强度，就像机器马达的各种功能也可以在今天被事先编制一样。②

　　不过，一定会有人反驳说，很多植入式技术，比如心脏起搏器，拯救了很多人的生命，如此激烈地批判它们是否值得商榷。维利里奥声称，他并不反对为了拯救生命而做的种种移植手术，只要这种技术仍然维持在"疗救"(therapy)的范围内，比如，残疾人的助听器和电动轮椅当然也是"义肢"的一种，维利里奥对此并不反对。但是，当科学家宣称，未来的有一天，微电子技术、纳米技术会通过在人脑内的植入，帮助人们进行"记忆"，这种生物技术就已经脱离了他所说的"疗救"范畴，而进入"义肢-人"(Prosthetic-man)的范畴。③

---

① Paul Virilio, *The Art of The Motor*, trans. J. Rose, New York：Semiotext(e)，2005，p.105.

② Ibid.，p.124.

③ Paul Virilio, Philippe Petit, *Politics of The Very Worst*, trans. Michael Cavaliere, New York：Semiotext(e)，1999，p.54.

心脏搭桥和器官移植，这种技术的植入都是修补、疗救性质的，且这种修补还是静态的，因而这些被植入的"技术物"并未对身体达成"操纵"。然而一旦植入技术走得太远，形成动态的、主动性的且随时居于人类掌控下的植入，为随时的操控提供契机，就不再是"疗救"，而只是为了成就人类自己的一种过度的欲望。①

在维利里奥看来，这就像是对身体的一种"殖民"，就像当初人们对于地球空间的不断征服也是一种殖民一样。铁路、火车和飞机的发展使得人们征服"地域身体"，这算是一种"外殖民"，今天，我们征服自身的"动物身体"，其实是一种"内殖民"（Endo-colonization）。② 维利里奥对此倾向极为警惕。他认为，如果这种超出"疗救"层面的改造愈演愈烈，如果我们作为人类不能正视自己注定欠缺、有限的肉身，我们就会走向一种巴别塔式的僭越。他在 20 年前已经指出，这种对于身体的改造欲望必然会越走越远，最终登峰造极，尝试通过基因编辑技术，在人出生之前，就完成对他/她的"元-设计"（meta-design）意义上的重构。③ 今天，当我们关注最近国内发生的基因编辑婴儿事件，我们回望维利里奥的预判，不得不服膺于他的预见性。

综上所述，在维利里奥看来，"内侵式"义肢对身体的改造，主要是从三个维度出发的，一是在动力层面，更深层次地使得身体可以被源源不断的电流或者电磁脉冲等技术性外力所驱动，最大程度地减少主动动用自身身体的可能；二是在空间层面，更深层次地进入身体内外所有的角角落落，让这个曾经混沌的、不可触摸的空间，变得无限透明、无限可塑，彻底处于人类主观意愿的掌

① Paul Virilio, *Open Sky*, trans. Julie Rose, London：Verso, 1997, p.53.

② Paul Virilio, Philippe Petit, *Politics of The Very Worst*, trans. Michael Cavaliere, New York：Semiotext(e), 1999, p.54.

③ Paul Virilio, *Art and Fear*, trans. J. Rose, London：Continuum, 2003, p.52

控之下；三是在结构层面，也是其最终极的改造，就是通过基因编辑技术重构出"理想的人"，完成当代的"优生学"狂想。正是因此，维利里奥一直在提"临界空间"（critical space）的概念，[①]他的忧心在于，不仅仅是我们的地表空间濒于消失，处于"临界"状态，我们的身体内部空间现在也正在成为某种"临界空间"。当"内殖民"走向顶峰的那一天，人类的身体就将被掏空，代之以一整套技术装置，在这种情况下，维利里奥的质疑是："人类"与"跨人类"之间的边界在哪里？[②] 或者说，我们是否还算是"活着"？

三、一种参照：斯蒂格勒的"义肢"论

显然，维利里奥对于"义肢"可能产生的负面影响忧心忡忡。但是，关于这一对于义肢的负面评价，我们也不可过度偏信，这里不妨将当代法国哲学家斯蒂格勒的文本拿出来做一番对照。因为斯蒂格勒同样在《技术与时间》等文本中集中探讨了"义肢"的问题。斯蒂格勒承接了维利里奥对于"义肢"这一概念的哲学化再造，但是，我们看到，对于"义肢"问题的立场，斯蒂格勒却和维利里奥之间存在着巨大的差异。

首先，对于"义肢"的界定，斯蒂格勒和维利里奥之间就存在着本质性的分歧。对维利里奥来说，"义肢"就是人类所使用的、增强了自己原有的肢体能力和感官能力的工具，尤其是种种现代的"技术物"。对他来说，仿佛首先存在着一种纯粹的、原初的"人"，或者说原初的"身体"，因为外来的现代"义肢"的诞生，使得这样的"纯粹性"遭到了破坏。这一论断显然将"义肢"视为后起于人类身体的、为人类所发明的种种"外来物"，将"义肢"和"人"

① Paul Virilio, *The Lost Dimension*, trans. D. Moshenberg, New York: Semiotext(e), 1991, p.130.

② Paul Virilio, *Art and Fear*, trans. J. Rose, London: Continuum, 2003, p.55.

（或者说，人的身体）这两种存在对立了起来。他批判现代"义肢"，实际上也就是从现象学的维度暗示了一种想象性的、未受现代"义肢""侵害"的"人"的存在。一旦有了这样的拟想，那么就将面临一个逻辑难题，即现实中是否存在，或者是否曾经存在这样"纯粹状态"的、未被"义肢"损害的"原初人"（original human）？如果是，这又是一种什么样的"人"？如果不存在，那么拟想这样的"原初人"意义又何在，而今天的"人"的源头又在哪里？为了规避"义肢"所带来的负面效应，我们得回到前文明时代的原始状态吗？诸如此类的问题，并没有在维利里奥的文本中得到正面的回答。因此，谈论"义肢"，实际上会不可避免地涉及"人"和"义肢"的关系这一问题，并且最终归结到对于"人"的理解这一根本性的问题上来。

按照斯蒂格勒对于卢梭《论人类不平等的起源》的梳理，我们发现，维利里奥对于"人"的理解从本质上来说更接近于卢梭。卢梭认为，最先存在着的是一种"自然状态"的人，以果为食，席地而睡，一切对他们来说，都是"就在手边"（close at hand），一切都是直接性（immediate）的。这种自然状态是他的最佳状态，他不需要使用"义肢"，他维持着原始的强壮和敏捷。可是，当人类开始在一种"偶然"状态下（by accident）学会工具，就是"堕落"（The Fall）的开始。斧头、梯子、马这些最初的工具手段和人为之物，已经和今天的"义肢"没有本质性的区别，这些东西"代替"了人自然的、原始的状态，是一种"手外的"力量（power beyond reach of hand），一种"间接的"（mediated）力量。纯粹自然状态下的人，所拥有的一切就是他自己，一切都"内在于他自身"，他的身体是他唯一的凭借，原初状态就是一种"内在化状态"，一种"纯粹状态"。当人类开始使用并非是"内在于他自身"的"工具"的时候，当他开始经历"义肢化"（prosthetization）和"外在化"（exteriorization）

的开始,也就是"分化"(differentiation)的开始。"义肢"因而也就是"不平等"的开端。① 斯蒂格勒指出了卢梭论述中的内在难题:卢梭实际上从来没有给出一个原初之人的真实的例子,无论是诉之历史真实还是现存真实,他"先验地"假定了一种"纯粹状态",一切对于现有的人类文明的批判都指向了这种纯粹状态,却难以证明这种纯粹状态的实存性,因而,他最终只能用"偶然"(accident)这样的语汇去解释"第二起源"(the second origin),去解释"纯粹状态"的"原初人"到"义肢人"这样的历史性"飞跃"。②

对斯蒂格勒来说,首先要重新厘清的就是"人"的定义。他引用了人类学家勒罗伊-古尔汉的论述指出,实际上,从来就不存在一种"纯粹"的、未受"工具性"影响的"人"。"人"本身就是伴随着工具性(instrumentality)的诞生而诞生的。甚至可以说,人的本质就是"技术"。③ 根据现有的考古学发现,400 万年前"南方古猿"就开始使用最原始的"工具"了。当然,需要具体指出的是,开始学会使用石器这样的原始工具,并不是一种"从天而降"的技能,是因为"人"先学会了直立行走,它带来了整个上半身正面区域的重组,决定了上半身两个极点之间的新的关系,进而带来了一连串的进化:手从爬行的功能中解放了出来,因而也就不可避免地呼唤"工具"——一种移动器官——的诞生;面部从衔取的功能中解放出来,因而不可避免地产生了面部表情,以及随后而诞生语言。属于手的工具和属于面部的语言构成了同一机制的两极。大脑在其中发挥作用,但不是一种决定性的作用。它仅仅是整个身体机制中的一个部分,是整个机制的进化带来了大脑的进

---

① Bernard Stiegler, *Time and Technics 1: The Fault of Epimetheus*, trans. Richard Beardworth, George Collins, Stanford: Stanford University, 1998, p.116.

② Ibid., p.117.

③ Ibid., p.125.

化,大脑的进化是这一进化的受益者,而非决定者。先有了手和脸的有机联系,才随后有了大脑的进化。[①]

概而言之,一切开始于双足行走,手被解放,进而有了工具,进而有了语言的诞生。因而,是一种新的"机动性"(mobility),一种新的时空关系,而非一种新的智能,决定了从猿类向人类进化的关键一步(南方古猿已经是"人",虽然他们的脑容量很小,但是因为直立行走,他们的脑结构组织已经和猿类根本不同)。这是一种独属于"人"的"运动"(movement),一种使自身趋向于"在手"这个范围之外(putting itself outside of the range of its own hand)的运动,"义肢性"是手被解放出来之后的后果,是一种"朝向自身之外"的运动,这种"解放",作为一种"外在化",决定了"人"的诞生。[②] 从"外在化"开始的一刻,作为一个生命体的个人,就不只是作为一种单纯的身体而活动,他必须借助于工具(也即"义肢")而活动。这里发生了一种技术的"助产"(maieutics)。或者说,"内在"和"外在"就是同一种东西,"内在"即"外在",因为"人"(内在)本质上就是被"工具"(外在)所定义的。[③] 人的出现就是技术的出现。是工具,也就是技术"发明"了人,而不是人发明了技术。或者说,是人在"技术性"地"发明"了工具的同时,也"发明"了他自己。诚然,技术诞生于人之手,但"人"同时也被"技术"所"发明"。"义肢"的历史就是人被"发明"的历史。因此,我们看到,在斯蒂格勒那里,"义肢"从"人"诞生的开始,就已经是"人"的一部分了。"义肢性"从"人"诞生之初就内在于人的身体。"人"之所以是"人",而不是别的生命体,就在于人本身就是一种"义肢性"的

① Bernard Stiegler, *Time and Technics 1: The Fault of Epimetheus*, trans. Richard Beardworth, George Collins, Stanford: Stanford University, 1998, p.145.

② Ibid., p.146.

③ Ibid., p.142.

存在,也就是一种"技术性"的存在。斯蒂格勒强调,首先,"义肢"并不取代任何东西,不取代任何本应在先存在继而又被丧失的东西;其次,"义肢"并不是人类身体的一个简单延伸,它本身就是"人"的身体的一部分构成。它不是人的手段,而是人的目的。

我们看到,斯蒂格勒和维利里奥对"义肢"的认定基于不同的出发点,维利里奥将义肢视为一种外来之物,将"义肢"和身体对立起来,而斯蒂格勒将义肢视为"人"不可或缺的一部分,就像《技术与时间》提到的爱比米修斯神话,人类从起源处就是一种"缺陷"的存在,他们不像动物一样具有各种"性能",因而也就只能依赖技术性的"义肢"而生存。虽然,斯蒂格勒也认为,种种现代的"义肢"给"身体"带来了负面效应,但他的批判指向了一种政治经济学的路径,而非一种单纯形而上层面的概念推演。斯蒂格勒认为,经由种种现代的技术性"义肢"(斯蒂格勒称今日的"义肢"为"药罐"[pharmakon],也称之为"装置"[apparatus]),身体,尤其是人的"知觉"(perception)和"关注"(attention)经历了一个"语法化"(grammatization)的过程,即一种"身体流动的离散"(discretization of corporal flows)——祛除身体知觉原有的连续属性,使其分离化、单位化,从而成为便利于"装置"去加以处理的对象(维利里奥曾在《消失的美学》一书中写到电影装置所带来"失神"体验,也可视为是这种"离散化"所带来的效应之一)。[①] 但是,批判这种"语法化",在斯蒂格勒看来,应该要将矛头指向它背后的资本,因为这种"语法化"是出于资本获利的需要,这其中隐藏着一个剥削的过程,也就是一个今天的人们的身体被工业化的"义肢"所捕获而进入"无产化"的过程。[②] "义肢"的负面后果不在

---

① Bernard Stiegler, *What makes life worth living: On Pharmacology*, trans. Daniel Ross, Cambridge: Polity, 2013, p.50.

② Ibid., p.52.

于"义肢"本身，不在于"义肢"带来了身体层面的受侵害，不在于人们使用"义肢"而带来了一种现象学意义上的纯粹身体的丧失，而是在于，"义肢"被纳入到当代全球资本主义经济秩序之中，成为今天的人们被"无产化"（proletarianization）的重要手段。

如斯蒂格勒向我们指出的，在"语法化"的过程中，身体被工业化药罐"征用"（expropriation），其目的在于构建一种"跨个人性"（transindividuation）的新型周期——"短周期"（short-circuits），而它最终是为资本服务的。受制于资本流通的需要，流水线越发自动化，产品越发复杂化，为了最快地获得资本投资的回报，这些产品不断提升更新换代和淘汰的频率，一切为了促进新一轮的"消费"而生产。这种"短周期"旨在最大程度地限制一切形式的"延异"（différence）——即限制一切的差异和延迟。① 生产必须以最快的速度循环，即从投资到产品报废，到新产品上市，这个过程必须越来越快（我们从今天手机越来越快的更新换代速度中即可见到）。与此同时，"大众"（the mass）这一资本主义所需要的群体（而非个性化的"个人"）必须被制造出来，即人的"独一性"（singularity）必须被剥夺，因为"独一性"抵抗着"大众"这一"群体"的工业化制造，抵抗着这一群体所必要的生产行为、消费行为和思考行为的"超级同步化"（hyper-synchronization）。② 今日的种种"义肢"，无论是电器还是汽车，都被纳入资本主义"生产—消费"的"短周期"之中，一切最终是为了资本自身快速获利、快速获得回报而服务。

这种"短周期"的背后是一种新的"无产化"——"知识无产化"。如斯蒂格勒所说，马克思在《共产党宣言》等著作中，其实已

① Bernard Stiegler，*What makes life worth living: On Pharmacology*，trans. Daniel Ross，Cambridge：Polity，2013，p.50.
② Ibid.，p.51.

经谈论到了"知识无产化"的问题，即在资本主义工业时代，当机器不断发展，独属于工人的"技能"（savoir-faire）被转移到了机器之上。比如，工人对通过自动化机器生产出来的纱产品的原理和结构的熟悉，与传统手工纺纱工人对自己手中的"产品"的熟悉，显然不可同日而语。工人们虽然是"生产者"，但是他们离产品的实际生产越来越远。此即"知识无产化"。但是，斯蒂格勒强调，今天的"知识无产化"还不仅于此。今天，不单单是人们关于"制造"的知识被"无产化"了，更在于"生活"（savoir-vivre）的知识都已经被"无产化"了。资本主义需要确保的是，让当代的这些无产者离开了现代"义肢"，就都不知该如何"生活"了。它要确保，人们只能作为一种"消费者"，用薪水被迫去跟随着这样"短周期"，如不跟随，则正常的生活都绝不可能。这种"知识无产化"比马克思的时代更加彻底，因此，斯蒂格勒称之为"普遍无产化"（generalized proletarianization）。"普遍无产化"在人们身上强加了一种"系统性愚蠢"（systematic stupidity）的状态，从而保障当代资本主义的发展。①

今天，人们生活中所使用的"义肢"，都无法逃脱这样的资本"药罐学"（pharmacology of capital）。人们对"义肢"的"需求"不是基本的生存需要，而是不断地被"制造"出来。我们以"手机"为例，就这样一个再常见不过的现代"义肢"而言，如果手机的使用者试图坚持做一个有"个性"的恋旧者，坚持使用老式的非智能机（只具备基本的 SMS 短信和通话功能），他将发现这一"坚持"无比艰难，几乎不可能完成。因为"智能机"被附加了诸多"功能"：比如，智能手机的社交媒体应用可以让人仅使用流量数据进行快

---

① Bernard Stiegler, *What makes life worth living: On Pharmacology*, trans. Daniel Ross, Cambridge: Polity, 2013, p.53.

捷沟通,而不需要使用"短信"这种既费钱又麻烦的通讯方式;又如,用"智能机"可以进行高性价比的"网购",而只依赖实体商店的购物行为必然费时且昂贵。也即,如果不使用"智能机",他已经无法顺利将自己嵌入当代的诸多生活场景之中,因而显得无比笨拙与不合时宜——不使用智能机,他作为一个当代人,就只能让自己陷入不会"生活"的状态了。因此,对斯蒂格勒来说,今日的问题不单单在于,一个手机工厂的工人根本不知道诞生于自己之手的新手机到底是如何被制造出来的,而是在于,这个工人尽管薪水微薄,他自己却不得不用整整一个月的薪水,被迫在一到两年的时限之内就为自己更换一个新手机。因此,今天我们所看到的"义肢"所带来的种种"问题",并非"义肢"之存在本身之过错,而是全球消费资本主义经济秩序带来的必然结果。同样是讨论"义肢",维利里奥对于种种现代"义肢"持警惕的立场,但斯蒂格勒认为,"义肢"的根本问题不是来自"义肢"自身,而是缘自它与当代消费资本主义的共谋。

结语：技术哲学中的路径之分

本论文呈现出维、斯两位学者对于"义肢"问题的分歧,不单单是要以此系统阐明"义肢"这一概念不同维度的内涵,实际上,这一概念在二人间的对立,更是我们管窥当代欧陆技术哲学内部路径之分的一个重要切口。当代欧陆技术哲学中,按照卡尔·米切姆的划分,大致可以分为两脉,一脉为"人文派"技术哲学,比如马克思、海德格尔、艾吕尔等人,另一脉为"工程派"技术哲学,比如卡普、德绍尔、西蒙东等人。[1] 再进一步细分——如学者吴国盛

---

① 卡尔·米切姆:《技术哲学史概述》,《技术哲学读本》,吴国盛编,上海:上海交通大学出版社,2008年,第8页。

所说,"人文派"技术哲学传统中,又大致可以分为"社会—政治批判"传统,代表有马克思、艾吕尔;现象学批判传统,代表人物有海德格尔、舍勒;以及人类学传统,比如安德烈·勒罗伊-古尔汉、布鲁诺·拉图尔等。① 维利里奥从师承于梅洛-庞蒂的现象学出发,对现代"义肢"本身持强烈的批判态度,恰是对"人文派"中的"现象学批判传统"的继承,斯蒂格勒则是不将问题归咎于义肢本身,而是尝试从"义肢"概念背后的政治、经济等诸多层面的现实背景中挖掘问题根源,不妨可以将其视作是对"社会—政治批判"传统的一次延伸。

---

① 吴国盛:《技术哲学读本·序言》,吴国盛编:《技术哲学读本》,上海:上海交通大学出版社,2008 年,第 5 页。对于米切姆和吴国盛的划分,笔者认为,这样的划分当然是有道理的,但也只能是粗略的勾勒。因为很多哲学家的学术源流非常复杂,极可能呈现出谱系上的交叉,远非一种师承可以说清。比如斯蒂格勒,对于西蒙东这样的工程派哲学家和安德烈·勒罗伊-古尔汉这样的人类学家都有继承,同时也继承了德里达的现象学。所以,某个哲学家属于技术哲学中的哪个流派,还是应该具体问题具体分析,针对不同的论题就他的文本自身做不同的划分。

造型艺术与公共性

素描何以是一切造型艺术之基础？

陈　庆

（同济大学哲学系）

"素描是一切造型艺术的基础"这一判断似乎已经成为一种常识性的话语，与其说这是徐悲鸿所给出的论点，不如说这是其从欧洲留学期间接受信息后而提出的观点。也就是说，这种观点似乎并不需要论证一般。然而，素描事实上并不是从一开始便是"一切造型艺术的基础"，这一基础的建立是在欧洲文艺复兴时期。同时，在我们将其接纳为一切造型艺术之基础的时候，涉及的仅仅是它作为技法的存在，然而事实上它同时也有着观念性的内涵。相比于技法性的结果，事实上它的观念内涵才从根本上决定了它成为一切造型艺术基础的原因。因此有必要重新回到这一话语之前，追问素描何以是一切造型艺术的基础。

这要求我们重新回到文艺复兴时期，特别是瓦萨里的时代。正如美国艺术史学者大卫·罗桑德和为我们所熟知的法国哲学家、艺术史学家于贝尔曼所指出的，正是瓦萨里第一次为"素描"（disegno）赋予了丰富的内涵。同时罗桑德也指出，瓦萨里之后，安东尼·弗朗科·多尼（Anton Francesco Doni）甚至将"素描"拔高到了"神思"的地步，也就是说素描的重要意义在于其中包含类似上帝创世的方式。但是让人遗憾的是，两者都并未继续追寻"素描"背后那种让其成为一切造型艺术之基础的哲学意涵。为了解决这一问题,我们必须将视野转向德里达以及媒介哲学家弗拉瑟,前者在《盲者回忆录》一书中讨论了大量卢浮宫收藏的素描,并且指出了素描从根本上是一种触觉的书写,这种触觉的书写是为光承担见证的方式;而后者在《物的形状:一种设计哲学》中认为"设计"(design)涉及一种对自然的超越或"欺骗",虽然他并没有谈到"素描"的问题,但是他关于"设计"的判断事实上很接近瓦萨里面对自然时的态度。因此我们可以通过这两位现代哲学家的思想重新考察古代"素描"这一概念的涵义,同时也可以通过这种考察来进一步挖掘它对于我们时代的意义。

一、"素描"(disegno)是如何成为一切造型艺术之基础的

中国美术教育之建立起始于 20 世纪 20 年代,曾先后任北京艺专校长的林风眠与徐悲鸿在其中发挥着重要的作用。虽然林风眠在艺专之时将人体写生纳入进学校的教程之中,然而真正对素描进行强调的则是徐悲鸿。早在 1931 年,徐悲鸿便在有关安格尔的文章中指出素描的重要性:"Le dessin est la probite de l'art. 素描者,艺之操也,此安格尔之不朽之名言也。"①而在 1947 年更是直接提出"素描为一切造型艺术之基础"的说法:"素描为一切造型艺术之基础,但草草了事,仍无功效,必须有十分严格之训练,积稿千百纸方能达到心手相应之用。"②其不仅建立了美术教育的分科制度,同时也就素描明确提出了"新七法"。在当时的历史语境之中,他所需要面对的是沐浴在传统教育之中的学界固有势力,这样的做法有其合理性。而到了今日,我们需要重新反思这种行为中所包含的思维方式的弊端,那便是完全将西方的技

---

① 徐悲鸿:《徐悲鸿自述》,文明国编,安徽文艺出版社,2013 年,第 167 页。

② 同上,第 259 页。

法移植到中国的绘画之中，并且这种技法是历史的产物。问题不是说不应该学习西方，而是说学习得不够，只学习了技法而没有学习这种技法背后所包含的观念，因此学到的仅仅只是皮毛。为了进一步揭示素描重要性的原因，我们需要重新回到文艺复兴时期对于素描的认识。

"素描是一切造型艺术的基础"这一说法在西方古典语境之中是否成立？徐悲鸿所提到的对于素描重要性的判断来自安格尔，"素描者，艺之操也"，作为新古典主义的一员，安格尔确实有着对素描的强调，甚至提出如果要在自己的门上挂一块匾额的话，会写上"素描学派"①。然而事实是，早在文艺复兴晚期即 1563 年，在佛罗伦萨建立的第一所美术学院的名称便是"Accademia delle Arti del Disegno"，即"素描艺术学院"，其中"Disegno"是指称"素描"最早的词汇，正如大卫·罗桑德所指出的："三种艺术的血缘关系——绘画、雕塑、建筑——使其被归类为'arti del disegno'（构图艺术），'美术'的概念取决于我们一直以来所讨论的文本，即从理论和时间上对素描的基础性地位的认识，及将'素描'看作是指导性原则和一种理念。"②可以说，西方最初的美术学院的建立确实是以"素描"为基础的。

而素描之所以在文艺复兴时期变得如此重要，一方面是艺术观念的变化，即文艺复兴中对于自然的推崇，另一方面则是纸张的出现，使得之前直接在墙壁上打草稿的方式能够通过"等幅草图"的方式在纸张上进行。对于素描基础地位的强调，从最早的艺术理论文本即阿尔贝蒂写于 1435 年的《论绘画》，以及同样写于 15 世纪初期，并且比《论绘画》还要早一二十年的琴尼尼的《艺

① 安格尔：《安格尔艺术全集》，朱伯雄译，金城出版社，2013 年，第 57 页。
② 大卫·罗桑德(David Rosand)：《素描精义——图形的表现与表达》，徐彬、吴林、王军译，山东画报出版社，2007 年，第 53 页。

术之书》(或译《艺术手册》)中也可以看出端倪。琴尼尼在《艺术
之书》中写道:"造型艺术及其相关领域之根本在于素描与色彩绘
画。"①虽然其整本书主要讲述的是各种颜料的制作方法,然而已
经开始强调素描与色彩两者皆为绘画的基础,并且在纸张上进行
素描的方式在其讲述中也已经开始出现。而阿尔贝蒂在其《论绘
画》中并未直接阐明素描的基础作用,但是在其第二篇中阐述了
绘画的三个部分,即"划定界限"(circumscription)、"组合"
(composition)、"光的接受"(reception of light),"划定界限"所针
对的具体对象便是素描,而在这里,他将划定界限放置在了另外
两个部分之先,即情节布局和明暗色彩之先。同时他在书中也指
出了素描本身的独立属性,即便没有指示轮廓,好的素描也会令
人愉悦:"但划定界限本身经常便是最令人愉悦的。"②

而在文艺复兴时期的艺术家那里,如米开朗琪罗,他为了画
西斯廷礼拜堂曾画过上千幅素描,却在去世之前毁掉了大多数的
素描底稿,只残存下来为数极少的一小部分,按照瓦萨里的说法,
这是为了"让人看不到他所忍受的劳苦和磨练他的才能的方法,
从而就不会显出美中不足之处"③。因为他认为这些素描会泄露
自己绘画的秘密,导致他人的抄袭。而正如大卫·罗桑德所指出
的,在这之前的吉尔贝蒂事实上早已提出了素描的基础性地位:
"洛伦佐·吉尔贝蒂宣称'素描'是绘画和雕塑艺术的理论基础。
他还更大胆地宣称素描构图设计理论是画家和雕塑家都需掌握

---

① 琴尼诺·琴尼尼:《艺术之书》,任念辰译注,河南美术出版社,2017年,第9页。

② Leon Battista Alberti, *On Painting*, Translated by Cecil Grayson, Martin
Kemp, 1991, p.65.

③ 乔治·瓦萨里:《著名画家、雕塑家、建筑家传》,刘明毅译,中国人民大学出版社,
2004年,第442页。

的一种人文艺术。"①可见"素描是一切造型艺术之基础"这一判断
中所包含的信息早在文艺复兴时期便开始出现,正是 15 世纪和
16 世纪的西方艺术家与艺术理论,开始树立起素描的基础性
地位。

二、"素描"与"神思"

为了理解素描背后的精神内涵,需要我们将目光重新投向文
艺复兴时期。素描基础地位的建立是在文艺复兴的鼎盛时期,即
15 世纪与 16 世纪早期,而对素描的界定与认识则是在 16 世纪中
后期发生的。

不同于现今对于素描的认识,事实上英文中的"drawing"或
"sketch"都不足以传达出这一概念的涵义,正如第一节指出的,在
佛罗伦萨建立的第一所美术学院的名称中便包含着素描这个词,
而在那里所使用的是意大利语"disegno"一词,而这个词并非只有
后世"设计"的涵义。在瓦萨里的论述中我们可以看到,他所使用
的同样是这个词:"素描(disegno),三种艺术之父……在理智中有
着其根源,它从许多单一的事物中攫取一种普遍的判断,就好像
在自然的所有对象中攫取了一种形式或观念,它所圈画起来的是
最为绝妙的,因为不仅仅是在人或动物的躯体中,并且也是在植
物、建筑、雕塑和绘画中,素描所把握到的是整体与部分、部分与
整体以及各部分之间的比例关系。看见了从这种知识中生发出
来的某种观念与判断,以至于在头脑中形成某种事物,当这种事
物被用手表达出来时,便被称为素描。我们也许会得出这样的结
论,即素描是我们内在观念以及其他人所想象的事物的表达和宣

---

① 大卫·罗桑德:《素描精义——图形的表现与表达》,徐彬、吴林、王军译,山东画报
  出版社,2007 年,第 51 页。

示，它为他们的观念赋予形式。"①瓦萨里在这里定义和解释了这个词，这里的操作并不是单向的，而是双向的，素描既包含了通过对事物比例关系的考察而提取出一种"普遍的判断""形式或观念"，同时也包含了对这种观念的"表达和宣示"，那也就是说，为这种观念赋予形式。而在潘诺夫斯基看来，瓦萨里在此处的阐释表现出了一种对柏拉图观念论的误解："此种阐释涉及到一种对'观念'的重新定义，这既是根据它的自然本质——其预设并证明了一种对柏拉图的观念论的完全的误解……同时也是根据它的功能。"②因为在瓦萨里的表述中，观念已经不再像柏拉图所言具有一种先验属性，而是从经验中获得的，并且在这个时期的艺术理论中，观念被用来指称在艺术家头脑中构思的所有形象与观念。但与其说误解，不如说是那个时期的人们对观念产生了新的认识，不仅将其理解为内在生成的，而且它也可以通过对自然的提取获得。而潘诺夫斯基所指出的这种对观念的理解的转变，也许正从侧面说明了为什么到了 16 世纪后半叶，"disegno"具有了如此重要的意义，艺术家的构思结合了对外在经验的考察与内在观念的形成，同时也完成了对自然的研究以及对自然的提升这双重的任务。

　　同时正如于贝尔曼在《直面图像》一书中所指出的，事实上"disegno"一词在瓦萨里那里有着双重涵义，它时而被用来指将我们从可感世界拯救出来，以朝向可理解的"纯化观念"之世界的一种方式；时而被用来指通过炭笔或蜡笔来进行表达而将我们从纯

---

① Vasari，I，168. 转译自潘诺夫斯基《观念：艺术理论中的一个概念》英译，"disegno"一词出现在潘诺夫斯基所引用的意大利文中，见 Erwin Panofsky，*Idea: A Concept in Art Theory*，Translated by Joseph J. S. Peake，1968 by Harper & Row，pp. 61-62.

② Erwin Panofsky，*Idea: A Concept in Art Theory*，Translated by Joseph J. S. Peake，1968 by Harper & Row，p. 62.

粹的判断中拯救出来①。从具体层面讲它既是指形式、草图,也是指用以展示的图样,而从抽象层面讲它不仅涉及当时对于观念的理解,同时也涉及到当时对于上帝创世的类比。在于贝尔曼看来瓦萨里那里的"素描"事实上接近古老的"模仿"(mimesis)概念②,瓦萨里也反复强调了对于自然的学习,但不同之处在于瓦萨里试图通过对自然的模仿来超越自然,不仅学习自然的规则,也通过这种学习让艺术的规则变成自然的规则。而在瓦萨里之后,祖卡里(Zuccari)将素描定义为神的符号,它是人、天使以及神所共通的,是一种灵魂。它由上帝创造,并且被放在了人之中。因此他批评瓦萨里的说法,即素描是可以通过训练和学习获得的,同时他认为存在内在和外在素描的区分,并对它们做出了十种描述③,他从神学的角度试图对"disegno"的地位进行拔高。

而且这种做法并不是个例,在那个时代素描被阐释为"神思",即"神之思想",如大卫·罗桑德所指出的:"16 世纪时,艺术家和学者将'素描'的概念提升到了最高的美学境界。例如,在其名为《素描》(*Il Disegno*,1549)的书中,佛罗伦萨的安东尼·弗朗科·多尼公开宣称'素描'具有神性。素描是'神之思想',它造就了最优秀的艺术,'第一种"素描"就是整个宇宙的创生,是第一个行动者头脑中想象至臻至善的结果',是最杰出的造型与色彩工作"。④ 也就是说在基督教中是神创造了世界,而素描所进行的创造事实上也是在神创造世界的意义上的创造,如果神创造世界是按照某种原则的话,那么这种原则必然是始终如一的。事实上在

---

① Didi-Huberman,*Confronting Images*,Translated fromthe French by John Goodman,1990,p.79.

② Ibid.,p81.

③ Ibid.,p84.

④ 大卫·罗桑德:《素描精义——图形的表现与表达》,徐彬、吴林、王军译,济南:山东画报出版社,2007.7,第 52 页。

瓦萨里那里也有着类似的说法:"我要说素描,作为两种艺术的基础,或者说在其自身中构思并孕育了理智的诸面相的这灵魂本身,存在于所有其他事物的根源处的绝对完善之中,那是天宇中的上帝,在已经创造了世界之伟大的形体并且用它最耀眼的光装饰了天堂之后,带着它的理智又下降到空气的澄明与大地的坚固之中,并且塑造了人,在令人愉悦的事物的创造中揭示了雕塑与绘画的第一个形式。"①也就是说在瓦萨里看来,人是上帝所描画的第一个形式,也是雕塑与绘画的第一个形式,这事实上是将上帝比作了第一个艺术家。而在米开朗琪罗残存的素描中,有一幅非常独特的草图也可以说明这一问题,他描绘了创作西斯廷礼拜堂天顶画场景的"自画像"涂鸦②,而如果我们将这幅图与他的《上帝创造亚当》关联起来便不难理解,为何在《上帝创造亚当》的图中上帝是以手指来进行创造,这里手指的创造事实正如画家本人的创造一样,上帝创造出亚当,而画家则用画笔创造出形象。

这种素描的观念事实上涉及对于上帝创世的隐喻式挪用,我们需要对自然进行学习,因为自然是上帝按照某种方式创造的,我们学习自然的过程也就是对上帝创造世界方式的学习,而这种方式事实上就是"素描"(disegno)。

三、素描哲学内涵的两种现代阐释

从"神思"开始对素描进行理解为我们解答了在文艺复兴时

---

① Giorgio Vasari, *The Lives of the Artists*, translated with an introduction and notes by Julia Conaway Bondanella and Peter Bondanella, New York, Oxford University Press 2008, p.3.

② 米开朗琪罗:《米开朗琪罗手稿:文艺复兴大师的素描、书信、诗歌及建筑设计手稿》,(美)卡罗琳·沃恩编,文心译,北京联合出版公司,2018年,第59页。

期，素描为何获得如此重要的地位的疑问。但这样的解释仍然是建立在上帝创世的类比之上的，并没有解释清楚这种方式的由来以及它要达到的目的。而这个时候我们需要将视角转向德里达以及媒介哲学家弗拉瑟。

《盲者回忆录——自画像与他者的废墟》是德里达在 1989 年为卢浮宫一次有关素描的展览所写的文本。通过对卢浮宫所收藏的古代素描的考察，特别是有关盲人的素描的考察，德里达指出在这众多的素描中，存在着通过图画而对绘画或者说素描起源的思考。用他的话说，"一幅（关于）盲者的素描是盲者'的'素描"①，"因此，所有这些关于盲者的场景的副标题都将是：素描的起源"②。也就是说在其看来，众多关于盲者的素描事实上都有着元绘画的寓意存在，即一个素描画家必须首先"成为一个盲者"才能进行素描的创作，那也就是说，盲目的经验成为了素描画家必须经历和拥有的，如安托万·考佩尔（Antoine Coyple）笔下的盲人，他用手来摸索自身无法看见的空间。而拉·法格（Raymond La Fage）、费德里科·祖卡里（Federico Zuccaro）、卢卡斯·范·莱顿（Lucas van Leyden）的同名素描作品《基督治愈一位盲者》，在德里达看来，基督治愈盲人为盲人赋予光明的主题，也正是素描画家的素描所要表现的内核，即通过自身的描画而为光做见证，而一幅素描的形成也是从黑暗到光明的一个发生过程，画面中常常出现的盲人的手杖则是素描画家画笔的隐喻。同时他也提出，事实上此时并不是一种理性在发挥作用，因为理性是与头脑相关的，而素描恰恰是与手相关的，与盲者的手相关，他在黑暗中摸索着、探寻着空间，通过语源学的分析德里达指出预感

---

① Jacques Derrida，*Mémoires d'aveugles - L'autoportrait et autres ruines*，Réunion des musées nationaux，1990，p. 10.

② Ibid.，p. 10.

（anticipation）与手相关，而莽撞（précipitation）则与头颅相关①，并且莽撞是与预知（prévision）一体的，在他看来，盲者的感知所依据的是手的预感，而不是头脑或眼睛的预知。

这样的阐释一方面不同于普林尼和阿尔贝蒂关于绘画起源的阐释，前者将绘画的起源追溯到牧羊人的女儿狄布塔德对恋人影子的描画，后者将绘画的起源追溯到那喀索斯神话。德里达将我们拉回了基督教神学范围内对于素描起源的说明，即素描起源于盲目的经验，盲人对自己的指涉是最初的自我描画，这样的解释事实上更接近上一节指出的素描包含对上帝创世方式的学习的观念，只是在这里《创世纪》中涉及的内容变成了《新约》中所涉及的内容；另一方面德里达也从神学走向了现象学的考察，旨在从根基处打破素描与理性的联姻，而指出在最根本处素描起源于一种异于理性的方式，那么可以说形象的产生并不是遵循的视觉逻辑，而是遵循触觉或者说盲人的感知方式，它为我们打开了理解素描和绘画的另一种理路。也就是说素描背后并不是几何学的精神，并不是形式，身体的比例以及关系仅仅是一种结果，它的根基处是一种触感的经验，我们在刻写的过程中从黑暗走向光明，但在这一过程中仍然保持着那种不可见的属性，也就是说它并不形成死板的形式规律，而是保持为无形式的，或者说一些杂乱的线痕，这些线条仅仅只是标画路径的线条。

德里达从根本上反驳了素描中形式以及视觉的优先性，从触觉以及盲目的经验出发重新阐明了素描的起源。从这种阐释出发可以改变我们对于素描的传统认识。但是他并未阐明通过素描所想要达成的效果，也就是说它出现的动机。而弗拉瑟的论述

---

① Jacques Derrida, *Mémoires d'aveugles - L'autoportrait et autres ruines*, Réunion des musées nationaux, 1990, p. 12.

则为我们打开了一条新的思路。首先我们需要简单地从词源学上阐明"disegno"与"design"的关联，它们都来自于拉丁语的"designare"，表示"标画、设计、指定、选择"之意，而意大利语的"disegno"比法语中"dessin"和英语中"design"出现得都要早，因此可以说"设计"（design）这一概念是从"素描"（disegno）衍生出来的。

在《物的形状：一种设计哲学》中，弗拉瑟指出"设计"是面对自然的一种方式，我们通过设计来"欺骗"和超越自然："这种设计是所有文化的基础：通过技术的方式欺骗自然，用人工的事物替换自然的事物……"①这并不是说与自然对抗，或者说控制自然，而是利用自然以达到超越自然的目的。同时他也指出在古希腊，形式并不是来自于对物质的切割，不是我们处理物体而得到形式，对古希腊人而言物质是一种无形式的材料，我们需要将形式放置在这些材料之中，我们用物质来填充这些形式，因此才有了形式②。而且他认为在古代，设计、机器、技术、艺术是彼此关联在一起的，而正是在文艺复兴之后，形成了艺术和技术的分离，而设计正是将艺术和技术进行结合的点，也就是说在设计的视角下，艺术和技术在我们今天的时代是一体的。可以说文艺复兴时期艺术和技术还没有分开，是文艺复兴之后这种分离逐渐加强，从对"素描"这一观念的理解我们也可以看到，它逐渐被理解为一种技法，却失去了它本来包含的观念成分。因此，在这里我们会强调弗拉瑟的思考重新打开了文艺复兴对于"disegno"的认识，因为在瓦萨里那里，虽然其在文本之中出现了大量对于自然的模仿，强调自然是艺术的来源，但是最终艺术所要达到的却是通过对于

---

① Vilém Flusser, *The Shapes of Things: a Philosophy of Design*, Reaktion Books, 1999, p.19.
② Ibid., p.18.

自然的学习而对自然进行的超越，而这更多地可以在其房舍的布置中得到体现。正如利亚纳·彻内（Liana Cheney）所指出的："即便艺术家是根据自然来描画他的创造，模仿是以对自然的观察、学习以及选择为基础的。因此，对于瓦萨里而言，艺术作品源初性地是以自然为基础的，而通过艺术家的拣选以及发明的过程对自然又进行超越。因此，瓦萨里认为艺术高于自然。他所描画的宙克西斯挑选海伦模特的故事显示了他自身对于这一过程的实现，即我们是通过对大师们的学习而实现艺术对自然的超越的。"[1]同时在文艺复兴时期，我们把自然和人体都理解为上帝的作品，所以也就没有人与自然，人工作品和自然物之间严格的区分，因为自然也是上帝按照某种程序制造的。而类似的观念也出现在弗拉瑟的思想之中，我们的神经系统是提前被编码的，自然世界也同样是被编码的，这种编码的方式便是基因，我们无法给世界添加我们所希望的形式，因为世界只接受那些与我们的生命程序相一致的形式。[2] 那也就是说我们以为自己所进行的是从无到有的发明，但事实上新的形式得以产生的代码早已经被铭写在我们的基因之中。但我们必须要进行发明，只是需要知道发明并不是从无到有的，只是从盲目向光明转变的过程，而这个过程永远不会终结。

德里达强调素描每一次都涉及起源和盲目的经验，也就是说它每一次都要重新生成，这是从盲目向着光明转变的过程。这看似反驳了那种通过对自然的学习来达到超越自然的方式，但事实上他反驳的是对于现成的形式的模仿和学习，而强调对那种生成

---

[1] Liana De Girolami Cheney：*The Homes of Giorgio Vasari*，Peter Lang Publishing，2006，p.150.

[2] Vilém Flusser，*The Shapes of Things: a Philosophy of Design*，Reaktion Books，1999，p.36.

过程的学习。这种生成过程每一次都是独一的。而在弗拉瑟那里，他则是通过"设计"这一观念将艺术与技术重新联结在了一起，并且他将它理解为我们通过"欺骗"自然而超越自然的手段，而这里的"欺骗"事实上涉及对于信息、对于非物质的编码，也就是说他认为形式并不是来自对现成存在的模仿，而是来自我们的发明，换句话说我们模仿的并不是既定的事物，而是一种生成方式，因此我们所进行的模仿就是形式的发明。对于二者来讲，形式都是次要的，而形式的发明才是首要的。

结　语

不论是将素描理解为"神思"、线痕的书写还是对自然的"欺骗"，我们可以看到在这些关于素描的认识之中，都不是按照"框定边界"来对其进行理解的，而更多是从"发明"来进行理解，也就是说不是以现成的观念或规范来指导我们的创作，而是每一次创作都是一次发明，无论是形式的发明还是观念的发明。从这个意义上来讲，这种素描观念已经重新在我们的时代获得它的生命力，无论是电脑编程的艺术还是装置艺术以及行为艺术，事实上都会涉及一种观念的发明。正如弗拉瑟所说的以设计来面对我们所遭遇到的障碍，让路上的对象让路，这种发明根本上是反形式主义的。同时通过对于"素描"的古典内涵的重新激活，也使得我们可以将艺术与技术重新结合在一起。

从"新艺术史"到视觉文化研究：
欧美中国美术史研究的第三个阶段[①]

王菡薇

（同济大学）

　　自 20 世纪 70 年代起,在经历了从寻找灵感到对中国艺术的重新发现、从理解作品本身到社会历史学研究方法的建立的阶段[②]后,欧美中国美术史的研究方法和步骤再一次经历了较大变化,在何慧鉴(Wai Kam Ho)、李铸晋(Chu Tsing Li)等学者聚力画家研究并形成一定的体系后,[③]卜寿珊(Susan Bush)等学者的著作[④]将中

①　本文系国家社科基金艺术学重大项目"中国美术史学史研究"(19ZD19)阶段性成果。

②　参见王菡薇:《欧美中国美术史研究的第二阶段：从理解作品本身到社会历史学研究方法的建立》,《艺术学界》,2017 年第 1 期。

③　在此阶段,美术史家们对有关画录进行了整理工作,部分工作是通过密切关注提供资料来源的版本记录和碑铭题字的关联。有深度的个案研究也逐渐展开,方闻于 1973 年就王季迁同年捐赠给纽约大都会艺术博物馆的二十五件藏品撰写了《宋元绘画》一书,并对其中传为北宋屈鼎《夏山图卷》作品的年代与作者进行考察,于 1975 年出版了著作《夏山图》;班宗华与韩文彬教授共同对藏于大都会博物馆的王氏旧藏李公麟作《孝经图卷》进行了研究。1998 年,由方闻主持,在大都会博物馆围绕董源《溪岸图轴》而举办"中国画的真实性国际学术研讨会",引发了高居翰、古原宏伸、何慕文、石守谦、谢柏轲等学者对于一件千年前旷世名迹的学术解读。田洪:《二十世纪海外收藏家：王季迁藏中国历代名画》,天津人民美术出版社 2013 年版,第 4、第 7 页。

④　卜寿珊(Susan Bush)的相关著作有:《中国文人论画：从苏轼到董其昌》(*The Chinese Literati on Painting: Su Shih to Tung Ch'i ch'ang*, Harvard University Press, 1971)、卜寿珊和 C. 穆奇(Murck)合作的《中国艺术理论》(*Theories of the Arts in China*, Princeton University Press, 1983)、卜寿珊和时学颜(Hsiao-yen Shih)合作的《中国早期绘画文献》(*Early Chinese Texts on Painting*, Harvard University Press, 1985)。

国绘画与特定的文本和批评传统联系起来。如此一来,针对画作、画人、画论的细致工作为更有脉络的艺术史研究准备了条件。

一、"新艺术史"与审美趣味

"新艺术史"作为跨学科研究艺术的方法在新马克思主义、女性主义、心理分析、结构主义以及其他有关社会情境等学科中得到了迅速发展,也促成了美术史—社会历史学方法向物质文化及视觉文化史研究方法的转化。关于"新艺术史",高名潞有过一段总结:

> 80 年代,在美国的西方美术史研究领域,出现了一个"新艺术史"流派,它是后现代主义在艺术史研究方面的折射。这个"新艺术史"(New Art History)流派包括以诺曼·布莱森(Norman Bryson)为旗手的符号学艺术史、T. J. 克拉克(T. J. Clark)和托马斯·克鲁(Thomas Crow)为代表的新马克思主义艺术史流派、以麻省理工学院出版的《十月》(October)杂志的编辑小组(包括哥伦比亚大学教授罗斯兰德·克劳斯[Rosland Kraus]、普林斯顿大学教授哈尔·福斯特[Hal Foster]和伊夫·阿利安·博伊斯[Yve Alian Bois]等)为代表的后结构主义艺术史流派,以及诸多以女权主义、后殖民主义等政治主题为课题的后现代意识形态艺术史研究。[①]

相较而言,以中国古代书画史研究为例,包括作品名称、尺寸、藏地、版本、创作时间、题跋时间、形式渊源、特征、递藏、修补

---

① 高名潞:《北美中国当代艺术史研究》,张海惠主编:《北美中国学:研究概述与文献资源》,中华书局 2010 年版,第 558—599 页。

及改装、被著录内容及情况、题跋内容及其书法特征、作者归属、辨伪等则属于"旧艺术史"的范畴，诚然，属于"旧艺术史"的也包括"曾是革命性的"①传统。曹星原在《摘去伦勃朗的"金盔"者：阿尔珀斯及其美术史研究方法》一文中慷慨激昂地表述到："属于人文主义的艺术史研究从对结构主义、符号学的使用之日起，就已宣告了它的日渐与感性的人文主义的脱离，力求还艺术史以真实的面目。"②简而言之，"新艺术史"学家"不为对艺术的特别关心所触动，他们关心的是对于在书中、办公室、博物馆和美术馆看到艺术作品的人和拥有艺术作品的人来说，艺术的目的是什么""艺术内在地与产生它和消费它的社会性联系在一起，而不是什么由艺术家的天才制造出来的神秘的事情"③。因而，艺术品的审美趣味、形式风格暂时退隐到第二层面，间接地与问题意识进行着反应，而"问题"代替了"审美"构成了艺术史学家关注的对象。"在层出不穷的艺术现象中选择个案写进艺术史，其依据不是形式主义的审美趣味，不是本体论意义上的所谓民族个性，当然更不是意识形态的立场标准，而是开启世界观的观念、扩大想象力的语言以及保持上下文关系的问题。过去人们所理解的个性、差异与风格问题，统统可以在历史问题中得到发现与理解。"④

二、"新艺术史"与欧美艺术研究

从 20 世纪 60 年代起，渗透进人文和社会学科各个领域的结

---

① A. L. 瑞斯（A. L. Rees）、佛朗西斯·波哲洛（Frances Borzello）：《何谓新艺术史？》，秦兆凯译，《美术观察》2021 年第 4 期，第 91 页。

② 曹星原：《摘去伦勃朗的"金盔"者：阿尔珀斯及其美术史研究方法》，《新美术》1991 年第 1 期，第 54 页。

③ 郭晓川：《当代西方艺术史研究的两大潮流：新艺术史和女性主义艺术史》，《世界美术》，1997 年第 1 期，第 69 页。

④ 吕澎：《启示容易，借鉴困难：从新艺术史的基本观念看中国艺术史研究》，《文艺研究》，2010 年第 7 期，第 125 页。

构主义、解构主义等思潮无疑也对欧美中国美术史产生了重要影响。这些思潮中的一个突出现象是，随着索绪尔、罗曼·雅各布森、列维·斯特劳斯等一批符号学、结构主义思想理论家的崛起，受实证论影响而注重务实的思维方式逐步转向相对的思维方式；"历时"的观察角度被"共时"的观察角度所代替。德里达的解构理论中对传统的逻各斯中心主义的批判、"它者"的观念、福柯对主体的消解以及"权力对艺术的制约"、乔纳森·卡勒（Jonathan D. Culler）之结构主义诗学"着眼于读者的论断以及读者用以理解和阐释文本的一整套约定俗成的程序"等诸多理论都带给人耳目一新的感觉。① 这些理论的意义在于，看似完整和有说服力的批评话语仍存在某些内在缺陷与盲点，因而，对任何问题都不可一概而论，不能想当然接受先前定论而应对研究对象进行超之于外的条分缕析。在这些激进思潮的影响下，欧美艺术史研究出现了一些新的特色。

法国哲学家路易·阿尔都塞强调艺术一方面并未形成严格意义上的认识，同时它又以不同于科学的方式让人们看到艺术所源出的意识形态。阿尔都塞举例说，为了画出苏维埃官方意识形态，并且让观者感受到，"仅仅复制一种形象是不够的：承载着意识形态的形象决不会让人看到自己原本出于形象中的意识形态。必须对它加工，以便在其中制造出这种细微的、内在的距离，使它失去平衡，得到识别和揭露"。例如画家卢西奥·方迪（Lucio Fanti）在使用各种手法时就造成了这种错位："要么是对平淡无奇的奇特之处的强调，要么是色彩的悲哀或强烈，要么是奇怪地在暴风雨肆虐的天空下、在广袤的原野上翻飞的几页文

---

① 盛宁：《重读〈论解构〉》，《中华读书报》2003 年 3 月 19 日。就此问题，盛宁撰写了系列论文，如《后结构主义的批评："文本"的解构》，《文艺理论与批评》1994 年第 2 期；《"解构"在不同文类的文本间穿行》，《外国文学评论》2005 年第 3 期等。

件，或在雪地上阅读的人们，和从他们的书本上失落的散页，要么甚至是一种不在场，证明就是那些巨人般的高压线铁塔，代表着只有苏维埃没有达到的共产主义电气化！但是林间的树木却取代了人。"①在分析抽象画家克勒莫尼尼（Leonardo Gremonini）的作品时，他说："为了'看懂'克勒莫尼尼的画，尤其为了说出画家想让人们看到什么，我们必须放弃鉴赏美学的范畴：我们不能凭个人的好恶去看待物体，而要换另一种眼光。的确，这位造型画家的全部力量在于，他'画'的不是'物体'（被肢解的羊、伤痕累累的尸体、石头、植物、1900 年的安乐椅），也不是'场所'（从小岛的嶙峋岩石上或从敞开的窗户中所眺望的大海、高悬空中的阳台、摆设着油漆衣柜和床铺的寝室、可疑的盥洗室、夜行列车上的车厢），也不是'时间'或'瞬间'（破晓时分、深夜、正午：小女孩在烈日当空的庭院中玩跳房子游戏）。克勒莫尼尼所'画'的，是把物体、场所和时间都结合在内的关系。"因而，伟大的艺术家会在对自己作品的处理和内部组织中考虑到这些作品的存在"必然会产生的意识形态作用"②。

耶鲁学派的杰弗里·哈特曼（Geoffrey Hartman）指出，艺术依赖于其他的艺术，也依赖于批评，同时艺术被它们修改，这实际上是对"互为本文性"另一个角度的阐释，作品的意义不只由作者限定，它还由批评家不断地追加。因而，哈特曼援引艾略特的观点，"当你能够把批评和创作融合起来的时候，你并不能把创作和批评融合起来。在艺术家的劳动中，批评活动在一种与创作的统

---

① ［法］阿尔都塞撰，陈越译：《阿尔都塞论艺术五篇》（下），《文艺理论与批评》，2013年第 1 期，第 60 页。

② 阿尔都塞：《抽象画画家克勒莫尼尼》，阿尔都塞著，杜章智译：《列宁和哲学》，远流出版事业股份有限公司，1990 年版，第 250 页。

一中，找到了它最高的、真正的实现"。① 盛宁对乔纳森·卡勒强调的"文学作品之所以有了结构和意义，是因为读者以一定的方式阅读它"的观念做了再阐释，即结构主义诗学的目的，就是要揭示并说明那文学意义背后的、致使该意义成为可能的一套理解和阐释的程式系统。②

"新艺术史"运动时期，欧美艺术史领域的克拉克、巴克桑德尔（Baxandall）、阿尔珀斯（Alpers）、诺曼·布莱森等人通过对"上下文"的关注有效地提出了许多艺术史研究的新思路。尽管"新艺术史"展现了被时尚和意识形态潮流的压力所浸润的所有症候，但自20世纪70年代起，当现代艺术史学家用其来验证他们的位置和以前被误导的批评理论时，新艺术史观丰富和促进了艺术史学的理论研究。③

诺曼·布赖森的研究包含了那时的其他"新艺术史"类型。在他自己的研究方式中，布莱森非常关注形式与意义的问题。T.J. 克拉克在把学识当作提高社会正义意识的途径时表现出的雄辩与他在面对更顽固形式时的勇气，至今仍然鼓舞着学者们。④他曾撰文探讨法国19世纪中叶艺术与政治的复杂关系，从而去

① 哈特曼：《作为文学的文学批评》，哈特曼著，张德兴译，《荒野中的批评：关于当代文学的研究》，天津人民出版社2008年版，第216页。朱立元：《现代西方美学史》，上海文艺出版社1993年版，第987页。

② 盛宁：《阐释批评的超越：论〈结构主义诗学〉》，乔纳森·卡勒：《结构主义诗学》，盛宁译，中国社会科学出版社1991年版，第8页。

③ 我们可以从包华石在开始他的艺术与政治探讨时经历的一番曲折中看到欧美中国艺术史的转变。大约在80年初期，包华石的一篇关于艺术与政治的文章被退回。在退回信中，编辑对他文章中汉代艺术与政治有关的观点提出严肃质疑。而10年后，他的《早期中国的艺术与政治表达》被亚洲研究协会评为20世纪前最优秀的著作并获得了列文森奖。

④ Jason C. Kuo, *Discovering Chinese Painting: Dialogues with American Art Historians*. Kendall/Hunt Publishing Company，2000，P.121.

重建那种艺术被异化的环境。① "博伊斯以俄国形式主义及布拉格学派如何利用立体主义与毕加索的作品来阐明其理论基础这一点为例，说明了形式主义、结构主义理论与视觉艺术的天然亲和关系，其亲和的程度，要比这些理论与文学作品之间的关系，有过之而无不及。"②80 年代初，贡布里希的学生约翰·奥涅斯（John Onians）创办了《艺术史》杂志，这一杂志成为一些人口中"新艺术史"的园地。奥涅斯的杂志关注纯形式传达意义的方法，而这与当时很多艺术史学家的兴趣紧密相关。③

三、"新艺术史"对欧美中国美术史的影响

基于上述观点，我们可以理解为什么欧美中国美术史学家如高居翰（James Cahill）、包华石（Martin Powers）、柯律格（Craig Clunas）等都非常关注绘画作品的观者身份、观者与画家的互相反馈与激励等因素对艺术品的创作与赏鉴的作用，这是一个饶有意义的美术理论问题。

法国结构主义文艺理论家、符号学家罗兰·巴特④在《流行体系：符号学与服饰符码》⑤中运用结构主义语言学的方法，论述时装是这样一个系统：它通过区分衣着、赋予衣饰细部以意义和在

---

① T.J.克拉克：《论社会艺术史》，载弗兰西斯·弗兰契娜、查尔斯·哈里森编：《现代艺术和现代主义》，张坚、王晓文译，上海人民美术出版社 1988 年版，第 397 页。

② 沈语冰：《美术文献与美术教育》，《美育学刊》2010 年第 1 期，第 72 页。

③ 包华石说，"奥涅斯是我认识的思想最开明的欧洲学者，仍然献身于跨地区、民族的全球（在它古老而美好的意义上）艺术史研究"。Jason C. Kuo, *Discovering Chinese Painting: Dialogues with American Art Historians*, Kendall/Hunt Publishing Company, 2000, P.121.

④ 卡勒在《罗兰·巴特》中，将他描述为一个多才多艺的人、文学史家、神话学家、批评家、论战家、符号学家、结构主义者、享乐论者、作家、文士。见［美］乔纳森·卡勒：《罗兰·巴特》，方谦译、李幼蒸校，北京三联书店 1988 年版。

⑤ Roland Gérard Barthes, *Système de la mode*, Editions du Seuil: Paris, 1967.

服装的某些方面与人世活动之间建立联系的办法，创造着意义。巴特以服装杂志上的服装为例，把衣着系统分为三个不同的系统：书写服装（转化成语言的服装，是在衣服信息层次上的语言和在文字信息层次上的言语）、意像服装（以摄影和绘图的形式出现，是一种抽象的形式，照片上的衣着总是被特定的人所穿戴）、真实衣服（或者说作为穿戴的衣服）。① 事实上，巴特对衣着系统所作的三个不同层次的分类和阐释方法直接影响了美国中国美术史研究家高居翰。高居翰在艺术与社会联系的探讨基础上，进一步提出了文化学意义上的符号学研究方法，也提出了为人所熟悉、具有三个层面的中国画绘画功能论。中国书画对于特定群体约定俗成的理解方式进入中国美术史学者的视线之中。

结构主义、解构主义等思潮对中国美术史研究至少产生了这样的影响：正如英国伯明翰学派传人加吉（Gargi Bhattacharyya）博士所言："对任何文化进程的阐释和描述永远都会伴随预见不到的现象和因素，任何语言都是不确定涵义的载体，对同样的客体会有不同的甚至完全相反的见解，这来自后结构主义的影响。当我看到印在纸上的'太阳'符号，它并不能告诉我任何

① 罗兰·巴特著，敖军译：《流行体系：符号学与服饰符码》，上海人民出版社 2000 年版，第 3—5 页。另外，首先要明确语言（language）与言语（parole）、话语（discourse）、装束与衣服的概念及其区别。"索绪尔等语言学家强调指出：应该把语言和言语区别开，前者是语言集团言语的总模式，后者是在某种情况下个人的说话活动""语言可以说有两个方面：语言和言语。前者指的是一代人传到另一代人的语言系统，包括语法、句法和词汇；而后者则是指说话者可能说或理解的全部内容。语言是指语言的社会约定俗成方面；言语则是个人的说话。换言之，它们之间的不同在于：语言是代码（code），而言语则是信息（message）"。话语："构成一个相当完整的单位的语段（text），通常限于指代说话者传递信息的连续话语"，见《语言与语言学词典》，上海辞书出版社，第 189、192、104 页。卡勒的解释是，语言系统是人们在学习一种语言时所知道的语言的系统，而言语则是一种语言的无穷无尽的说和写的话语。见乔纳森·卡勒：《罗兰·巴特》，方谦译，李幼蒸校，三联书店 1988 年版。

意义，其他事物包括没有提到的事物也许可以告诉我，在纸上并未出现的符号的涵义，可以通过这些结构来理解。"①首先，这种思想有助于学者用更加批判性的眼光来看待那些已成定论的书画理论与事实；其次，在阅读对古今绘画作品的评论时，会对其中措辞进行判断式思考。中国描述绘画的古典语言之丰富与优美人所共知，但如果不慎重地运用或解读，将会使这种资源逐渐失去应有的价值。如何在"关系""上下文""原境"中去理解这些描述与论断是随之而来的重要问题。

结构主义、解构主义等方法对中国美术史研究影响颇大。例如，欧美中国美术史学家对中国美术品中体现出的抽象主义研究就较能引发思考。这包括他们对"四王"艺术成就的重新界定、对黄慎书法研究的影响等等。说清代四王"执迷于形式，在中国画家中独一无二，这使得西方学者们把他比作塞尚""专心于画中的岩石与山峦的解体与重构，很像是一个立体主义者""给我们提供了一个新鲜的视角"。② 四王绘画因形式上缺少创造性在画史上的地位几经沉浮，时至今日，如此烙印依然留存，因而西方学者受西方思潮影响下"观看"中国画的方式就颇有新意。苏立文谈到元代王蒙时，不无感慨地说，"王蒙那些被文人画家们称道的东西，或许是他全神贯注于绘画语言而排斥其他一切的作法。这使我们在全然不同的情况下想到了塞尚"③，也只有从结构的角度，王蒙才可与塞尚相互关联，这也的确可以令中国学者重新审视王蒙作品除了"解索皴"之外的特点。高居翰看到黄公望、沈周的艺

① 张华：《伯明翰学派何去何从：对伯明翰学派嫡系传人 Gargi Bhattacharyya 博士的访谈》，《社会科学报》，2003 年 12 月 25 日第 7 版。

② M. Sullivan：*The Arts of China*，University of California Press，1979，p243. 曹意强、洪再新编：《图像与观念》，岭南美术出版社 1992 年版，第 100—101 页。

③ 苏立文：《山川悠远：中国山水画艺术》，洪再新译，上海书画出版社 2015 年版，第 96、第 97 页。

术时，也情不自禁地将他们与塞尚的艺术进行比较，①说沈周没有郭熙和王蒙那种不安定和热烈的精神，观者可以从其气势不凡的山水构图的错综复杂和巧妙处理中，感觉到"被紧紧束缚住的理智"，这一点与塞尚的风景画很相似。一方面，高居翰等欧美学者对黄公望、王蒙、沈周绘画之赞赏溢于言表；另一方面，西方学术传统下的新视角也发挥了重要作用。可以看到，在苏立文和高居翰的眼中，王蒙之风格是仁者见仁、智者见智的。埃尔金斯（James Elkins）也认为董其昌和明代后期画家们的艺术成就可以与从高更至国际抽象主义兴起之间的西方艺术家进行比较，认为他们都探索过抽象原理。②

余论："新艺术史"向视觉文化的转化

20世纪90年代之后，欧美中国艺术史则进入了一个文化研究脱离范围化（deparochialization）的阶段。现在，这个领域中的很多研究者如包华石、柯律格、韩庄（Jonathan Hay）等都致力于将中国艺术研究纳入一个脱离国家主义的多种族文化史研究之中。③ 他们有效地借鉴了先前的美术史社会学研究及"新艺术史"运动的成果，将研究视角转向更广阔的视觉文化、物质文化研究领域。当柯律格谈到"物质文化"时，他说，与之前被广泛应用的"装饰艺术"和"实用艺术"相比，使用比较前沿的词汇"物质文化"时，"它不仅不暗示所研究对象的低等地位，而且彰显其本身的价

---

① 詹姆斯·埃尔金斯：《西方中国美术史学中的中国山水画》，中国美术学院出版社1999年版，第101页；高居翰：《中国名画集萃》，朱雍译，四川美术出版社1988年版，第74页。

② 詹姆斯·埃尔金斯：《西方中国美术史学中的中国山水画》，中国美术学院出版社1999年版，第99—105页。

③ Jason C. Kuo, *Discovering Chinese Painting: Dialogues with American Art Historians*. Kendall/Hunt Publishing Company, 2000, p.124.

值,它是一个比较中性的词汇,不强调对象的等级地位","物质文化"是"一个学术性很强的词汇,即使是受过良好教育的英国人,如果不是在大学或博物馆工作,从来不会使用这个词,也不明白它的含义"①。而对于"视觉文化"与"物质文化"之间的关系,柯律格的回答简洁明确,

> 每一个视觉文化的作品具有物质性,即使是数字图像,也必须通过技术才能实现;每个物质文化的对象具有视觉的维度。对我而言,他们是不可分离的,只有当他们合在一起才有意义,从某种意义上说,他们几乎是一个词:视觉物质文化(visual-and-material culture)。②

实则"物质文化"还强调艺术作品所处空间、与环境之关系等多重维度。这种新的研究假定艺术品是一种文化事件,在将艺术置于历史之后又就艺术去讨论历史,将高雅艺术与通俗艺术作并行分析,以探讨两者共同凝聚的意识形态,是"新艺术史"的承接和后续。这种方法试图让那些"熟悉"中国文化的欧美学者重新审视他们原来对中国人、中国艺术与文化所持的观念,通过解析艺术品在社会文化中的角色与作用进一步了解中国艺术及人的精神。正是在这个层面,这种重新蜕变出来的方法得以与之前的任何艺术史研究方法相区别;也正是在这个意义上,艺术史学家已经承担起更重要的责任。

---

① 陈芳:《物质文化与艺术史研究:英国牛津大学柯律格教授访谈录》,《美术研究》2013年第3期,第76页。

② 同上。

谈涂鸦手班克斯吸引观众的艺术策略

唐彭姗

（同济大学人文学院）

一、异质空间的叛逆涂鸦

街头涂鸦作为公共艺术的组成部分，自 20 世纪中叶发轫，快速遍布世界各地。依附在建筑表皮上的涂鸦艺术，成为与建筑、空间互动的重要元素。班克斯的涂鸦以老鼠、孩子等一系列生活场景元素，构建起一个个荒诞而又悲楚的画面，其诙谐叛逆的表达隐喻了城市建设、贫富差距、消费主义、公共卫生等社会热点议题，为社会底层与边缘化群体发声。

正如人类学家大卫·格雷伯所言："浪漫主义的遗产并没有从当代艺术界消失——但它只剩下最精英主义的部分。我们依然崇拜天才个体，无论是疯狂的、受折磨的还是其他样子的天才。"[1]班克斯的模板涂鸦通过其独特的风格特征吸引公众的注意，它不可避免地带有艺术家强烈的个性特征和现实认知，班克斯在 Instagram 社交媒体上拥有近 1 100 万粉丝。由于独特的天

---

[1] Nika Dubrovsky and David Graeber，Another Art World，Part 2：Utopia of Freedom as a Market Value，https://www. e-flux. com/journal/104/298663/another-art-world-part-2-utopia-of-freedom-as-a-market-value/（accessed May 2021）.

才和声名，他的街头涂鸦甚至常常被人以慈善募捐或保护艺术为名从墙上卸下，卖到博物馆或富豪的客厅。班克斯具有煽动性、趣味性和政治意味的模板涂鸦常给大众带来游侠般颠覆印象的潜意识，他的一个个新作总能引起艺术界一次又一次的惊叹。

涂鸦起源于一种表达存在和力量的策略，涂鸦艺术普遍被认为产生于 20 世纪 60 年代后期，涂鸦作为街头艺术的一部分，最初由美国费城和宾夕法尼亚州的街头年轻人所作。这两个区域主要居住的是一群"问题青年"和一些社会经济地位相对较低的贫穷大众，他们通过用手摇自动喷漆、颜料、刷笔在墙上胡乱图画宣泄自己的颓废不安。涂鸦是对空间区隔的起义、反抗。随着涂鸦艺术化进程的发展，制作者将夸张图案发展延伸到井盖、车站、公交车等不同表面上，墙不再是唯一的介质，现代涂鸦以多趋于艺术化的姿态呈现在公共空间当中。

早在 19 世纪，哲学家谢林就对艺术家的天才禀赋有所论述：天才是自主的，但它只逃脱了规律的外部决定，并没有逃脱它自身的规律，因为他只有在实际掌握最妙的规律管理品质时才是天才。然而，正是这种绝对立法才是哲学所承认的，它本身不仅具有自治性，而且贯穿所有自治的原则。在所有时代都可以看出，真正的艺术家是自成体系的、简单的、伟大的，而且是以他们自己的方式出现，就像自然一样。在他们身上看到的不受规则约束的天才热情，首先是通过反思出现的，从天才的消极视角来看，这是一种衍生的热情，而不是激发艺术家灵感的热情，这种热情在其神一样的自由中同时也是最纯粹和最高的必然。[1] 班克斯的作品继承发扬了涂鸦艺术的申诉精神，针对当代现实快速发展的割裂与

---

[1]　Friedrich Wilhelm Joseph Von Schelling, Douglas W. Stott, *The Philosophy of Art*, Univ of Minnesota Pr, 1989, pp.6-7.

问题,他质疑性地打破生活与艺术的界限,作品不局限于内心的意会,而表达对后工业文明时代压抑的反抗,成为被大众所追捧的艺术界明星。班克斯既是难以捉摸的街头朋克艺术家,又是艺术界的宠儿,他是拍卖会上最畅销的当代艺术家之一。为了防止班克斯作品被盗,伦敦金融城甚至用有机玻璃保卫他的部分作品。

班克斯的涂鸦是对传统审美的颠覆,它大胆的构图、浓郁的色彩与内在所蕴含的激情共同构成了其独特的审美特征。正如庞德在诗歌中吟唱的:"这个时代需要一个形象来表现它加速变化的怪相,需要的是适合现代的舞台,而不是雅典式的优美模样。"①传统的古典绘画会使观众获得安宁的、温和的愉快,而班克斯的涂鸦引起的则是观者动荡的、震动的讶异。

班克斯作品中老鼠的意象出现频次很高,老鼠的身影经常出现在不同地点、表现不同的职业,在班克斯的涂鸦世界里,老鼠并非只是老鼠,他们维持着较为统一的拟人风格,或是带着领结仿佛彬彬有礼的侍者,或是钻入地铁打喷嚏,或是拿着画笔象征涂鸦手涂抹,班克斯的老鼠往往形成一种隐喻向的潜台词。

长期以来,老鼠一直被认为是致命的害虫和入侵物种,经常受到破坏食品供应和其他储存物品或传播疾病的指责,因此鼠类通常表示背叛或用来表示寡廉鲜耻的人。然而,老鼠隐含的意义并不是垃圾、卑鄙小人,班克斯在出版物中这样描述老鼠群体的生存:

鼠类在它们未经许可的情况下存在,受到仇恨,狩猎和迫害,生活在污秽的安静绝望之中,然而它们有能力让整个文明臣服于它们,如果你是肮脏的、无足轻重的和不被人爱的,那么老鼠就是

---

① 潘知常:《反美学》,学林出版社,1995,p.2。

最终的榜样。①

班克斯对老鼠的这段描述与生活在社会底层的群体现状非常相似，即使在看似平和美好的社会文化中，底层仍然是游离于主旋律的最脆弱、最敏感的生命形式，他们是弱势群体，是渴望得到关注的人，象征着边缘化阶级。他们可爱、鲜活、充满生命力。班克斯通过涂鸦为失语的底层民众寻找一种诉求的渠道，它以突然的出现切入日常生活空间，其隐喻的内在化书写通过涂鸦传达不可见的声音——边缘性长期存在，但边缘话语不应被忽略。班克斯所有的符号都按照新的顺序构建为代码，有意识地与观者沟通。老鼠的英文"RAT"调整字母顺序，可以重新拼写为"ART"。如果权力在电视、电影、广告、教堂、学校和博物馆中发挥其文化霸权，那么对于涂鸦艺术家来说，街头正是实施反霸权的理想场所。这是班克斯对于自身和时代生命体验的一种诠释方式，由于社会中总是共识太多，涂鸦就成了社会文化中的异感实践、各种反共识的刺头话语。除了老鼠，班克斯还通过其他肖像意象运用讽刺和幽默来对抗社会权力结构，班克斯喜欢将孩子、鸽子、鲜花这些代表美好温柔的意象与疫情等热点性符号放在一起，表现手法戏谑辛辣。

对我们而言，艺术作品在社会中是像气泡一样的东西，我们进入其中，以便去观察社会。在展览和大众媒体关于艺术作品的交流中，我们集体地透过艺术系统和艺术作品，先去观察艺术，然后去观察、描述甚至"改造"社会，既通过艺术系统中的"向内指称"（批评、艺术史回顾、艺术作品市场价格波动），也通过其"向外

① Banksy, *Wall and Piece*, Random House UK, 2007, p.84.

指称"(影响实际政治、挑战道德陈见),去做出政治式的"关怀"。①
班克斯的艺术创作主题来源于对平日生活的洞悉,通过对现实、
境遇、艺术的理解、归纳、提取,借助于夸张的变形将这些信息改
造与再创作,创作出警醒社会的无声呐喊,抽象地展示出他独辟
蹊径的观点。在混搭、并置、对照中,班克斯在丰富想象力的基础
上产生的创作灵感,不受具体形象的约束,使之升华、变异、提炼、
概括,产生强烈的视觉感观刺激,透露出讽刺与诙谐的意味,班克
斯将情感与思想隐藏于替换物中,引发观众的探索,既看到造型
强度,也看到潜隐深度。

加杰夫·法瑞尔在研究涂鸦风格时引用了霍华德·S.贝克
尔的话:一个有趣的事实是,大多数关于越轨的科学研究和推测
都关注违反规则的人,而不是制定和执行这些规则的人。② 涂鸦
艺术包含着一种不正当的感觉,将空间颠覆和重新概念化,班克
斯个人的策略创造了一种挑战社会正常运作和权力结构的交换
区域。班克斯的作品中有扛武器的蒙娜丽莎、超市购物车倾倒在
莫奈花园里的垃圾、投掷鲜花的示威者……班克斯的挪用极具无
厘头幽默,班克斯极尽讽刺之能事,却又不失默默温情,譬如伦敦
动物园的大象涂鸦写着"这个地方又丑又冷,无聊极了,我想出
去……"班克斯用前所未见的视角帮助观众批判性地反思,以新的、
令人兴奋的方式看待之前已知的概念,这符合朗西埃所谓"感性的
分配",艺术通过打破治安所划定的感性存在秩序,重新进行感性
分配,由此扰乱既定的社会秩序,使不可见变为可见。班克斯仿
佛漫威电影里的复仇主角那样,沉浸在一种行侠仗义的痛快之

---

① 陆兴华,艺术是用来观察社会的! ——论尼克拉斯·卢曼的艺术社会学[J],同济
大学学报(社会科学版),2017年,第66页。

② Jeff Ferrell, *Crimes of Style: Urban Graffiti and the Politics of Criminality*,
Northeastern University Press,1996,p.106.

中，给众人构建了一个"伟大性"与"杰出成就"的艺术英雄形象。

二、不在场身份建构诱惑符号

世界各地的许多人都熟悉班克斯的街头艺术，以打破传统的意象和辛辣的社会政治幽默为特征，但很少有人知道他的真实身份。神秘的班克斯通过一种边缘化的自我表达的审美形式触及观众，通过将当前不愉快的社会政治主题和他自己的形象制作成一种景观，刺激了集体意识。"Banksy"（班克斯）只是一个假名，20 年来，班克斯特立独行的身份一直被他设法保守秘密，他出没时全副武装，戴着黑色手套，用黑色兜帽遮住脸部，众人只能通过拼凑的信息猜想他是一位白人男子。人们甚至猜测班克斯不是一位，而是多名艺术家的联合化名。即便是在巨大的名望之下，班克斯的个人身份依旧保持得十分隐秘。英国 BBC 曾多次联系班克斯想讲述他的传奇，但都被一口拒绝，没人能找到他。他反传统，反主流，反商业，耐克公司曾邀请他为产品设计广告，却被他拒绝，理由是这违背了一个涂鸦手的基本原则。班克斯以确切身份不在场的方式对在场的大众起到隐形的反作用，反叛的艺术态度通过缺席得到了重塑。罗兰·巴特提到："人有两种欲念：一种是对眼前实在者产生的欲念，另一种是对并不实在和至少不在眼前的人产生的欲念：慵倦使这两种欲念叠印在一起，将缺席纳入实在"。[①]

秘密之所以能保持它的力量，就要付出不说的代价，就像诱惑之所以能起作用，只是因为它从未说过或没有打算说。被隐藏或被压抑的人有显露自我的倾向，而秘密则没有。它是一种初始

---

① 罗兰·巴特：《恋人絮语——一个解构主义的文本》，汪耀进译，上海人民出版社，2004 年，第 191 页。

的和不爆炸的形式：进入秘密，但不能退出。秘密从来没有被透露，从来没有交流过，甚至从来没有被"保密"过。它的力量是一种暗示的、仪式交换的力量。① 班克斯的每一项新举动都会引起媒体的纷纷报道，但报道的主体班克斯总是消失得无影无踪。虽然班克斯的身份匿名，但大众凭借自己的心理感受和意愿对班克斯进行了重塑与构想，模糊的轮廓并不意味着虚无或幻灭，而是充盈着无限的可能性，观众在碎片中重建存在。班克斯到底是谁？他下一次会出现在哪里？这些谜题仍没有确切的答案，班克斯的真面目不断被延搁，给大众留下的是一抹神秘的叛逆影子。他的身份至今仍是个谜，考虑到班克斯的模板涂鸦在技术上被视为破坏公物，英国警方迫切希望当场抓住他，尽管他承认年轻时曾因与标签有关的轻罪被捕，但他声称自己从未以"班克斯"的身份被捕。

班克斯到底是谁，他有那么多明显的信息，却选择匿名和不露面。班克斯的拒绝曝光公然挑战了人们对一夜成名的狂热崇拜，这使得他非但没有疏远英国公众，反而受到了全世界各国人的喜爱，人们已经厌倦了许多以自我为中心的明星，无论他们是高管、模特，还是媒体从业者。匿名是班克斯的一种政治声明，班克斯颠覆性地运用公关、营销和广告的策略。虽然他假装自己的主要目标不是经济利益，但结果是人们更多地了解到他与他的作品。

鲍德里亚在他的诱惑概念中谈到，诱惑的秘密在于用诗意般的缓慢和悬疑来唤醒另一个人，就像坠落或爆炸的慢动作电影，因为有些东西有时间在它完成之前让人感觉到它的缺失。这就

---

① Jean Baudrillard, *Seduction*, New World Perspectives, 1990, p.79.

是完美的"欲望"，如果真有这种东西的话。① 涂鸦手通常在夜晚行动，这样就可以避免引人注目。熟练的街头艺术家往往有创意的伪装技能，譬如停放一辆大货车，在街角假装是搬家公司，借此遮挡行人与警察的视线；或穿荧光色背心假装自己是施工工人，对道路进行改装……班克斯的涂鸦作品大多用模板喷绘而不是手绘，班克斯声称令他改用模板的契机是，一次为了逃避警察追捕而躲在垃圾车底时，注意到车体上由模板刷上的数字编号，当班克斯意识到模板可以大幅缩减喷绘时间后，便决定完全改用模板创作作品。班克斯作为出现和消失的中介，对大众保持迷的吸引力。

诱惑从不迎合他人的欲望或多情倾向，一切都必须以微妙的暗示来回应，所有的迹象都是圈套。② 留白是班克斯最擅长的手法，也是他能在众多的街头涂鸦手中脱颖而出的原因。在他的作品中，观众会看到一种通过画面传达出的潜在信息，它对表象提出质疑，强调意象之下的隐藏含义。隐喻的使用，可以让班克斯将自己内心深处对社会时代、对政治制度的真实想法表达出来，可以用最隐晦的方式发出对意识形态的最强音。班克斯用潜藏于涂鸦下荒诞的、精神的、现实的、记忆的隐喻手法来构建背后的内在精神价值，成为触发人们意识与感知的途径。班克斯的涂鸦临时浓缩感情，而观众的凝视让这种感情重新活起来、让它发展，理念的传递让这种对话关系进入特定的意识空间，他的作品涵盖各种社会与政治议题，他建构的涂鸦符号和唤起的隐喻暗含拷问世界的力量，缓慢塑造观者对世界的看法，拨动受众的神经。这位匿名艺术家提出了一种神秘的形象，公众观众通过媒体或班克

---

① Jean Baudrillard, *Seduction*, New World Perspectives, 1990, p. 84.

② Ibid., p. 102.

斯自己的神秘密码将过滤出的信息碎片拼凑在一起，人们只能通过他作品上醒目的大写字母标签，或者通过他网站和书中精心设计的内容来了解班克斯，公众只能自行填补空白。

涂鸦手对于色彩有自己独特的理解，这种理解是自由的、随心所欲的，以耀眼、夺目、突出为目标，用色相对较为单一，涂鸦艺术家在创作时往往大量采用鲜艳、五彩斑斓的色彩以追求视觉上的强烈冲击，班克斯则钟爱使用黑色和红色。黑、白、灰——凡是在色阶上显示为零的东西——相应地越是尊严、压抑和道德地位的典范。① 黑色通常令人感觉到失去希望、黑暗、恐怖、阴森、沉痛。班克斯的黑色塑造深度和立体感，隐喻涂鸦手来自社会底层，看到的是社会的阴暗面，线条时而纤细锋利，意寓在沉默中爆发力量。黑白往往勾勒出沉静、空灵、孤寂又无力的力量和品质，譬如班克斯画面里游走在世界边际的孩童，黑白的单纯也是孩童的纯洁坚定。班克斯涂鸦中模糊的黑灰色调让人想拨开画面看清隐藏在作品背后的世界，意图让事件在作品中得以叙述。班克斯在创作过程中大量使用红色作为字体颜色。红色作为一种亮丽的色彩，在一般空间环境里视觉效果醒目，能够在瞬间引起人们的注意，象征欲望与危机，既代表涂鸦热情、追求刺激的特点，同时也是对力量、对理想的一种向往。在涂鸦艺术作品中，强烈的色彩担负着烘托整体气氛、强调视觉效果、传达作者感情的职能。黑色和红色是能收到戏剧性和强烈效果的颜色，班克斯用出现频率最高的黑色与红色去抓捕人们的目光，像广告牌一样明显、夺目。

电子媒介所形成的共享信息环境，并不表明所有个体行为和态度的一致，但是他确实导致了公共意识以及更大范围的共享。②

---

① Jean Baudrillard, *The System Of Objects*, Verso, 1996, p.31.

② 约书亚·梅罗维茨:《消失的地域:电子媒介对社会行为的影响》,肖志军译,清华大学出版社,2002年,第126页。

互联网媒介使得班克斯的作品更大范围地传播,班克斯建立自己的网站并在社交媒体上传播他的动态,作品的价值在于信息在公共领域以及与作品相交的公共或私人网络中所产生的影响,凭借其动员参与者的能力而增长。在纽约定居期间,班克斯每天都会在城市的一个秘密地点创作一幅新作品,每幅作品的照片都会发布在他的网站上,这引发了大量粉丝、对手、艺术从业人员和警察对作品和艺术家的疯狂搜寻,他们的行动同时于在线和离线展开。社交媒体是合作狩猎的领地设备,参与者可以在这里分享信息、讨论作品、形成并反思自己的表现。班克斯不只是想让观众观看他的表演,他想让他们加入他的街头艺术游戏,班克斯在公共空间中利用非常规的方法来扩大他的观众规模,并放大其信息被接收的方式,围绕班克斯作品的参与性实践和他的匿名性激发了关于艺术家身份和角色、公众以及一群公民的艺术讨论,通过这些自我反思的过程,公众为班克斯创造了一个神话。

在专业艺术领域,最普遍、最典型的价值提升方式,就是赞扬独特性。① 班克斯使用的方法是一种战略性的组合,以获得更强的印象。当公众引导并实现他的角色时,街头艺术家班克斯就被塑造成一个名人,并由此延伸成为一个品牌。他巧妙地使用八卦、轶事和争议,来促成他的"15 分钟名声"。基本上,班克斯总是有独特的技巧使他的每一个作品成为公众讨论的主题,他善于把握时机,吸引人们的共鸣。班克斯的涂鸦作品作为一种精心策划的工具,将目标对准了一个新的艺术爱好者市场,他通过对公众的恶作剧、对陈词滥调的颠覆来激发收藏家的兴趣。

---

① 纳塔莉·海因里希:《艺术为社会学带来什么》,何蒨译,华东师范大学出版社,2016 年,第 7 页。

三、增值文化资本获取艺术界合法性

除了静态的涂鸦作品,班克斯也曾反复偷偷潜入各个美术馆将名画换成自己的恶搞画作,以明显的嬉皮风格诉诸他对艺术权威的反抗与嘲讽,这也包括 2018 年他自毁拍卖画作的破格行为。值得注意的是,在班克斯销毁拍卖中的《女孩与气球》画作后,这幅涂鸦的碎片反而升值。拍卖会的结果只会进一步推动媒体的关注,购买班克斯画作的幸运买家将会获得巨额回报,现在这幅破损的画作已成为艺术史的一部分,批评话语和大众媒介使作品的价值更新,班克斯的个人品牌知名度愈加扩大。

奥拉夫·维尔苏斯在《谈论价格——当代艺术市场上的象征意义》中引入布迪厄的观点:象征价值来自于被经济压抑的价值。艺术品商人通过否认经济,使人相信他们是为了艺术进入这个领域而不是为了钱,这种行为积累了符号资本。换句话说,艺术经纪人建立了一个声誉或公认的名字,这使他们能够"神圣化"物体或人,并将那些具有双重身份的物体或人安置在一起。在为这些艺术作品和艺术家提供服务的过程中,其他"文化银行家",如艺术评论家和艺术史学家,也与经销商合作。① 班克斯用碎纸机撕掉正在拍卖的作品是对巴塔耶所说的"夸富宴"的反抗,这种抗议拍卖制度的行为显得很自由独立,使班克斯更加成为新的破格代言人。消失或燃烧是艺术品最高的境界,随手扔掉的作品是高级的作品,班克斯通过自毁作品挑衅了拍卖对收藏品完全占有的安全感,班克斯通过攻击惯例开辟了明知不可为而为之的创造性表达新途径。

---

① Velthuis, Olav, *Talking Prices: Symbolic Meanings of Prices on the Market for Contemporary Art*, Princeton University Press, 2007, p.27.

纪念碑和博物馆，都是"产生并传播公共意义的机制"，艺术界和纪念碑的相似处在于，它们都代表了一种"限制着神圣或象征意义的分配"的制度性力量。至少就它目前的组织方式来说，艺术界所发挥的最强大、最阴险的作用之一，便是创造和维护更大的象征秩序，这个秩序把所谓的"艺术"等级化，并创造出一种涵盖了大多数文化创造形式的人为稀缺。这样，艺术界能对许多甚至没有意识到它的存在的人产生巨大影响。[①] 班克斯恰恰选择干预博物馆的正常运作，在纽约、伦敦和巴黎，班克斯乔装进入了至少七家博物馆，并在没有得到允许的情况下将自己的艺术作品挂在了墙上。譬如，班克斯曾于 2005 年将一块混凝土偷偷放进大英博物馆的罗马英国画廊，假装的岩石上绘有一头中箭的野牛，一个看起来背后有尖刺的人推着超市购物车，装置模仿标准博物馆的做法与标签，有一个标题与一个假的身份标签，并且还惟妙惟肖地模仿了博物馆的注解标签："这件保存完好的史前艺术描绘了早期人类在室外狩猎的场景。"在博物馆通过班克斯的网站收到恶作剧警报之前，它一直留在墙上三天。有趣的是，2018 年大英博物馆又把这块洞穴画借回去作为异见收藏展览中的其中一件展品，这个展览展出 100 件从古至今挑战正统观点的物件，以此思考关于异议、颠覆与反讽的主题。比格尔在论述先锋派理论时认为"艺术体制"的概念既指生产性和分配性的机制，也指流行于一个特定的时期、决定着作品接受的关于艺术的思想。[②] 体制通过拥抱攻击者展示了它的实力，并在伟大艺术家的万神殿中给予了班克斯一个特别突出的位置。除了班克斯，很少

---

① Nika Dubrovsky and David Graeber, "Another Art World, Part 3: Policing and Symbolic Order", https://www.e-flux.com/journal/113/360192/another-art-world-part-3-policing-and-symbolic-order/（accessedMay 2021）.

② 彼得·比格尔：《先锋派理论》，周宪、许钧主编，商务印书馆，2002 年，第 70 页。

有人能完成这样的壮举。博物馆代表们没有谴责班克斯的违规行为，而是采取了轻松愉快地将其视为孤立事件的回应。在一个不寻常的转折中，这幅讽刺的岩石画成为该机构永久收藏的一部分。班克斯不请自来地闯入了一个受人尊敬的社会空间，而博物馆通过将这件作品添加到永久收藏中，本质上神圣化了他的表演。这种对制度化艺术的精英框架的成功干预，显示了班克斯反叛的修辞的力量。

霍华德·S.贝克尔在《艺术界》中认为，所有的艺术工作，就像所有人类活动一样，涉及许多人的共同活动。通过他们的合作，我们最终看到或听到的艺术作品成为并继续存在。[1] 艺术界是一种在参与者之间结合起来的合作网络，他们通过参照参与此类作品生产和消费的人们之间的现行惯例来组织合作。在完成艺术的过程中，艺术家通过与合作网络的持续对话探索新的艺术表达形式。根据艺术家与艺术界体制关系的不同，贝克尔将其分为四类：中规中矩的专业人士、特立独行者、民间艺术家和天真艺术家。这四类艺术家的身份并非一成不变，他们的流动性和复杂性主要体现在专业人士、特立独行者与艺术界体制之间的关系中，叛逆的特立独行者极可能就是明日的专业人士。这与布迪厄的观点类似，艺术活动宛若集体游戏，在不同的历史语境中会产生不同的游戏规则，对游戏规则的认可与信仰，是艺术界或艺术场维系的基础。班克斯作为特立独行者的典型代表，像一个打破现代文化禁忌的骗子一样运作，仔细审视公众对他的名人品牌形象，同时小心地平衡创造力与无序，班克斯保持了他的公众形象和艺术家身份。

具体到一个场域本身的结构来看，由于资本的不平等分配，

---

① Howard S. Becker, *Art Worlds*, University of California Press, 2008, p.1.

场域作为位置空间的结构并不是一成不变的,它是一个永恒斗争的场所。每个获准进入场域的行动者必然会受到场域逻辑的压力,也就是会认同场域的游戏规则,这就是所谓入场费;但另一方面,每个行动者都程度不同地谋求获得更多的资本,从而获得支配性位置。而这也就意味着,行动者旨在生产有价值的符号商品,商品价值的赋值研判取决于市场/场域的供需关系,也决定于符号生产者所拥有的符号资本的总量和构成,最后有些符号商品被接纳而有的被淘汰。① 社会学家布迪厄著名的"场域论"是在对艺术场的研究基础上提出的,布迪厄按照资本类型的差异把社会分成了数个不同的"关系网络空间",即场域。同时,"文化资本"是布迪厄从支配隐喻角度阐释艺术场问题的重要概念,文化资本泛指任何与文化及文化活动有关的有形及无形资产,他认为"文化资本"和经济资本一样,可以投资于各种市场并获得相应的利润。布迪厄对于场域内部存在"斗争"的理论创新,对研究班克斯独特叛逆的成名路径具有重要意义。班克斯的作品正是通过对既定意识形态的偏离与解构,以各种形式和材料进行的主动冒犯与进攻,用可见的力量撼动艺术场域。艺术家的创造,只不过是一种社会地形成的惯习与一种业已构成或在文化生产的劳动分工中可能产生的某一位置之间的邂逅。班克斯的围墙现在通常是经过法律批准的,事先与业主进行秘密谈判商定,一夜之间,班克斯的涂鸦神奇出现,这是极为聪明的操纵。从艺术体制和大众对班克斯的反应来印证这种反叛既是一种姿态,也是一种计策,这种反制度化的行为以实现其批判性和实践性为目的,班克斯与艺术场、竞技场、权力场的文化场域搏斗,黑色幽默的观点被其粉

---

① 朱国华,场域与实践:略论布迪厄的主要概念工具(下)[J],东南大学学报(哲学社会科学版),2004年,第42页。

丝不断阐释，渐渐发展为愈加丰满的符号系统，并以此作为文化资本，在与之前或同时存在的各方场域力量的斗争中取胜。班克斯一方面需要彰显他的批判性，刻意地与主流艺术体制保持一定界限；另一方面，为了在艺术体制中保证作品的再生产，他又不可能划分、隔离地过于遥远。班克斯巧妙地选择游而不离的策略来保证自己博弈策略的顺利进行。

在艺术作品的制造者中，我们最后必须包括公众，他们通过物质上收藏或象征性地占有艺术作品，并通过客观或主观地将自己的部分价值与这些占有联系起来，来帮助创造其价值。简而言之，"创造声誉"并不像人们天真地认为关于这个或那个有影响力的人、这个或那个机构、评论、杂志、学院、小圈子、经销商或出版商；它甚至不是艺术和文学世界的全部；它是生产领域，被理解为这些代理人或机构之间的系统客观关系以及垄断圣化权力的斗争场所，其中艺术作品的价值和对该价值的信念不断产生。① 机构认可影响着广大观众对艺术品的看法，在对其价值的信念出现之前，艺术需要被象征性的资本家祝圣。在艺术世界中，在各种相互交织的活动中，作品、艺术家和媒体的声誉产生。声誉理论的第一个前提是，艺术家具有相当罕见的特殊天赋。特立独行的班克斯非常熟悉艺术界的实践，也具有敏感度让艺术界注意到他的行动。

列奥·施坦伯格在论述另类准则时认为，前卫艺术通过检测其边界来重新界定其能力范围的永恒需要，采取了许多不同的形式，而且并不总是在一个方向上加以探索。雅克·路易·大卫想使绘画成为一种自然道德的领导力量的野心，肯定是对艺术边界

---

① Pierre Bourdieu, *The Field of Cultural Production*, Columbia University Press, 1993, p.78.

的一次挑战,正如马蒂斯想要消除色调的价值的野心也是对艺术边界的一次挑战一样:

在某个历史时刻,画家会对发现以下问题的答案感兴趣:他们的艺术能吞并多少非艺术的领域,他们又能够冒险进入多少非艺术的领域,却仍然是艺术。另外一些时候,他们会探索相反的目标,去发现他们可以放弃多少东西,却还是待在艺术的领域内。①

班克斯的作品以无目的地误入街头空间的形式打断景观的连续性,完成了一种革命性的实践,作为抵抗和激发重新想象的载体来重新调整公共领域,批判性地介入话语与体制框架。班克斯对艺术体制的攻击和对生活整体的变革被艺术体制吸纳,使之成为经典。艺术的边界被体制化了。班克斯对艺术体制合法化的质疑使人们意识到体制成为作品发挥它效用的关键力量。班克斯批评消费文化,但这种行为恰恰至少间接地促进他自己的艺术作品获取声誉。这反过来导致了这样一个事实,他自己作为一个艺术家,或他的反商业的艺术,已经变成了商业。班克斯批评广告的每一件作品也在宣传"班克斯"这个品牌,他在自己的作品中讽刺地谈到了这个事实。班克斯将他的艺术作品布置到一种程度,在这个程度上,现场布景比被布置的作品本身更占主导地位。

现在这里已摇身一变为全新的领地,每一种声音都迫不及待地要求获得认可和成为权威,以便将自身同符号场缝合起来,这

① 沈语冰、张晓剑主编:《20世纪西方艺术批评文选》,河北美术出版社,2018年,第114页。

一符号场的经济魅力和强大的符号交换价值忽然演变为一整套象征体系；在 20 世纪末，这里仍可迅速地建构出身份的景观替代物。① 随着班克斯成为媒体市场公认的实体和不可否认的名人，他培养了自己的品牌。这位反资本主义的街头艺术家雇佣了一个经纪人和一个公关团队，还有一个来鉴定他的作品的团队，现在这已经演变成个人传递和维持形象和角色的工具。这个围绕着他的网络标志着艺术界的一个持续趋势：艺术家的公众形象与他或她的艺术同步上升。无论是对他的赞颂还是贬损，英国和国外的观众都在积极地建构着班克斯的神话，实际上也在完善他的品牌形象。这位流氓街头艺术家是一种被媒体和大众形成和利用的有市场的商品。然而，班克斯也反过来巧妙地利用他的名声和他的形象，通过他的街头艺术和共生的身份表演挫败和吸引观众。他不满足于把街头艺术品作为唯一的品牌传播渠道，他利用自己的书籍、网站上的内容和战略性的公共关系策略来改变班克斯品牌的形象。他助长了人们对他人格的误解，也助长了公众对他在文化话语中的存在的迷恋。通过欺骗、反转和幽默的嘲笑，他有效地促使批判性反思，并保持在集体意识中。

艺术实践至少已经屈服于景观文化渗透所有知觉与交往惯例的那种力量（即使实际上并没有为其铺平道路），却丝毫没有任何形式的抵抗。这表明，面对景观文化的极权式控制和支配，甚至单纯的思想和最微弱的反对姿态都显得相形见绌、滑稽可笑。② 当代艺术同艺术市场无法分离，即使是那些一心想脱离艺术之网、鄙视艺术炒作的艺术家，依然无法逃脱这张大网。班克斯也

---

① 本雅明·布赫洛：《新前卫与文化工业：1955 年到 1975 年间欧美艺术评论集》，范景中编，何卫华译，江苏美术出版社，2014，p.15。

② 沈语冰编著：《艺术学经典文献导读书系.美术卷》，北京师范大学出版社，2010，p. 368-369。

一样，只要被圈内的共同利益认可，艺术圈就会把它俘获。这便是班克斯永恒的循环悖论，他以反对秩序的作品树立起反叛者的人设，但最终他所塑造的所有艺术行动都逐渐成为经典，进入艺术史。

班克斯的游戏性行为构建了与艺术界的特殊亲密性，起到对艺术体制的去神秘化与解放作用，班克斯对艺术市场的嘲笑构成了艺术体制自我学习和自我成长的一部分，他让艺术自律与资本的冲突以戏谑方式暴露出来，对艺术体制做了创造性、具体的、解构的分析。班克斯对艺术市场的叛逆、对其他涂鸦大师的挑衅以及对艺术机构的恶作剧，从姿态上看是对小场域的反抗，实则是一场双簧戏，是通过自身的符号化在更大的艺术场域中增值文化资本。

试析列斐伏尔的"纪念碑性"概念

——以当代乡村公共艺术为例

唐彭姗

（同济大学　人文学院）

一、列斐伏尔的"纪念碑性"

列斐伏尔在《走向愉悦的建筑》中指出，过去和现在都有一种死亡建筑：墓穴、金字塔、泰姬陵、圣母院、阿皮亚古道，它们都是不朽的杰作。[①] 死者被归类为阴暗地狱或宇宙的力量，因此他们是潜在的危险，他们可以为生前的伤害或不公正侮辱寻求报复。而丧葬仪式保护生者，它们驱除死者和一般的死亡，纪念碑建筑容纳了葬礼姿态的仪式、过程、净化。[②] 古希腊和罗马人对居住的思考与黑暗和阴间游荡的通道有关，这种阴影一直笼罩着西方。

死亡建筑杰作把它们的声誉建立在社会的不朽外观上，以便将这种幻觉转化为纪念碑的美。最美丽的纪念碑达到了不朽的美，它似乎是永恒的，仿佛已经逃离了时间，纪念碑性超越了死亡，非时间性的线条压倒了焦虑。艺术的形式彻底地否定了意义，以至于死亡本身被淹没了，譬如泰姬陵沐浴在优雅、洁白和花

---

① Henri Lefebvre，*Toward an Architecture of Enjoyment*，University of Minnesota Press，2014，p.6.

② Ibid.，p.6.

卉图案的氛围中，和诗歌或悲剧一样，纪念碑将对时间流逝的恐惧与对死亡的焦虑转化为辉煌。纪念碑是人类的地标，是人们为自己的理想创造的象征目标，它们的目的是使起源的时期更长久，并且构成子孙后代的遗产，因此它们构成了过去与未来之间的联系。

牛津英语词典为"monument"（纪念碑）提供了两个主要的细分，第一个定义是一种体积较大的物品，用来纪念，具有历史意义并且具有寿命。纪念碑的词源来自拉丁语动词 monere，意思是"提醒"，纪念碑的拉丁来源包含了一个重要的意义元素，这在日常语言中是被忽视的，即纪念碑不是简单的事物，它们是静止的物体，但拥有一种积极的力量在周围的事物中完成真正的工作。纪念碑的第二个定义是一个及物动词，意思是用纪念碑来纪念。

列斐伏尔提到纪念碑的建筑特征必须被理解，不是作为文本，而是作为纹理，不是被阅读，而是被行动。并不是所有的纪念碑都是建筑，也不是所有的建筑都是纪念碑，但纪念碑往往比人的身体更大，并主宰着周围的感觉空间以及身体的动态和空间内的影响。纪念碑通常也要求一定的庄严和与其他时间记录的相遇，纪念碑的存在决定了什么是规定的行为，什么是禁止的行为。"纪念碑们"通常也被作为更广泛的物质符号"纪念碑性系统"的一部分，在这个系统中，各种结构、空间和铭文相互关联，与更广泛的社会生活时空模式、规范的叙事和文化记忆的价值相关联。

刘易斯·芒福德也认为，古代城市中，人类的生命和活力被转变为艺术形式，而且规模宏伟、前所未有。现在每一代都会留下一大批理想的形式和形象：圣祠、宗庙、宫殿、雕像、绘画、雕刻、墙壁和石柱上的刻画、绘画和记载，这些东西都源于人类长生不死的最早愿望，都想永远存活在后代人的心里。即使受到灭绝危险时，这种骄傲和宏愿也会牢牢凝结在城市的石头废墟中。在把容易流逝的事物固定入"永恒的"象征形式的作法中,艺术早于文字。①

古代的生产方式与宇宙空间有关,纪念碑以特定方式组合在一起暗示着宇宙的形象。通常情况下,一个特定的纪念碑旨在代表最具特色的空间,万神殿旨在通过代表苍穹、宇宙空间来欢迎所有的神,甚至是未知的神。在古代,城镇包括一个以纪念碑、方尖碑或石头为标志的地方,它被认为像肚脐一样是世界的中心,围绕它构建了一个被支配的空间的代表。② 过去的纪念碑往往依赖于形式的清晰和简单,埃及、希腊纪念碑性雕塑的特点是使用简单的几何形状,比例尺大于实际,对称构图,正面支配,四面强调。纪念碑的抽象简化为精神的沉静提供了对象化形式,譬如方尖碑是古埃及的杰作之一,是古埃及崇拜太阳的纪念碑。方尖碑呈尖顶方柱状,由下而上逐渐缩小,当古埃及人挣扎于求生的现实束缚时,建造方尖碑使他们从杂乱无章的现实中挣脱出来,获得情感的放松与庇护。

阿洛伊斯·里格尔根据纪念碑的"价值"(年龄价值、历史价值、有意价值、使用价值、艺术价值、新价值)确立了纪念碑历史保护的原则。为了追溯"纪念碑"在西方文化中的地位变化,里格尔首先区分了三种"记忆价值":纪念价值只适用于有意建造的纪念碑,他说有意义的纪念价值目的是让一个时刻在未来世代的意识中永远活着并呈现;历史价值,可以归因于所有的建筑和遗迹,把它们当作文件揭示了一些关于它们被创造的时间的事实;第三种年龄价值包含了一种情感上的愉悦,与自然解体和衰退过程的迹

---

① 刘易斯·芒福德:《城市发展史——起源、演变和前景》,宋俊岭、倪文彦译,中国建筑工业出版社,2005 年,第 75 页。

② Henri Lefebvre, *State*, *Space*, *World: Selected Essays*, University of Minnesota Press, 2009, pp.230-231.

象。里格尔还谈到了其他可以用来评估价值的角度——使用价值(结构应服务于目的)、相对艺术价值(这反映了变化的口味)和新奇价值(如现代主义艺术作品应该减少它们早些时候引用的样式)。

建筑的意义在于它的功能、结构被简化,与内部和外部的概念联系在一起。纪念碑与宗教、政治、道德的元素联系在一起。列斐伏尔进一步指出:

纪念碑蕴含了持续时间(永恒)、共享权力(一个种姓或一个社区、城市)与力量知识(庆祝他们的结合)。纪念碑表达了权力的超越性,它的神圣万能通过处决的能力来表示执行权力。同时,纪念碑也具备社区在土地上保持和维护的统一团结性。[1]

纪念碑式的不朽性带有权力意志的印记,纪念碑通过作为半神的建筑师的干预,死亡的空间才能被否定。[2] 譬如宫殿和城堡在物理的占有上实现了对领土的权力,它们被建筑师保护和支配的人民接受和认可。一个社会空间的产生,一个由等级制度、由价值观维护的法律和惯例组成的人工大厦通过国家语言来传达。这个社会建筑,这个政治纪念碑,就是国家本身,是一座金字塔。它的顶点是政治领袖——一个具体的抽象概念,充满了符号,是信息和消息密集流通的源头,是精神交流、表象、意识形态、知识与权力的结合。自古以来,急于摧毁一个社会的征服者和革命者经常通过焚烧或夷平该社会的纪念碑来实现目标,前者有时确实也会想方设法将后者转用于自己的利益。

---

[1] Henri Lefebvre,*Toward an Architecture of Enjoyment*,University of Minnesota Press,2014,p.20.

[2] Henri Lefebvre,*The Production of Space*,Wiley-Blackwell,1992,p.221.

　　詹姆斯·奥斯本也认为纪念碑性建筑有助于产生并强化社会差异,并努力建立一个明显的权威场所。① 伊朗的许多神庙都坐落于高地,这使它们更接近天堂。毫无疑问,这些神庙象征着更多的东西,就像灯塔一样,它能唤起被困在风暴中的海员心中的家、安全、温暖,甚至是被救赎的感觉。伊朗的纪念碑远远高于周围的公共和家庭建筑,从很远的地方就可以看到。这些纪念碑唤起了一种社会团结感和对城市、城邦乃至帝国的认同。

　　一个社会的生产总是超过其生存所必需的,生命力的过剩使它有盈余供自己支配。过剩是骚动、结构变化和整个社会历史的原因。但盈余有不止一个出口,在原始社会,过剩的部分主要是通过“无用”的、不理性的献祭或者夸富宴消耗掉。古代社会在节日中找到了解脱;一些人建立了令人钦佩的纪念碑,却没有任何有用的目的;用多余的钱来创造让生活更顺利的服务,而人们被引导通过增加休闲时间来重新吸收其中的一部分。② 巴塔耶从消耗盈余的角度为古代纪念碑的建造指出一种理由,它不是任何个人的具体最终目的,而是一个时代所选择的社会的集体目的。

　　纪念碑的品质不能仅通过观看来理解,纪念碑本身还拥有声学特性。在列斐伏尔看来,沉默本身在一个礼拜场所,有它的音乐。在回廊或大教堂里,空间是由耳朵来衡量的:声音、人声和歌声在一种类似于最基本的声音和音调之间的相互作用中回荡;也类似于当阅读的声音为书面文本注入新的生命时建立的相互作用。如果没有回声来提供存在的反射或声音镜像,那么就需要一个物体来提供这种惰性和中介:在最轻微的微风中叮当响的铃

---

① James F. Osborne, *Approaching Monumentality in Archaeology*, State University of New York Press, 2014, p.46.

② Georges Bataille, Robert Hurley, *Accursed Share*, Vol. 1: *Consumption*, Zone Books, 1991, p.24.

铛、喷泉和流水的游戏，或是鸟和笼中的动物。① 纪念碑中的压抑元素和升华元素几乎无法分开，或者更准确地说，压抑元素被改造成了升华。大教堂的不朽空间使得参观者必然会意识到自己的脚步声，并聆听噪音和歌声；他们必须呼吸充满香火的空气，并进入一个特殊的世界，即罪恶和救赎的世界；他们将参与一种意识形态；他们将思考并破译他们周围的符号；因此，他们将根据自己的身体，在一个完整的空间中体验一种完整的存在。

列斐伏尔认为巴黎以埃菲尔铁塔为标志，从技术角度来看，这座塔已经过时了，但作为一个大型建筑，作为金属对石头的挑战、工程师对建筑师的挑战，它已经看起来像一个纪念碑。在不到一个世纪的时间里，这个在当时代表着技术宣言的技术物品已经变成了一件艺术品，美学品质赋予了它优雅、纤细、女性化的魅力。以其图标为媒介，可见的巴黎将这些品质赋予了自己。在世界各地，人们已经习惯于看到巴黎上空的塔以及塔下的巴黎，这种联系已经变得无可争辩，巴黎已经成为埃菲尔铁塔的一个"环境"。作为一个图标，它坐落在一个基于理性的城市，占据了一个均匀的空间。一个特权对象被赋予如此强大的象征力量的过程，导致了模式的简化，埃菲尔铁塔作为纪念碑性奇观，被这座城市慷慨地赠予它的品质，这就是图标和符号一直在做的事情，依靠某种实际效用和对地标和代表的需要。

特别是博物馆，在 19 世纪成为一种建立的纪念碑性建筑类型，它部署了在古典寺庙中发展起来的空间装置，以标志从日常时间到永恒的、纪念性时间的运动。如果纪念碑可以被视为"一种持久的共识"，在现代政治思想中，人们越来越普遍地认为，这

---

① Georges Bataille, Robert Hurley, *Accursed Share*, *Vol*. 1: *Consumption*, Zone Books, 1991, p. 225.

种伟大建筑的耐久性本身就是一种权力行为。

在 19 世纪,"建筑"取代了"纪念碑"。正是在 19 世纪,"建筑"变得与"纪念碑"截然不同,这一区别慢慢进入建筑术语。"纪念碑"的特点是它们的情感或审美矫饰,它们的官方或公共性质,以及对周围环境的影响;而"建筑"的定义是它们的私人功能,对技术的专注,以及它们在规定空间的位置。[①] 赋予纪念碑的意义在一场具有多个方面的革命之后消失了:政治方面的资产阶级民主革命,经济方面的工业化、城市的扩张。纪念碑的消亡和建筑的兴起是这一系列周期性事件的结果。纪念碑和建筑之间的力量平衡已经发生了变化。建筑物之于纪念碑,就像日常生活之于节日,产品之于作品,生活经验之于单纯的感知,混凝土之于石头。由于城市的"装饰"和"设计",以及虚假环境的发展,城市已经被"私有化"。[②] 从政治上讲,建筑革命可以被看作是完成了摧毁纪念碑性的民主革命,并超越了仅仅增加建筑物数量的资产阶级时代。

二、乡村公共艺术的"纪念碑性"

列斐伏尔在论述城市与乡村关系时提到,城市通过汲取农村社会的剩余产品而获得一种现实,这种现实有时是"母性的"(它储存或有利地交换一部分剩余产品,然后将其中较少或较多的部分返还给原来的生产者),有时又具有"男性"气质(作为一个具有行政和军事能力的实体来提供保护,它在剥削的同时保护,或者在保护的同时剥削。它掌握着权力;它监督、管理,如东方的组织农业、负责重大项目,如堤坝建设、灌溉、农业生产等)。[③] 城市空

① Henri Lefebvre,*Toward an Architecture of Enjoyment*,University of Minnesota Press,2014,pp.16-17.

② Henri Lefebvre,*The Production of Space*,Wiley-Blackwell,1992,p.223.

③ Ibid.,p.234.

间与乡村空间有一种共生关系。列斐伏尔意识到城市化已经是现代人生存的无法脱离之所,他意识到城市空间可能是资本主义又活过来的一个重要策略。马克思所说的"城市对乡村的征服"已经成为显性的事实。列斐伏尔批评建筑师、社会规划师们认为可以通过规划来实现一个美好城市社会的"透明的幻觉"。

列斐伏尔在《日常生活批判》指出,当代社会人们的日常生活变得更为私人化,距离公共领域疏离,他想要通过向公共领域的开放复归来克服日常生活的异化状态,恢复人的总体性生存。休闲空间也是"生活的盒子"、相同的"计划"堆积之外的延伸。与此同时,身体也在进行呼吁报复,它试图使自己作为生成者获得承认。列斐伏尔认为海滩是人类在自然界发现的享受场所,它的感觉器官表现为一个整体的身体,打破了为应对劳动、分工、工作的地方化和场所的专业化而形成的时间和空间外壳。通过休闲空间,一个空间和时间的教育学开始形成了对直接性的回归、对自然有机物的回归,它表明了一种趋势,时间恢复了它的使用价值。

法国思想家索莱尔斯提到:

一个城市、一个乡村,从远处看去就是一个城市、一个乡村,但随着你逐渐走近它的时候,它是房屋、树木、瓦片、花边、草、蚂蚁、蚂蚁腿,以至无穷无尽。所有这些都被涵盖于"城市、乡村"这一词语之中。[①]

列斐伏尔在《空间与政治》中认为乡村自然是一种诗性符号的空间,是在城市化规划中被忽略或置之不理的风景,它被统治、塑造、遗忘,人们在城市中迷失在对乡愁消逝美景的遗憾中,这种

---

① Philippe Sollers, *Fleurs*, Hermann, 2006, P. 13.

对于逝去自然的深切感伤是不可能回到从前的,我们能回到的是新的被改造的自然空间。

乡村空间的重新建立和被书写,依赖于我们同时将乡村和城市空间定义、设计、使用为一个欲望空间,甚至使之成为一个教学空间,使乡村与都市之间的交换得以在更大的信用额度上进行。在新算法架空了我们的算计之后,原有的财产关系就会进入危机,需要新的褶子,将社会空间、物和风景重新包括进来。① 将目光从聚集的城市抽离,转向乡村的混沌与自由,给予人非剥削的真实感。

列斐伏尔在《空间的生产》中总结道,有两个"主要过程"可以合理地预期纪念碑空间的运作:(1)移位,意味着隐喻,从部分到整体的连续性转变;(2)浓缩,涉及替代、隐喻和相似性。他引用了"社会浓缩器"的概念来形容纪念碑的聚合属性,每一个纪念碑空间都成为一个社会的隐喻和准形而上学的基础,权力的属性、神圣的权威被来回转移,在这个过程中互相加强。因此,空间中场地的水平链被垂直叠加所取代,被一个制度所取代,这个制度沿着自己的路线到达权力的所在地。任何物体都可以从日常实践中被提取出来,并遭受一种位移,这种位移将通过把它转移到纪念碑空间来改变它,譬如花瓶将成为神圣的,衣服是仪式性的,椅子是权力的所在地。②

在纪录片《脸庞,村庄》中,瓦尔达与 JR 通过为旧符号添加新符号,将巨大的公共摄影贴在法国乡村的农场墙壁、海滩潮起潮落的巨石上,作品在乡村人迹稀少的场域中建立了一个固定的中心,构成一个有印记的焦点。巨幅摄影图像创作在广袤的乡村空

---

① 陆兴华:乡村问题最终是城市问题,改造城市就改造了乡村,见:http://www.art-ba-ba.com/main/main.art? forumId=8&lang=zh。

② Henri Lefebvre,*The Production of Space*,Wiley-Blackwell,1992,p.225.

间时,便诞生了新的纪念碑性的神圣秩序。与传统统治意义的纪念碑不同,巨幅摄影源自普通的山羊、普通的男孩、在注意力外的乡村土地,巨幅作品聚集了它周围的一切,这种图像体现了一种象征性的日常温情。普通的乡村事物在摄影的长久回声中感知自己,乡村公共艺术与周围环境构成了一种结构,一个以作品为力量中心的辐射纪念碑,它在公共场所中建立无形的反作用力,形成一种有特定气氛的场域。当代公共艺术成为乡村更新的手段,以一种仪式恢复人们对生态元素的神圣情感、自然在地球上的痕迹与艺术家在地球上的创作相互容纳与安置。

纪念碑空间为一个社会的每个成员提供了他或她的社会面貌的形象。过去几千年的纪念碑反映制度与等级,是通过政治表演进行国家控制的代理,而瓦尔达和JR摄影中的纪念碑性逻辑不再把伟大或天才作为必然的艺术表现对象,而把人们的日常生活情态纳入艺术表现范畴。一方面,纪念碑代表公共记忆形成集体共有空间;另一方面,乡村公共艺术装置代表观看者的个人生活体验,但这并不是消极运动意义上的纪念碑性的撤消,与之相反,乡村公共艺术营造的纪念碑性空间将恢复一个活生生的、充满人性气息的寻常世界。基于此,人们不再与自然宇宙分离,在一个个细微的作品里,乡村重新亮相于人们眼前。

以"降临:发明风景,制作大地"为主题的当代公共艺术装置曾空降崇明岛前哨村,就地包装制作的室外乡村景观与农作物土地的集体感性构成一片宏大的景观作品,当代的新式纪念碑以一种诙谐的姿态静坐于广袤的乡村土地,突兀而奇异,花脸雪糕以一种突如其来的占领气势扎根,雕塑的场所在垂直和水平方向上扩张。面对矗立于乡村自然的当代公共艺术作品时,一种强烈的情感抓住观者,这种情感与观者身处城市美术馆的画廊空间不一样,这是与动植物生物圈共享的同一种在场感,一种清晰与生态

共存的在地性。本雅明所说的对山脉、树枝等自然景物的凝视光
韵在此刻被重新唤起,乡村场域幻化为一个庞大的艺术剧场,一
种短暂的自然复苏构造了乡村的新语法。混凝土外表的废弃水
塔是根据劳伦斯·韦纳文字翻译的"浪奔浪流","浪奔浪流"使人
瞬间回忆起著名粤语歌词的音调。装饰有"浪奔浪流"的水塔挑
衅了古代作为巫术性质、被膜拜推崇的纪念碑,以一种粗粝的纪
念碑新姿态隐喻着各式联想,波浪作为液体运动的一种形式,暗
示着时间的一往无前、水域的川流不息、节奏的生生不息……公
共装置作品在崇明岛步行的体验中发挥作用,艺术品作为一个节
奏机器,影响了这片农业生产场域的时间控制,作为一个尺度转
移节点,在野草植物的波浪里收集、安排不同的韵律。纪念碑式
的雕塑装置不仅仅是严格意义上的功能性,它重新获得抒情的价
值,使步行的观者置身于超现实瞬间,惊异、幽默在这里重叠、
交汇。

　　传统纪念碑四周通常要用一道石墙的栏杆将它围住。这些
石砌的栏杆实际上就是一种抽象化了的墙,尽管它们往往建造得
很低,很容易被跨过去,但是在人们的心理上,它们却一样是不可
逾越的,因为它们所围合的空间是神圣和不可侵犯的。[①] 而乡村
公共艺术向一切敞开,人们参与触摸感受纪念碑式装置,体现了
纪念碑自觉挑战预期的规模和耐力标准,新的纪念碑性重新接
纳、庇护人们。人们主动地、共享地参与公共艺术体验,纪念碑以
共同物出现,增强人们对图像世界的共鸣,自然被复魅。

　　四川自贡市荣县红土地的"第二届田野双年展"中的《星系》
吸引了当地观众参与互动。艺术家、作品、观众都是平等的情境
制造者,观者被惊异、触摸、思考、感受、领悟。山地面貌的生态被

---

① 　张健:《大地艺术研究》,人民出版社,2012,p.31.

波动,一个仿佛来自异世界的蛋状作品成为了微型纪念碑,流畅的椭圆形呼应了星球、眼睛、蚌壳的线条,以当场为配方,隐喻着周期、再生,重启了乡村的历史与记忆。伯瑞奥德认为艺术作品即社会间隙,间隙来源于商品交换过程中仍留有的一些不被普遍交换原则占领的空隙,关系美学所发生的空间,通过建构另一种可能性的系统,重建某种共同体来修复日常生活中的崩塌。用这一说法来分析乡村公共装置的艺术创作,是从城市体系外制造自由开放的空间以反对资本社会生活中那些统治日常生活的节奏。人们在漫步乡野时偶遇异感实践,观众的步伐将有别于一天中的其他经验,成为活过的、浪漫的、发光的时间。

公共艺术的乡村实践,改变了公共艺术的作品状态,将事件、活动类的公共艺术推向了一个显著的位置。公共艺术强调原住民的参与、对话和互动;强调和艺术家合作,共同完成作品;使艺术的生态由过去的线性结构成为立体的网状结构。[①] 博伊斯赋予艺术一种社会改造的力量,把它叫做"社会雕塑",艺术要扩展到全社会,艺术必须重新塑造、改造社会,如果艺术没有这样的力量,那就不叫艺术。当代乡村公共艺术通过塑造新的纪念碑联接失落的乡村家园与思想阐释的神话,使艺术的生命力散落在滩涂、岛屿、山野,激发强烈的美感体验。

梅洛-庞蒂认为视觉具有感觉的多种含义,在这种意义上,感觉某物不仅仅是登记或感受该物,也是去理解它,产生属于它的意义。梅洛-庞蒂用表达统一体描绘人的身体,以及这一表达结构在被知觉的世界中的整体性扩展。与列斐伏尔对城市的反思结合来看,身体知觉服从于城市抽象集体空间的生产,身体因熵增信息的涨满而充斥不适的惶恐,城市化的全球性和计算机网络

---

① 孙振华,公共艺术的乡村实践[J],《公共艺术》,2019 年,第 39 页。

形成斯蒂格勒所说的技术圈和体外化圈。乡村的生态空间弥合了传统空间的纪念碑性和基于工作及其要求的定位之间的差距，冲击人们麻木的感知系统，人类被重新根植于生物圈之中，帮助人们游离出城市的高熵噩梦寻找生命滋养的出口。值得注意的是，被乡村公共艺术重塑的空间不再是与城市相对的乡村空间，而是由新的空间关系形成的全新的空间，这一新空间由公共艺术赋予形式、成为作品。

三、对"纪念碑性"的当代延伸

关于纪念碑的不朽，一些学者对通常假定的纪念碑和永久的联系进行挑战。纪念碑不一定留在它们被建立的地方，而是可以随着意义的改变被连根拔起和转移种植。① 一个纪念碑的效力在于它的临时性，而不是像标准定义所认为的那样，在于它的永久性。譬如，当游人把他们的想法和感受刻在德国汉堡的一根 8 米高的纪念碑柱上时，柱子就慢慢地被放进地下。在这里，是纪念碑的意义以及它与观众的关系，而不是它的不朽性在消失中被协商。纪念碑不是用来安慰，而是用来挑衅的；不是一成不变的，而是要改变的；不是永恒，而是消失；不要被路人忽视，而是要求互动；不是要保持纯洁，而是要招致自己的侵犯和亵渎；不是优雅地接受记忆的负担，而是把它扔回小镇的脚下。

怀疑论者认为，纪念碑只是少数人的姿态，而不是民众情绪的自发流露。真正的记忆不在于一堆坚硬的石头，而在于人们的心灵和思想；没有任何纪念碑能代替由自由和教育滋养着的鲜活的社会记忆。对纪念碑的抵制根深蒂固，可以追溯到古代雅典，

---

① James F. Osborne, *Approaching Monumentality in Archaeology*, State University of New York Press, 2014, p.12.

佩里克利斯曾说过，最著名的纪念碑"根植于人的内心，而不是刻在石头上"。

纪念碑使历史人物和历史时刻以及他们所产生的社会政治目标永垂不朽。与此相对，反纪念碑性就是有意识地寻求避免任何形式的纪念碑性，一个反纪念碑性的作品可能寻求非永久性的、小规模的、或这些性质的结合。艺术家亚历山德拉·皮里奇创造了反纪念碑式艺术作品，反纪念碑采用了与传统纪念碑相反的策略，包括材料的选择、规模和位置，肉质和骨骼的陌生人将大理石和青铜铸就的雕像取而代之。[①] 皮里奇常以舞蹈演员代表历史事件的合奏，并重新物质化知名或鲜为人知的艺术作品，譬如她将 60 多名表演者聚集在一起，通过个人手势的叠加，将观众包裹在复杂的编舞和排练的作曲中，形成了一个巨大的集体身体。皮里奇通过识别和突出集体意识的片段，聚合邀请观众思考身份是如何被构建和执行的，以及集体是如何通过选择性回忆、复制和知识杂交而建立起来的。她俏皮地处理和改变现有的等级制度，以一种特殊的方式对纪念碑性的概念提出质疑。肉体的反纪念碑是对纪念碑的雕塑补充，它暗含着普通人和比宏大叙事更伟大的理念。

前文中列斐伏尔提到，在建筑、纪念碑、政治权力和权力意志之间存在着一种内在联系——权力的意志为权力服务。这意味着，纪念碑式建筑艺术将成为权力的官方表达。在国家权力的掩护下，列斐伏尔发现事物与符号的专制，金钱、资本和商品与交付给市场的产品被披上了作品、艺术、"风格"甚至幸福的外衣。正如人类学家大卫·格雷伯认为："我们被闪闪发光的消费

---

① Boucher，Mélanie，《Soft Power ou Les corps-monuments d'Alexandra Pirici》，in *Espace: art actuel*，2016，p. 28.

主义宫殿包围着，这些宫殿似乎是腐败堕落的人性的永久纪念碑。"①

列斐伏尔认为城市作为一个相遇的地方，作为交流和信息的焦点，变成了它一直以来的样子：欲望的所在，永久的不平衡，正常性和约束解体的地方，游戏和不可预测的时刻。这个时刻包括了潜在暴力的内爆，在一个将自己与荒诞相提并论的理性的可怕约束下的爆炸。在这种情况下，诞生了一个批判性的矛盾：一种对城市的破坏的趋势，以及一种对城市和城市问题的强化的趋势。当今社会中，技术纪律和展示的华丽结构未能掩盖对产量和利润的关注与对纳税人、用户和消费者的无情剥削。快乐？愉悦？它在分配给它们的那部分空间和专门用于它们的网站中，也在保持着卑微和隐蔽的缝隙中。

纪念碑式的空间未能达到其目的，因为它永远无法完全吸收空间性的所有方面及其内部的紧张和冲突。纪念碑通过用物质实现的空间来取代实际空间的冲突性张力，从而创造出永久性的幻觉，然而这种空间的外观永远不能完全解释生活中对空间的体验的不一致之处。

在列斐伏尔看来：

现代社会的住房权、获得财产、增加建设与炒作甚至用户对这些项目的"参与"会导致一个模糊综合体的产生——即被过度庸俗所困扰的建筑和在其傲慢中上升的纪念碑。但无论是参与还是综合，都不能使建筑具有"承担＋标志"的尊严，即快乐、幸

---

① 大卫·格雷伯，另一种艺术界（三）：博物馆、纪念碑与象征秩序的分配，见：https://www.thepaper.cn/newsDetail_forward_10343899。

福、享受的感性生命的标志。①

　　当代世界在其发达形式下的矛盾即大工业国的矛盾,一方面是丰富、浪费、几乎极端的生产力,另一方面是不安、不安全、焦虑。在生活的各个方面,难以捉摸的满足和不满足之间的冲突变得更加严重。艺术的知识化禁欲主义呼应了这种不安和不满意,而科学主义则宣称它的满意和生产力的胜利。② 根据列斐伏尔的说法,19世纪商业和工业社会的兴起已经意味着日常生活和节日、建筑和纪念碑之间的平衡发生了决定性的转变。历史上太多的纪念碑性宫殿和城堡只提供了一个痛苦的印象、一个沉重的质量、一种沉闷的厌烦。这些纪念碑、宫殿和城市具有丰富的意义,但对快乐却很少提及。既然有纪念碑性建筑作品致力于死亡、暴力、天上的或地上的力量,我们是否能在这些作品中找到对应的建筑,一个致力于生活、幸福、快乐的建筑? 就是我们所说的"享受生活"的方式?

　　在现代世界里,我们看到的建筑多是单调、无聊、重复元素的组合。许多建筑师将建筑做得更高或更大而迷失了自己。今天大多数著名的建筑师都没有打破纪念碑式的设计。他们试图在纪念碑和建筑之间达成妥协,而其他人则将社会空间分散为短暂的单元、原子和住房流。纪念碑是用来强加生产关系和阶级关系到人们头上的,今日的纪念碑是摩天大楼,使住民被镇压,然后又崇拜它们。

　　在列斐伏尔看来,人的本质是人的日常生活节奏与自然节奏的和谐平衡。日常生活是基于抽象的定量时间,即钟表的时间,

---

① Henri Lefebvre, *Toward an Architecture of Enjoyment*, University of Minnesota Press, 2014, p.30.

② Ibid., p.16.

这个时间是在西方手表的发明之后一点一点被引入社会实践的。这种同质的、不神圣的时间已经取得了胜利，因为它提供了工作时间的衡量标准。从这个历史性的时刻开始，时间从属于组织工作空间日常的其他方面：睡眠和清醒的时间，吃饭时间，私人生活，成年人与孩子的关系，娱乐和爱好，关系到居住的地方。然而，日常生活仍然被伟大的宇宙和生命节奏所贯穿：白天和黑夜，月份和季节，还有更精确的生物节奏。在日常生活中，这导致了这些节奏与同质时间相关联的重复过程的持续互动。① 伴随着生态的节奏，春花秋雪、日升日落的自然循环是更广泛的概括和重生的无穷开启。

乡村纪念碑焕新的场域不同于城市挤压的混乱嘈杂，它契合了哈贝马斯论述的公共领域实际上承担了市民社会从重商主义乃至专制主义控制之下获得政治解放的语境当中的一切功能，因而其虚构也就变得比较容易。② 乡村公共艺术以仪式化的场所布置赋予令人触动的无穷力量，公共艺术定居在乡村中，褪去了先前纪念碑的教导性意义，它不再意味着一种纪念或寓言，它成为一件具有美学意义的作品。在传统聚落中，共同体的纽带是在"事物"的配置、排列、规模、装饰、形态等方面被表现出来的。制度、信仰、宇宙观是不可见的，但可以转换成为可视的领域，作为"事物"被表现出来，以象征的价值观、生死观、连带感等形式深深印入到共同体中每一个成员的意识当中。这就是所谓的共同幻想。③ 乡村公共艺术的新纪念碑性蕴含了人类与远古文化之间的

① Henri Lefebvre, Gerald Moore, Stuart Elden, *Rhythmanalysis: Space, Time and Everyday Life*, Continuum, 2004, p.73.

② 尤尔根·哈贝马斯：《公共领域的结构转型》，曹卫东译，学林出版社，1999 年，第59—60 页。

③ 藤井明：《聚落探访》，宁晶译，中国建筑工业出版社，2003 年，第17 页。

怀想、天然地势与人工智慧的和谐相处,唤醒由泥土、村落、印迹、煤炭、植被被构成的大地的敬意。乡村公共艺术创造的空间充满了新的语汇,团结社会和空间实践关系。

人类的发展不是一个从自然中被解放的过程,也不是人在自然中堕落的过程,而是一个与自然越来越搭接的过程、与自然不得不亲热的过程、不得不更依赖各种非自然的苍穹的过程。[①] 纪念碑的目的是把过去带到现在,以激励未来。就永恒与不朽的意义来说,生物圈才是真正的永久纪念碑,只有生命延续、生态长存,人类及其文明成果才能永存。

列斐伏尔认为一般建筑物虽然常见但庸俗,但纪念碑性建筑物通过符号展示使空间易于辨认,中止了多样性解读并塑造所处空间,从中获得公共价值观。列斐伏尔也提醒,空间不仅是静止的社会关系的容器,空间已演变为权力与反抗的场域。乡村公共艺术以生态学视野的纪念碑新形式,增进人们对生命循环往复的理解,增益环境与社会之间的协调共振。乡村装置创作以一种建构与批判的精神介入公共生活,引发瞬间的纯粹,艺术内容指向内心的柔和与丰富,树立了一种文化的价值主张,平凡却有灵性。纪念碑性不仅仅是形状、大小、能见度或持久性,尽管这些变量绝对有其自身的意义。纪念碑的意义在于物体与人之间,以及物体与周围的价值和象征之间所创造的关系。

---

① 陆兴华,深入曼哈顿,还是回到大自然? 见：http://www.art-ba-ba.com/main/main.art? forumId = 8&dang = zh

社会空间中的"纪念碑性"问题浅析

田宇琦

（同济大学人文学院）

虽然近年来"纪念碑性"的概念在历史学、社会学等领域被反复提及并使用，但是仍没有对"纪念碑性"在城市空间的位置寻找到一个明确的落点。本文试图采用结合美术史、人类学、社会学的跨学科解释方法，对"纪念碑性"这一概念做一个较为清晰的梳理。从历史学研究角度来讲，"纪念碑性"被看成是传递社会意义及文化记忆的特殊媒介与战略性设计得以纪念某种文化传统的参照物与文化等物理存在形式的概念。列斐伏尔则在此基础上拓宽了研究视野，将"纪念碑性"这一概念引入到自己的空间三元结构中，作为三元结构中的交叉点而存在，它拥有隐蔽性、对立性、声音性、整体性和历史性特征，在空间三元结构中发挥自己持久且深远的影响力。

一、"纪念碑性"的概念

1.1 "纪念碑"与"纪念碑性"

"纪念碑性"（monumentality）产生于一种比较的语境，用以强调与"纪念碑"（monument）的区别。"纪念碑"一词，常用于考古等历史性研究，往往将其与耐久庄严、宏大静止的公共雕塑或纪念性建筑物等同。《随着时间的流逝——意义、记忆和纪念碑》一书,将纪念碑的起源追溯到了其拉丁词源 monere,monere 是记忆的词源,因此,作者将纪念碑看作是用以传递社会相关意义和文化记忆的特定媒介,凭借其耐久性突破时间的限制,对已然达成共识的社会及政治结构加以巩固。无独有偶,布拉德利(Bradley)认为,纪念碑可以看成一种文化的物质形式,纪念碑通过积极创造参照物用以纪念某种传统,其中作为参照物(reference)的纪念碑是战略性的设置,并且并不局限于特定的外观——"按照一种由来已久的配方制作一个装饰过的陶罐,就像参观和维护一个坟墓一样,也是一种回忆的行为"。[1] 巫鸿则认为,"纪念碑性"是思想转变外化为实物的存在,精巧如礼器、恢弘如城池;又如强调平面性的幽深宗庙、突出三维立体的富丽宫殿都可以看做是纪念碑的具体表现形式和存在方式。不难看出,"纪念碑性"在物质形式上突破了传统"纪念碑"观念所指涉的宏大庄严的建筑或雕塑形式,进而拓展到作为媒介、参照物、文化等物质存在的形式。

列斐伏尔在其专著《空间的生产》一书中,将"纪念碑性"运用到了其空间生产三元辩证结构中。一方面,同诸多学者一样,他肯定了纪念碑在物理形式上的多样性与多元化,"任何东西——一个花瓶、一把椅子、一件衣服——都可以从日常实践中提取出来,然后经历一个位移,这个位移将把它转变成一个纪念碑性的空间:花瓶将变得神圣,衣服将成为仪式,椅子将成为权威的所在"。[2]

另一方面,列斐伏尔将"纪念碑性"所涵盖的领域上升到了更

---

[1] R. Bradly, *The Past in Prehistoric Societies* (London 2002), pp.47-51.

[2] Henri Lefebvre, *The Production of Space*, Translated by Donald Nicholson-smith, Basil Blackwell Ltd, 1991, p.225.

为抽象,也更为宽广的空间生产领域。列斐伏尔认为,纪念碑性空间既不存在于呈现出几何形式的客观物理空间中,也不存在于强调逻辑内在性和连贯性的主观心理空间中,同样不存在于与实体相关的属性当中。实际上,"纪念碑性"涵盖了列斐伏尔提及的所有空间生产三元辩证结构:无论是内涵层面上的"感知空间—构想空间—生活空间"(感知空间是被人直接观测到的物理空间,是空间科学的惯常研究对象;构想空间是构想出来的具有意识形态功能的抽象空间,是为了维护现存的统治秩序;生活空间是文学家、思想家、规划家视线中联想出来的各类有符号意义的空间,这种空间具有两面性:既遮蔽真实的物理空间,又反叛僵化的构想空间,因此是反空间的空间),抑或是外延层面上的"空间实践—空间表征—表征空间"(空间实践是物质生产及再生产的场所和空间特质;空间表征与生产关系和这些关系所强加的秩序相联系,因此与知识、符号、代码相联系;表征空间往往是人文社会科学工作者的创作性成果,意在通过图形、符号和象征物等去挖掘某种象征、意义或意识形态的内涵),甚至是空间认识论层面的"社会—历史—空间"。最重要的是,纪念碑性"实际上——最重要的是——涉及感知、表征的层次和沉淀,和以彼此为前提,彼此提供、彼此叠加的空间实践"。①

由此可以看出,列斐伏尔所言的"纪念碑性"与如前文所述的、从历史研究或考古研究角度定义的"纪念碑性"有着本质的不同:纪念碑不应该被看作是符号的集合(即使每个纪念碑都代表着符号——有时是古老的和难以理解的符号),也不应该被看作是符号链(即使每个纪念碑的整体都是由符号组成的);纪念碑既

---

① Henri Lefebvre, *The Production of Space*, Translated by Donald Nicholson-smith, Basil Blackwell Ltd, 1991, p.226.

不是一个物体,也不是各种物体的集合,即使它具有一个社会对象的客观性,每时每刻都会被唤起;它既不是一个雕塑,也不是一个事物,也不是简单的材料处理的结果。简而言之,列斐伏尔将"纪念碑性"看成了一种空间结构的构成,所谓"空间",是"社会关系的生产和再生产"。社会空间的本质不是人在其中活动的物理场所,它的建构是编织这些活动的关系构式,是不同社会关系的生产与再生产。所谓"结构"是由网络或网络覆盖的巨大空间组成的,纪念碑构成了这些网络的交叉点,这些交叉点都有其指定的位置。至于包含权力关系的空间生产与再生产的表征,空间也以建筑物、纪念碑和艺术品的形式将之包含其中。

"纪念碑"与"纪念碑性"的关系,近似于形式与内容的关系,"纪念碑性"和回忆、延续以及政治、种族或宗教义务有关。"纪念碑性"的具体内涵决定了纪念碑的社会、政治和艺术形态等多方面意义。当形式主义枯竭的时候,只有注入新的内容到形式中才能摧毁它,从而开辟创新的道路。换言之,在一个特定时代及其生产出来的特定空间中,只有当"纪念碑性"发生变革时,才会使纪念碑发生本质改变,与之相伴的,是一个全新的社会空间的生产。否则,无论纪念碑的表现形式如何变化,都只是谋求物质形式上的改变而已。

1.2 纪念碑与一般物

纪念碑作为"纪念碑性"物质载体,往往以形式多样且能为人感知的实体存在,因此,对纪念碑与一般物加以区分势在必行。

首先,纪念碑多以建筑的外观出现。尽管纪念碑的物质形式多种多样,但由于纪念碑性所承载的内涵,无论是社会集体记忆、文化物质形式、社会权利结构,抑或是列斐伏尔所言的社会关系生产与再生产三元结构中的交汇处,都往往集中体现在特定景观中。通过所具有的耐久性特征，建筑结构从根本上比移动的人工制品更有力地保存其空间环境中的社会意义、超越时间的限制，因此，纪念碑往往以建筑的形式被人感知。这也是为什么提及纪念碑，人们往往将之与规模宏大、庄严肃穆的建筑物相联系的原因。

其次，纪念碑往往呈现出一种"象征性取代功能性"的特征，也就是说，纪念碑主要服务于非生产性（如政治、宗教等）的目的，甚至是在浪费、吞并生产力。一开始，纪念碑往往仿照一般物的外观，因而也具有一般物所具有的功能，比如埃及金字塔实际上也承担着埋葬死者的功能，但纪念碑在材质、形状、建筑规模、装饰等物质形态上与建筑做了有意的区分，借以凸显其社会意义，服务于政治或宗教目的。如此一来，其区别于一般物的"纪念碑性"就得以体现。具体而言，纪念碑的象征性存在两种表现方式，前者具有明确标志性，具体体现为带有特殊的象征性符号，如前文字时代的特殊符号、书面文本、铭文等。后者则是非标志性的，以一种纯粹的象征意义决定纪念碑的形式。这可以通过布拉德利提到的方式来实现，即通过复制已知的形式（以这种方式作为标志性符号）或通过一种独特的形式（仅仅在特定语境中可以被理解）从而作为象征性符号。当然，所有这两种表现方式都可以归结为一种用创造象征性来抵消功能性的手段。一个明确用于居住的古代住宅，当然可以存储和运输社会记忆，这应该在讨论不同时代的社会意识变迁时得到承认，但说到纪念碑，人们会期望它有特别精致的装饰、有无功能的巨大、与特别有意义的元素相联系，如葬礼或祭品。因此，纪念碑与一般物可以通过缺乏或丧失功能的证据来识别，例如，不再当做炊具使用的青铜礼器、不再作为墓葬建筑存在的埃及金字塔。

再者，纪念碑涉及到一个意义"可读性"的问题，即纪念碑所承载的象征意义并不是水到渠成的结果,而是一种"有意为之"。区别纪念碑与一般物的一个重要之处正是在于强调这种具有象征意义的结构一直是——并且正在不断地被——人类社会有意地创造出来。在这里被划分为纪念碑的一般物,背后承载的"纪念碑性"是被包含建造者在内的全体社会成员普遍承认的。不可否认,这种已经被普遍接受的权力结构和普遍认同的文化结构同与之对应的社会空间中的所有一般物都密切相关,但是纪念碑是为了这个特定的目的而建造的。列斐伏尔对纪念碑意义"可读性"的优点进行了说明。他认为制作供人"阅读"的空间是最具欺骗性和隐蔽性的,纪念碑可以成为一种隐藏战略意图和行动的假象。"纪念碑性总是包含并强加一种清晰易懂的信息。它说的是它想说的——然而它隐藏了更多的东西:它是政治的、军事的,最终是法西斯主义的,纪念碑式的建筑掩盖了权力的意志和权力的武断性,隐藏在声称表达集体意愿和集体思想的符号和表面之下。"①因此,相较于一般物,在具有"可读性"的纪念碑中,被社会空间普遍接受的权力结构更轻易地隐匿在某种普遍认同的文化结构之下。

最后,纪念碑往往与特定的仪式相关联。大多数具有纪念碑性的建筑都是作为某种宗教或政治仪式的举行场所出现,并逐渐成为当时的宗教中心或权力中心。纪念碑将各种原本相互独立的礼仪形式组织成为相互关联的功能整体,将社会空间的各个部分不动声色地连接起来。例如巫鸿在《中国古代艺术与建筑中的"纪念碑性"》一书中对礼器纪念碑性的描述。他指出:"礼器通过礼仪而非文字来纪念一种不可名状的过去,它们通过不断地追溯

---

① Henri Lefebvre, *The Production of Space*, Translated by Donald Nicholson-smith, Basil Blackwell Ltd, 1991, p.143.

遗忘的记忆，视这种记忆成为活的一代人的礼仪行为，以实现其纪念碑功能。"①需要强调的是，纪念碑与仪式并非密不可分，这些仪式可能会被人们记住或者遗忘，但是这座物理纪念碑可以被之后的社会中的任何团体使用，并发挥社会政治作用。在这种意义上来说，这座纪念碑的历史很快就超出了建造者的控制范围。

二、纪念碑性的特征

2.1 隐蔽性

列斐伏尔指出，"空间作为一种产品，并非指某种特定的产品——某事物与或某物体——而是一组关系"。通过空间实践，部分社会关系被转化为一些可直观的物性的存在，如这里提到的纪念碑。可当抽象的社会关系通过空间实践表征为纪念碑性时，人们却无法识别。这是由于纪念碑以"第二自然"的形式出现。"第二自然"的概念由黑格尔提出，指人通过劳动将自然物质提升到观念对象化的主体性存在，却在市民社会中重新颠倒地表现为非主体性的自然性存在，黑格尔将这种主体存在中的特殊自然存在指认为区别于天然自然的"第二自然"。换言之，纪念碑性空间拥有双重属性：一方面，这种空间的本质是关系性的存在；二是这种关系性的存在却常常表现为非关系的"自然"物。通俗来讲，纪念碑不仅是使用价值的载体，还体现着权力、等级、地位、社会秩序等各种社会关系。作为空间生产所呈现出的可被感知的影像，纪念碑性的产生如同电影蒙太奇手法一般，通过加工和剪辑，虽然本身带有意识形态性质及资本主义经济意图，却使人沉浸于伪

---

① 巫鸿:《中国古代艺术与建筑中的"纪念碑性"》,上海人民出版社,2008年,第29页。

装成一般建筑物的"第二自然"中,忽视了隐匿在背后的纪念碑性。

2.2　对立性

纪念碑性很多时候通过某种矛盾对立体现。以室内和室外的对立为例,门、墙、窗户的隔断在这一层面扮演着极其重要的角色。这种隔断造成了空间的不连续性,把"内部"和"外部"分开,在一个庞大的空间中又分割出若干相互独立又彼此联系的小空间。鲁道夫·阿恩海姆称这种人造空间为"外在空间"(extrinsic space),它"控制着各种独立物象系统之间的关系,并为物象系统的感知特征提供参考标准"。再比如,纪念碑性是由那里可能发生的事情决定的,同时也是由那里不可能发生的事情决定的(规定/禁止,在场/缺席);又比如看似空荡荡的空间,呈现的效果却可能是丰满的——例如空旷的基督教堂,神性充斥于整个空间。

2.3　声音性

纪念碑性不仅为人的视觉感知,还能调动其他感觉器官。纪念碑具有声音特性,如果不具有声音特性,就会减损它们的纪念碑性。例如,在神圣的宗教场所中,沉默本身就是一种近似于宗教颂歌的音乐;在回廊或教堂里,空间是用耳朵来衡量的:空间中的声响、人声及歌唱在相互作用中产生回响,类似于阅读声音为书面文本注入新的生命时所产生的相互作用。建筑体量确保了人们活动的节奏(步态、仪式、参观、游行等)和他们的音乐共鸣之间的相关性。就是这样,在这个层次上,纪念碑与人在不可见的物体中找到彼此。

2.4　整体性

列斐伏尔用符号学的方法对空间进行解构。需要强调的是，空间编码不仅仅是一种阅读或解释空间的方式，而是一种生活在空间中的方式，一种理解空间的方式，一种创造空间的方式。在此处要强调的是空间产品（纪念碑）的复杂性与诗歌、散文之类文本的复杂性根本不同。我们关心的不是文本，而是一种整体结构。我们已经知道，结构是由网络或网络覆盖的通常相当大的空间组成的；纪念碑构成了这些网络的交叉点或连接点。纪念碑性的社会和政治运行贯穿了各种"系统和子系统"，或"代码和子代码"，正是这些"代码和子代码"构成并发现了有关的社会。但是它也超越了这些编码和子编码，并且暗示了一种"超级编码"，因为它趋向于整体的无所不包的存在。

2.5　历史性

列斐伏尔认为，每一个社会都会生产出属于自己的社会空间，因此，对纪念碑的解读，需要回归到相对应的社会结构中。巫鸿也认为，通过审视一件艺术品的物质、礼制、宗教、思想和政治环境，我们能够更准确地确定它在某一特定社会中的地位、意义和功能。

当然，这并不是说一个社会空间中创造出的纪念碑进入一个全新的社会空间中去以后，就丧失了其纪念碑性，而是说纪念碑性并没有固定的"所指"（或所指们），与此相反，它有着广阔且多变的意义视野、一个特定的或者不确定的意义的多重性、一个不断变化的层次。

那些已经被废弃的古老遗迹的存在，可能会导致在一个新的文化背景下建造那些现在需要的"遗迹"。像新石器时代、青铜时代和铁器时代的建筑，创造了一种丰富的多层次事物。不仅是最新的纪念碑赋予了这个社会空间权力和重要性，而是各种各样的传记、神话、联想和权力的整体性历史赋予了这种性质。

三、纪念碑性的影响

如上文所说，列斐伏尔所言的三元辩证空间结构的属性集中在一个单一的点上——纪念碑。列斐伏尔认为，"总得来说，水平空间符号化了顺从，垂直空间符号化了权力，地下空间符号化了死亡"①。

3.1 水平空间符号化顺从

纪念碑性在空间表征层面有着实际的影响，它们介入并改变了由有效的知识和意识形态所决定的空间结构。这就意味着纪念碑性必须在空间的生产中发挥重大作用并产生具体影响。需要强调的是纪念碑性的干预是"通过建筑的方式"，而不是通过作为一个特定结构、宫殿或纪念碑的建筑本身，即作为一个嵌入在空间环境和结构中的抽象存在发挥作用，这需要纪念碑性以不会消失在符号或想象领域的表征形式，即在空间表征的框架内出现。

这种空间表征中的纪念碑性确定了人们在特定场所内的特定社会关系，生产出了关于这些场所的内涵话语；进而产生人们对这些场所的共识或惯例。这种共识暗示着：空间应该是自由的，并且所有地方都要留出一定的空间——以保持相互尊重的距离。社会关系的规律化和社会身份的等级化就包含在这种空间

---

① 巫鸿：《中国古代艺术与建筑中的"纪念碑性"》，上海人民出版社，2008 年，第236 页。

距离中,作为社会关系组成部分的每个个体成员的权利与义务都是众所周知且相对稳定的。纪念碑性空间为社会的每一个成员提供了一个成员的形象,一个他或她的社会面貌的形象。因此,它构成了一个集体的镜子,比任何个人的镜子更忠实。处于纪念碑性空间的所有人,无论是统治者还是被统治者,都对自己与他人所处的社会位置达成了普遍共识,并在此过程中获得了每个人的"主体性"地位。①

事实上,空间实践中仍存在着暴力和死亡、消极和恐怖等不稳定因素,但纪念碑性抹去了这些痕迹,取而代之的是一种平静的力量和确定性,这种力量和确定性可以包含暴力和恐怖。因此,不稳定性因素的符号暂时废除在纪念碑的表征空间中。于是,这种隐含着意识形态和阶级关系的空间共识构成了社会文明的一部分。自然而然地,它对阶级斗争的反应,就像对其他暴力行为的反应一样,持一种坚定的拒绝态度,所有人都被这一纪念碑性的水平空间规训了。正如乔治·巴塔耶指出:"纪念碑对于那些瞻仰它的人们有一种持久的激励作用,通过仿效被纪念的德行,人们可以在生活和精神方面获得荣耀。"②纪念碑性建筑最初是社会秩序的反映,现在则成为这种秩序的保证,并对这种秩序施加影响。原来不过是一种简单的象征物的它,现在变成了主宰。

3.2 垂直空间符号化权力

马克思主义中的"权力"指的是对生产(工具和劳动)手段和力量进行控制的结果,因此最终表现为一种具体的占有,就像商

---

① Henri Lefebvre, *The Production of Space*, Translated by Donald Nicholson-smith, Basil Blackwell Ltd, 1991, p.220.

② Jackson, 1980, p.92.

品那样可以被支配、转移、掌握和转让。福柯笔下的"权力"则最终落脚在非平等主义和可变"社会"关系的相互作用下，存在于社会统一体内部，是由无数因素共同运作的综合性力量。[1]

本顿（M. Benton）认为权力有两种存在形式，植入权力（power to）和施加权力（power over）。[2] 植入权力的概念指权力是社会上所有互动作用中的组成部分，是所有社会实践的内部环节。这种权力利用并创造了资源。从可能是最为抽象的层面来看，这种权力可被视作一种心理的潜能（dispositioinal capability），它既不是占有性的，也不是行使性的，更不被任何特殊的中介者或集团所控制。它是社会系统的一种结构性成分，只通过它在个体、集团或组织中所产生的影响体现出来。施加权力则意味着社会统治中的高压和控制性——它指的是不对等的形式，包括"权力有"和"权力被施加者"之间的辩证关系。[3] 这两种权力分别对应马克思和福柯思想中的"权力"概念。

回归到本文中社会垂直空间对去权力的符号化生产来看，列斐伏尔认为，任何在空间中出现的现实都可以用它在时间上的起源来阐述和解释。但是任何经过（历史）时间发展的活动都产生一个空间，并且只能在这个空间中获得实际的或具体的存在。简而言之，（社会）空间是一个（社会）产品，每一个社会都会生产出属于它自己的空间。因此，对于任何空间产品（纪念碑）的解读，都可以追溯到所属社会空间的创造能力中。虽然纪念碑建筑的建造往往是由处于社会空间主导地位的阶层或群体控制，但任何个人或群体都不能被认为对生产本身负有最终责任：这种责任只能归因于一种社会现实，这种社会现实能够投资一种空间能力，

---

[1]　Miller and Tilley，1984，pp.5-9.

[2]　Benton 1981.

[3]　Miller and Tilley，1984，p.7.

给予资源生产力、技术和知识、劳动手段等,生产该空间。一座社会空间中纪念碑的存在意味着它的建造是由一个社会群体共同完成的,这个群体也可以是自由的,或者隶属于(政治)权威。因此,此处的"权力"概念更倾向于福柯所描述的那种综合性力量,亦或者是本顿口中的"植入权力"。纪念碑包含着包括权力关系在内的社会生产关系。但是纪念碑对权力关系的表征并没有完全排除权力更加隐秘或者地下的方面(即"施加权力")。纪念碑空间生产出的权力必须有它的帮凶——警察或国家机构。

纪念碑空间成为社会的隐喻的基础,这是通过一种替代的游戏,宗教和政治领域象征性的(和仪式性的)交换属性拥有权力的属性;通过这种方式,神圣的权威和权威的神圣方面被来回传递,在这个过程中相互加强,沿着各自的路线通向权力中心的等级制度。空间上的水平位置链被垂直叠加所取代,在那里它将决定权力在社会关系生产中的位置。①

3.3 地下空间符号化死亡

最美丽的纪念碑往往因其经久耐用而雄伟壮观。纪念碑之所以具有不朽的美,是因为它似乎是永恒的,因为它看似挣脱了时间的流逝。纪念碑性超越了死亡,因此也超越了死亡本能。作为表象和本质,这种超越性嵌入在纪念碑中,作为其不可减少的基础;永恒存在的纪念碑轮廓战胜了关于时间和死亡的焦虑,甚至在葬礼纪念碑这种极端的艺术形式中,彻底地否认死亡本身所象征的意义。例如,泰姬陵沐浴在优雅、洁白和花卉图案的氛围中。就像诗歌或戏剧一样,一座纪念碑把对时间流逝的恐惧和对

---

① Henri Lefebvre, *The Production of Space*, Translated by Donald Nicholson-smith, Basil Blackwell Ltd, 1991, p.225.

死亡的焦虑转化为不朽与辉煌。然而,纪念碑式的"耐久性"无法完全实现幻想。实际上,纪念碑用通过物质外观实现的永恒表象代替了残酷的现实(时间与死亡的不可逃避)。归根究底,只有持久的意志可以实现永恒,而不朽的纪念碑上恰好有着权力意志的印记。只有意志,以其更复杂的形式——支配的愿望——可以克服、或相信自己可以克服死亡。看似能够超越时间局限的知识在这里失败了,在深渊中退缩了。只有通过纪念碑,通过建筑师作为造物主的介入,死亡的空间才能被否定,转化为一个生活空间,一种身体的延伸,但这是一种服务于宗教、(政治)权力和知识的交汇处的转化。

法国哲学

伊丽莎白论激情

——兼论其与笛卡尔哲学的碰撞与交集

于江云

（同济大学哲学系）

作为 17 世纪最著名的女性知识分子之一，波希米亚的伊丽莎白公主（Princess Elisabeth of Bohemia，1618—1680）一直作为笛卡尔的注脚而未受到应有的重视，其哲学更是经常因其独特经历与书写方式而引起诸多误解。一种流行的解读方式就是简单地将伊丽莎白视为笛卡尔的拥护者或批判者，甚至把她与笛卡尔分别作为女性主义与男权主义的代表而对立起来。然而，这种理解不仅有失偏颇，而且极易遮蔽其哲学的独到、新颖之处。作为一个敏锐的女性哲学家，伊丽莎白不仅首次以哲学论证的形式阐释了身心关系问题，进而挑战并影响了笛卡尔的身心观和激情论，而且还独立论证了心灵的非自主性、灵魂的具身性与激情的身体性，尤其是激情在有德性的生活中的积极角色，从而成为近代道德情操论的先声。透过生理学与哲学的双棱镜，伊丽莎白认为，心灵不仅仅是一个理性思考之物，而且还是一个受制于来自身体的激情的具身之物；作为一种肉身现象，激情在道德判断和德性追求中发挥着重要作用，因此德性与幸福的获得势必受到身体，乃至运气、知识等外在因素的制约。

一、被低估的女哲学家伊丽莎白

如何定位波希米亚的伊丽莎白？笛卡尔的一个通信者、知己、批判者、缪斯？还是"一个博学的少女"、公主？抑或是"一个傻乎乎地迷恋上一位比她年长但更有名的哲学家"的年轻女子？[①]这些称号似乎都有一定的道理。然而，伊丽莎白还被广泛认为是她那个时代最重要的女性知识分子之一，一个出身高贵，但出生于动荡年代的杰出学者。在写给伊丽莎白的《哲学原理》一书中，笛卡尔曾称赞伊丽莎白的智力"莹澈无比"，说她"已经深研各种科学的奥秘"，没有一个人能像她那样通体了解自己的著述内容[②]等等。剑桥柏拉图主义者摩尔（Henry More）甚至称伊丽莎白比"欧洲所有圣贤和哲学家的总和都更有智慧"。[③]

如果细看伊丽莎白的教育与经历，这些赞誉绝非名不副实。她不仅在拉丁语、逻辑学、数学等领域受到良好的教育，而且对医学、物理学等自然科学也一直怀有浓厚兴趣且有深入钻研。在 19 岁的时候，她甚至宣布自己不会结婚，献身学术。[④] 她周围还云集了一大批致力于讨论当时的哲学发展趋势、探索深入研究的可能途径和促进妇女教育事业的最为著名的女性知识分子。[⑤] 除笛卡尔之外，伊丽莎白还与同代很多哲学家有所交往，这其中就包括把《论激情与人的灵魂的能力》（*On the Passions and the*

---

① Renée Jeffery，"The Origins of the Modern Emotions: Princess Elisabeth of Bohemia and the Embodied Mind"，*History of European Ideas*，2017，43（6），p. 547.

② 笛卡尔：《哲学原理》，关文运译，北京：商务印书馆，1958，第 xxiii 页。

③ 转引自 Jacqueline Broad，*Women Philosophers of the Seventeenth Century*，Cambridge：Cambridge University Press，2002，"Elisabeth of Bohemia"，p. 27.

④ 转引自 Renée Jeffery，"The Origins of the Modern Emotions: Princess Elisabeth of Bohemia and the Embodied Mind"，p. 549.

⑤ Ibid.，p. 549.

Faculties of the Soule of Man，以下简称为《激情论》）一书献给伊
丽莎白的雷诺兹（Edward Reynolds）。①

　　总之，伊丽莎白不仅仅是一个更著名的男性哲学家，即笛卡
尔的缪斯、拥护者和传播者，而且还是一个努力追求哲学生活的
独立思想者。后文我们将看到，作为一个细腻、敏锐的女性哲学
家，她不仅首次以哲学论证的形式明确阐释了身心关系问题，进
而影响和改造了笛卡尔对于身心关系，尤其是激情的理解，而且
还预见了斯宾诺莎的悲伤概念和休谟的道德情感论的主要
元素。②

　　尽管如此，在哲学史上，伊丽莎白一直仅作为笛卡尔的注脚
而存在，其思想一直未受到应有重视与合理挖掘。究其原因，一
是笛卡尔主义时代相对短暂，它很快被 17 世纪末支持科学实验
和哲学经验主义的强有力趋势所取代，因此人们尚未来得及充分
认识、了解这位年轻的女哲学家。二是在 19 世纪晚期和 20 世纪
早期，出现了一系列关于伊丽莎白的传记，但其历史浪漫主义的
写作手法严重影响了伊丽莎白作为严肃学者的声誉。其三，伊丽
莎白从没发表过任何作品，她唯一的哲学著述即是她有所遗失且
残缺不全的书信。③ 而且这些书信并非是有意面向广泛读者或作
为其他著作补充的正式哲学书信，④因此有其局限性。当然，如杰
弗瑞（Renée Jeffery）所言，这些私人信件也有正式作品所不能相
比的优势：由于其中大量记录了伊丽莎白的个人轶事和她对日常

---

①　转引自 Renée Jeffery, "The Origins of the Modern Emotions: Princess Elisabeth
　　of Bohemia and the Embodied Mind", p. 549.

②　Ibid., p. 548.

③　Ibid., pp. 550-551.

④　Lisa Shapiro（ed & trans）. *The Correspondence between Princess Elisabeth of
　　Bohemia and René Descartes*, Chicago: University of Chicago Press, 2007, p. 4.
　　本文所引用的笛卡尔与伊丽莎白之间的书信皆参考了该英译本。

生活的思考,包括其家庭的艰难,借此我们就可以了解她的经历如何引导了她的学术兴趣,影响了她的思想。[①] 尽管如此,鉴于书信本身的特点与伊丽莎白的特殊身份,很多误读、误解依然随处可见。

鉴于雷诺兹将《激情论》一书献给伊丽莎白,不难推测,伊丽莎白应该很早就对激情这一话题深感兴趣,并伴有自己的深入思考。因为她在这之前显然就读过书稿,并与雷诺兹有所交流。当然,我们主要是从她与笛卡尔的通信中获知她关于激情的主要思想。正如杰弗瑞所评论的,在这些书信中,我们不仅看到她对笛卡尔二元论的机智批判,而且还可以发现她在更好地理解情感的身体性体验和心智能力之间关系方面的一种努力。[②] 当然这种理智努力的背后是其沉重的现实关切和情感困扰。可以说,伊丽莎白对激情问题的思考首先是受到自身的身心之疾、不幸家境的驱使。基于自己的切身之感,加之长久的哲学训练与对身体的脆弱性、知识的有限性的深刻体悟,伊丽莎白最终对情感、理性与德性之间的关联,以及更为根本的身心关系进行了锲而不舍的追问与思考。

二、激情、理性与德性

17 世纪是一个哲学(尤其是道德心理学)与医学深入互动且互有交集的时代。这时的医学与哲学共同面对的问题是激情的失序问题,它们为此提供了各自的药方,两类药方相互交叉、相互平衡。医学方面主要提供的是饮食、锻炼及特定的草药等治疗方法,来自道德方面的主要建议则是消除激情,这主要与斯多亚主

---

① Renée Jeffery, "The Origins of the Modern Emotions: Princess Elisabeth of Bohemia and the Embodied Mind", p. 551.

② Ibid., p. 548.

义在 17 世纪早期的复兴、盛行有关。① 笛卡尔向伊丽莎白所推荐的晚期斯多亚学派代表作之一、塞涅卡的《论幸福生活》(*De vita beata*)一文正是当时最著名的新斯多亚主义者利普修斯(Justus Lipsius)于 1605 年所编辑的作品。在这一复杂的思想背景下,伊丽莎白与笛卡尔这一对特殊的"医患"对激情及其治疗进行了长久的哲学思考和讨论。由于伊丽莎白长期处于悲伤抑郁的情绪之中,且视笛卡尔为自己灵魂的"最好的医生",②因此笛卡尔非常希望通过自己的哲学,尤其是其激情概念与身心观念来对她加以疗救。然而众所周知的是,治疗效果并不十分理想。对此,有些学者认为伊丽莎白作为现代激情理论的起源,③其实对笛卡尔哲学及其所代表的(新)斯多亚主义持反对态度。④ 我们以为,伊丽莎白并没有全然拒绝古代(无论是斯多亚学派还是其他学派)的情感论,而且伊丽莎白与笛卡尔的情感思想有同有异,后者在前者的影响下明显有所变化。

受到当时的哲学讨论以及自身独特经历的影响,伊丽莎白就激情提出了很多独立的见解。我们只有从其与笛卡尔哲学的碰撞、对比中才能寻觅到其思想的独特之处。众所周知,17 世纪的欧洲关于激情的讨论的核心即是理性与激情的关系问题。这在伊丽莎白与笛卡尔这里得以体现与深化:他们将讨论逐渐延伸至

---

① Lisa Shapiro(ed & trans). *The Correspondence between Princess Elisabeth of Bohemia and René Descartes*, p.30.

② Elisabeth to Descartes The Hague, 6 May 1643, AT 3:662.

③ 有些人视笛卡尔为现代激情理论的奠基人(阿然奎,1998 年:《笛卡尔和维特根斯坦论激情》,贺翠香译,《哲学译丛》第 2 期,第 40 页),有些人则认为伊丽莎白才是现代激情理论的起源(Renée Jeffery, "The Origins of the Modern Emotions:Princess Elisabeth of Bohemia and the Embodied Mind")。

④ Ariane CäcilieSchneck, "Elisabeth of Bohemia's Neo-Peripatetic Account of the Emotions", *British Journal for the History of Philosophy*, 2019, 27(4), p.753-770.

伦理学领域，深入探讨了理性与激情在追求德性、幸福过程中的各自角色与相互关联。总体而言，与笛卡尔相比，伊丽莎白对激情明显持更积极、肯定的态度，并因此赋予激情在道德判断和追求德性等方面以重要角色。笛卡尔相信我们可以完全控制思想和激情，进而过上一种有德性与幸福的生活。但基于对身体的脆弱性、运气的不确定性和知识（在评估事物的价值方面）的界限的清醒认识，伊丽莎白对德性与幸福的获得远没有笛卡尔那么乐观。

我们先来看笛卡尔对激情的基本界定：激情是这样一种思想，它来源于动物精气的一种特定的激荡，并在灵魂本身中被感受到；[①]激情本身并不构成判断，并且会扭曲我们的判断。他在某种程度上将理性与激情对立起来，强调理性能够，也应该统治激情。因为激情往往放大事物本身的善，而且身体的快乐不像心灵的快乐那样持久。因此，当我们被某种激情所激发时，我们应该悬置判断，直到这种激情消退，从而不被事物虚假的表象所欺骗。[②] 当然，笛卡尔并没有像斯多亚学派和新斯多亚主义者那样主张我们应该彻底根除激情，完全轻视或根本不承认身体之善。[③]因为在他看来，作为感知善与恶的产物，激情对我们体验和理解周围的世界有用。[④] 激情之所以有用，是因为它们能够维持对我们有益的思想；之所以有害，则是因为它们"强化和保存"了那些过度或不好的思想。为此，"我们只要让它们服从于理性就够了，当我们这样驯服它们时，它们有时越有用，越容易过度"。[⑤] 一般来说，灵魂感到自己被激情所推动时会感到愉悦，无论这些激情

---

① Descartes to Elisabeth Egmond，6 October 1645，AT 4：310-313.

② Descartes to Elisabeth Egmond，15 September 1645，AT 4：295.

③ Descartes to Elisabeth Egmond，1 September 1645，AT 4：287.

④ 详见：Renée Jeffery，"The Origins of the Modern Emotions：Princess Elisabeth of Bohemia and the Embodied Mind"，p.557.

⑤ Descartes to Elisabeth Egmond，1 September 1645，AT 4：287.

是什么性质，只要它们还在控制之内。①

　　尽管如此，笛卡尔认为道德判断和对德性的追求完全是理性的作用，激情无法激发德性的行为。相反，激情还会倾向于歪曲事物的价值，夸大行动所带来的善或恶，从而导致德性误入歧途。只有用理性驯服激情，才能获得德性。那么如何理解德性呢？在笛卡尔看来，德性就在于满足，德性是满足的充分条件；②但德性具有可错性，只有正确使用理性才能"防止德性出错"，使满足变得可靠。③ 为此一个人应该尽可能做理性建议之事，不受激情或欲望的驱使而偏离理智，因为"除了欲望和悔恨或忏悔，没有什么能阻止我们感到满足。如果我们总是按照理性告诉我们的去做，我们就永远不会有任何后悔的理由，即使事后的事情让我们认识到我们错了"。④ 换言之，即使行动的结果是坏的，我们也没必要为此感到自责或者后悔。

　　与之相关的是，针对伊丽莎白身体欠佳的状况，笛卡尔建议她避免想象那些不愉快的事情，甚至是远离所有关于科学的严肃思考，并尽可能专注于那些带给她快乐的事情上。因为真正的满足只取决于心灵。⑤ 尽管笛卡尔没有完全采纳斯多亚学派的针对意愿的哲学治疗，但他还是用斯多亚式的口吻说，真正的幸福只需心灵的完全满足和内在满足，与命运无关。⑥ 我们需要做的即是努力在内心培养一种德性的品格：谨慎地思考要做什么，坚定

① Descartes to Elisabeth Egmond，6 October 1645，AT 4：309.

② Descartes to Elisabeth Egmond，4 August 1645，AT 4：266-267.

③ Renée Jeffery，"The Origins of the Modern Emotions：Princess Elisabeth of Bohemia and the Embodied Mind"，p. 556；Descartes to Elisabeth Egmond，4 August 1645，AT 4：267.

④ Descartes to Elisabeth Egmond，4 August 1645，AT 4：255-266.

⑤ Descartes to Elisabeth Egmond，May/June 1645，AT 4：218-221.

⑥ Descartes to Elisabeth Egmond，4 August 1645，AT：4.264.

地按照理性行事，区分在自己权能之内的事物与不在自己权能之内的事物。① 如此，即使时运不济，我们也会因没有由于过失而失去什么而感到心满意足，并且享受那种本可以获得的自然的真正的幸福。②

然而，笛卡尔的论述难以让人信服：从我们的切身体验出发，理性真的能够统治和驯服激情吗？激情在道德判断和寻求德性方面真的毫无积极作为吗？不含忏悔且只关心心灵的完全满足又如何可能？针对笛卡尔的激情观点及治疗之方，敏锐的伊丽莎白——做了回应。她相信，激情本身就构成判断，而且激情与理性是可以相互协调的。因此激情不仅可能摧毁理性，而且还可以推动合乎理性的行为。另一方面，作为社会中的人，我们很容易在情感问题上陷入情不自禁或"不能自制"。即便是对于悔恨这一消极激情而言，它也不仅在所难免，而且有所裨益。

鉴于此，伊丽莎白赋予激情在道德判断与追求德性方面以更重要的功能。她争辩道，激情也能激发有德性的行为，因此激情不应该被完全否定或消除，而是应被正确引导。尽管伊丽莎白在这一点上与（新）斯多亚主义者的立场截然不同，但她所提出的以一种激情治疗另一种激情等主张却与塞涅卡的说法极为相似。不仅如此，她还吸收了亚里士多德伦理学、契约论伦理学的相关观点，从德性论与怀疑论的角度对笛卡尔的相关主张提出了质疑：③

---

① Lisa Shapiro, ed., *The Correspondence between Princess Elisabeth of Bohemia and René Descartes*, p.34.

② 当然，笛卡尔后来也承认激情在追求德性的过程中会起到一定作用，即"驱动和促使人们的灵魂去欲求那些它们为之而在身体上有所准备的东西"（勒内·笛卡尔著：《论灵魂的激情》，贾江鸿译，北京：商务印书馆，2013 年，第 27 页，第四十条）。但这种作用是非常有限的。

③ Lisa Shapiro, ed., *The Correspondence between Princess Elisabeth of Bohemia and René Descartes*, Volume Editor's Introduction, pp.49-50.

　　其一，针对笛卡尔的"悔恨阻止我们满足"这一观点，伊丽莎
白反驳道，如果我们因为悔恨对幸福的负面影响而消除它，那么
就有可能失去纠正错误与改进行为的机会。① 只有当激情过度，
以至于把我们带进某种非常糟糕的状态时，它们才会变得有害，
需要理性加以缓和。

　　其二，针对笛卡尔的"当激情受制于理性时，有时越有用，越
容易过度"的主张，伊丽莎白认为笛卡尔陷入了自相矛盾，因为过
度的激情必定已失去控制，激情不可能既过度又受理性控制。②
在伊丽莎白看来，对于需要矫正的激情，其本性决定了转移注意
力、换位思考并没有看起来那么简单，我们很容易会在情感上陷
入不能自制。

　　其三，伊丽莎白也不接受笛卡尔关于满足与德性的解释。按
照笛卡尔，德性的获得只需意图，即善，并在行动中依判断或推理
而行；德性不受运气的影响，也与行动的后果无关。伊丽莎白则
怀疑真正的满足完全取决于心灵（即按照判断去努力行事）。

　　伊丽莎白认为，一方面，有些疾病会完全摧毁推理能力，从而
使我们不能享受理性上的满足感。它们使我们无法遵循判断力
准则，使最温和的人被激情冲昏头脑，更无力摆脱命运的袭击。③
在这里，伊丽莎白一方面坚持了某种亚里士多德主义的立场，强
调德性的获得会受到运气的影响，另一方面则认为即使理性能力

———————————

① 　Elisabeth to Descartes, The Hague, 28 October 1645, AT 4：322.

② 　当然，笛卡尔后来通过提出两种"过度"而进一步做出了澄清。笛卡尔解释道，有
　　两种过度，一种是由于它改变了事物的本性，从而使事物变坏，不再受理性支配；
　　另一种只是增加事物的量，从而使之比它本身更好。因此，过分的大胆就是鲁莽，
　　这时它超越了理性的限度。但当它没有越过这些界限时，它还会有另一种过分的
　　表现，即，既不带有优柔寡断，也不带有恐惧（Descartes to Elisabeth, Egmond, 3
　　November 1645, AT 4：331-332）。

③ 　Elisabeth to Descartes, The Hague, 16 August 1645, AT 2：269.

也会受制于运气,从而超越了亚里士多德①。显然,伊丽莎白对于
"在我们权能之内的"与"不在我们权能之内的"这两个概念的理
解是非常不同于斯多亚学派(尤其是爱比克泰德)和笛卡尔的。
在她看来,不但心灵的满足依赖于不在我们权能之内的事物,人
的理性能力与德性的获得也是如此,即它们也在一定程度上依赖
于不在我们权能之内的事物,尤其是疾病。

　　另一方面,我们在关于事物价值和行为后果等知识上的限
制,也决定了我们不可能实现这种满足。② 因为为了获得满足感
和避免任何遗憾,我们需要一种"无限的科学"来充分地认识善
物,对其价值进行合理地评价(包括对我们自己的用处与对他人
的用处)并衡量我们的满足程度,进而保证我们的判断与行为是
正确的③。只有拥有这种精确的知识,成为一个审慎的人,我们才
能实现对自己与对他人的正义④。可见,与笛卡尔在伦理领域对
知识的含混态度不同,伊丽莎白在这里依然寻求绝对的清晰性与
精确性,从而在某种意义上导向斯多亚学派。

　　其四,与之相关的是,伊丽莎白也不同意有德性的人可以犯
错这一点。笛卡尔乐于坚持,即使我们犯错,我们仍然可以是有
德性的,而且只要我们尽力做得最好,我们就在错误面前实现了
满足。而伊丽莎白则认为,除非我们清楚地看到事物的真正价值
和我们行为的结果,否则我们就不可能是有德性的⑤。一个人如

---

① Lisa Shapiro, ed., *The Correspondence between Princess Elisabeth of Bohemia and René Descartes*, p.46; LisaShapiro, "Elisabeth, Princess of Bohemia", *The Stanford Encyclopedia of Philosophy* (Winter 2014 Edition).

② Ibid., p.46

③ Elisabeth to Descartes, The Hague, 13 September 1645, AT 4: 289-290.

④ Elisabeth to Descartes, The Hague, 28 October 1645, AT 4: 324.

⑤ Lisa Shapiro, ed., *The Correspondence between Princess Elisabeth of Bohemia and René Descartes*, p.50.

何做到在错误面前不后悔？当最好的意图出错时，我们自然会感到后悔。此时我们可能是有德性的，但绝不会感到满足。[①] 因为我们要为自己的行为负责，所以不可能不关注结果。只有行为被证明是正确的，我们才会感到满足。在伊丽莎白看来，德性可能是满足的必要条件，但不是充分条件。

　　虽然伊丽莎白与笛卡尔关于激情存在诸多分歧，但她也影响了笛卡尔的激情理论。[②] 正是应伊丽莎白的"界定激情，以便更好地了解它们"[③]这一请求，笛卡尔在《论灵魂的激情》一书中全面讨论了各种激情及其生理特性，并对身心关系问题进行了更深入的探讨。值得注意的是，从二人的通信到笛卡尔的《论灵魂的激情》这部最后作品的出版，笛卡尔的观点较之前有所变化。他后来不得不承认身体上的疾病可以摧毁推理能力这一观点，并且声明他关于获得幸福的建议只适用于"那些可以自由运用理性的人"。[④] 又如，笛卡尔在《论灵魂的激情》中承认有一种激情是理性本身的

---

① Lisa Shapiro, "Elisabeth, Princess of Bohemia", *The Stanford Encyclopedia of Philosophy*（Winter 2014 Edi-tion）.

② 伊丽莎白认为激情可以削弱理性的力量，但笛卡尔一直坚持理性的优越性与对激情的控制，并且特别强调了理性在纠正激情所扭曲的事物价值方面的力量（Tad M. Schmaltz，" Princess Elisabeth of Bohemia on the Cartesian Mind: Interaction，Hap-piness，Freedom，" *Feminist History of Philosophy: The Recovery and Evaluation of Women's Philosophical Thought*，Eileen O'Neill and Marcy Lascano eds.，Dordrecht: Springer，2019，p. 166.）。即使是在《论灵魂的激情》一书中，笛卡尔也同样坚定地认为，我们可以将自己限制在只依赖于自身的欲求中，从而获得完全不依赖于命运的满足（第一百四十六条）。另外，他在书信中从未真正承认伊丽莎白的这一主张，一些激情甚至在它们征服理性之前就可以扮演有用的角色，因为它们自己"促使我们合理地行动"（ T. M. Schmaltz，"Princess Elisabeth of Bohemia on the Cartesian Mind: Interaction，Happiness，Freedom," p. 168）。

③ Elisabeth to Descartes, The Hague, 13 September 1645, AT 4: 289.

④ Descartes to Elisabeth, Egmond, 1 September 1645, AT 4: 282.

有效性所必需的，这就是慷慨（générosité）①。他不仅更多地从身体角度讨论激情的发生、作用与治疗，而且强调激情从其本性上来说都是好的，我们只需通过练习而纠正自然本性的缺陷，以避免不良或过度地使用②。究其原因，至关重要的一点就在于，在伊丽莎白的影响下，笛卡尔对生命与激情采取了一种更为整全的理解。如有些学者指出的，他对激情的探讨不仅从形而上学转向以想象力和感觉为基础的生理学，并且大量借鉴了他生前所从事的解剖学研究的成果③。于是，尽管仍存在很多歧见，伊丽莎白与笛卡尔在调和医学和哲学视角这一点上还是走到了一起。④

三、作为肉体现象的激情与具身的心灵

伊丽莎白与笛卡尔之所以在通信中就激情问题出现诸多分歧，尤其是笛卡尔不能有效地诊治伊丽莎白之疾，这在很大程度上与他们对身心关系的不同理解与处理有关。显然，比理性、情感与德性之间的关系更根本的是思维的心灵和感觉的身体之间的关系。这一问题也是最先由伊丽莎白明确阐明，后来成为她与笛卡尔的通信、乃至当时哲学讨论的焦点问题。对这一始终关乎自己身体状况与人生际遇的重大问题，伊丽莎白坚持认为，思想与身体是相互影响的；我们的激情总是伴随着身体上的某些反

---

① 详细讨论请参见：Tad M. Schmaltz, "Princess Elisabeth of Bohemia on the Cartesian Mind: Interaction, Hap-piness, Freedom," p. 168.

② 勒内·笛卡尔著：《论灵魂的激情》，第二百一十一条，第129—130页。

③ Thomas F. Tierney, "'Best Doctor for My Soul': How the Parrhesiastic Relationship between Princess Elisabeth of Bohemia and René Descartes Belies Descartes' Dualism and Foucault's Neoliberalism", 2018, *Angelaki: Journal of the Theoretical Humanities*, 23(5), p. 106.

④ 当然，按照笛卡尔设计的"哲学树"，医学、机械学与伦理学共同作为树枝，其中伦理学是最高尚、最完全的学问，也就是说，医学要服务于伦理学（笛卡尔著：《哲学原理》，xvii）。

应，这种关联性使我们很难准确地评估事物的价值，并且容易深陷某些身心疾患而难以痊愈。

从对身心关系的讨论到对健康问题的关注，笛卡尔一直将伊丽莎白身体欠佳之状况诊断为悲伤这种激情在作怪。两人时隔两年后之所以重提身心问题，其重要背景就是他们对于伊丽莎白的抑郁以及塞涅卡的《论幸福生活》一文的讨论①。透过这些讨论与经历，伊丽莎白深切地认识到，心灵是具身的（embodied），理性能力在很大程度上受到身体状况的影响。这一立场不仅直接影响了她自己对激情的理解，而且构成了对笛卡尔二元论的重要修正，促成了后者更精致的激情理论。

伊丽莎白对笛卡尔的身心二元论的质疑是非常斯多亚式的：非物质的灵魂如何作用于物质的身体？在伊丽莎白看来，由于非物质不能与物质发生因果关系，因此笛卡尔的非物性的心灵概念无法解释身体性的因果关系（bodily causation）；不仅如此，他的二元论无法解释理性为什么会受制于身体性的忧郁病（bodily vapours）的影响，他对作为知觉的激情的理解也不能令人满意地解释激情是如何在身体性经验中表现出来的，如疾病②。尽管笛卡尔在通信中一直致力于解决这个问题，甚至在《论灵魂的激情》中也从未放弃这种努力，然而，对于他的三个"解决方案"——这一提问有不当之处，身心统一不能为理智所理解（只能为感觉所知晓）以及松果腺是身体与灵魂的接点，包括伊丽莎白在内的大多论者都不甚满意。尽管笛卡尔也承认灵魂会受到身体的影响，但伊丽莎白在这一点上显然走得更远。更重要的是，相较于笛卡尔，伊丽莎白眼中的灵魂是一个可能具有广延的物质的灵魂："承

---

① Jacqueline Broad, *Women Philosophers of the Seventeenth Century*, p.29.

② Renée Jeffery, "The Origins of the Modern Emotions：Princess Elisabeth of Bohemia and the Embodied Mind", p.559

认灵魂的物质和广延,比承认一个非物质的东西移动身体与被身体所移动的能力要容易得多。"①

有人可能就此认定伊丽莎白是一位主张还原论的唯物主义者。然而,尽管伊丽莎白对笛卡尔的实体二元论提出了挑战和质疑,但她并不愿意采纳当时占主导地位的,以霍布斯为代表的还原论的唯物主义。在她看来,尽管身体可能会影响心灵,但思想不可能完全是物质的,也不能完全被还原为身体的活动。我们的心灵自身就可以决定思想;我们生病时不能正确思考并不是一个简单的大脑功能的物质性问题②。正如夏皮罗(Lisa Shapiro)所指出的,坚持思想是一种自主的活动这一点并不需要我们宣称它是一种独立的实体;我们不必将思想视为一个能够自身独立存在、与肉体分离的超悬实体。伊丽莎白的形而上学洞见就是要区分自主性与那种使某物成为实体的独立性。③ 我们同意这一看法。伊丽莎白强调的是心灵的具身性以及身体对心灵的影响与限制,但不否定心灵的部分自主性,这与机械的还原论不可同日而语。

伊丽莎白具身性的心灵观念无疑对笛卡尔的身心观,尤其是激情观产生了深刻影响,这在《论灵魂的激情》一书中体现得尤为明显。在伊丽莎白的追问以及两人的持续讨论后,笛卡尔不仅愈加重视身心统一问题,④承认身体的分裂会导致灵魂发生混乱和

---

① Elisabeth to Descartes, The Hague, 10 June 1643, AT 3: 685.
② Lisa Shapiro, "Princess Elisabeth and Descartes: The Union of Soul and Body and the Practice of Philosophy", *British Journal for the History of Philosophy 7*, 1999, p.508.
③ Lisa Shapiro, ed., *The Correspondence between Princess Elisabeth of Bohemia and René Descartes*, p.44.
④ 与之前对身体的快乐和心灵的快乐的区分相比,笛卡尔后来对两种快乐的表述是"只属于心灵的"与"属于人类的,即与身体相统一的心灵的"(Descartes to Elisabeth Egmond, 1 September 1645, AT 4: 284)。

错误,而且更加明确地强调"激情绝对地依赖于产生它们的身体活动"①。尽管如此,笛卡尔坚持主张,由于身体的完善是次要的,一般来说,即使没有它们,也总有一种方式能让一个人获得幸福②。而且在大多数情况下,疾病并不能完全阻止我们进行推理:它们使我们更倾向于陷入极端的激情。这些极端的激情会误导我们的判断、选择和行动,使我们相信某些事物比它们本身更好,更值得追求。③ 但结合自己的身体体验,伊丽莎白认为,一个通常具有复杂推理能力的人,在生病时可能会感到困惑或无法直接思考④。激情不仅是一种灵魂疾病,即道德疾病,而且还与身体疾病相关。因为激情会导致身体的疾病,而身体上的疾病又会直接影响人的理智思考。当然就自身而言,伊丽莎白并不是简单地认为她身体上的疾病是她的忧郁心理所造成的(比如还有"运动不多等因素"⑤);但与笛卡尔所强调的心灵对激情的影响相比,她显然更强调激情及身体疾病对心灵或理智的影响,即理智的有限性⑥。她相信身体的失序可能会限制心灵的能力:"我的身体""充满了我这个性别的大部分弱点,所以它很容易被灵魂的痛苦所影响,没有力气让自己回到正常状态。"⑦因此,伊丽莎白强烈反对笛卡尔的诊断与药方,即尽管悲伤可能已造成自己脾脏和肺的不健

---

① Descartes, Passions of the Soul, I.41, p.12.

② Descartes to Elisabeth Egmond, 1 September 1645, AT 4：287.

③ Renée Jeffery, "The Origins of the Modern Emotions：Princess Elisabeth of Bohemia and the Embodied Mind", pp.556-557.

④ Ibid., p.558.

⑤ Elisabeth to Descartes, The Hague 24 May 1645, AT 4：208. 参见：Renée Jeffery, "The Origins of the Modern Emotions：Princess Elisabeth of Bohemia and the Embodied Mind", p.555.

⑥ Renée Jeffery, "The Origins of the Modern Emotions：Princess Elisabeth of Bohemia and the Embodied Mind", p.555.

⑦ Elisabeth to Descartes, The Hague, 24 May 1645, AT 4：208.

康，但她如果只去想那些能够带来满足和快乐的东西，就能够恢复健康①。在她看来，这些药方并不能消除那些思想中的问题，而且一旦有了特定的激情，身体就会变得严重失序，难以康复，尽管我们理性上不希望如此②。因此伊丽莎白在信中意味深长地写道，"如果我像你一样理智，""我也会像你一样治愈自己"。③

结合伊丽莎白的"忧郁病"（vapours）④，有些人可能会认为伊丽莎白是在表达某种女性主义或性别主义的立场，即强调女性与身体的关系如此紧密，以至于她们服从于身体，并因此无法变得完全理性。具言之，因为伊丽莎白是一个女人，所以她不如笛卡尔更理性。自20世纪80年代来，有些学者，特别是一些女性主义哲学家甚至把笛卡尔作为主张身心二元论、客观主义的男权主义者，把伊丽莎白作为重视人际关怀、情感投入的女性主义代表，而将二者对立起来。其基本的论调就是，笛卡尔哲学为男权主义认识论奠定了基础，这种认识论贬低（女性的）身体而高扬无身体的（男性的）心灵，而伊丽莎白哲学则恰恰代表了一种对抗这种男权主义的女性视角⑤。但如上一小节已指出的，笛卡尔并不像通常所认为的那样，是一位全面专注于费力费神的形而上学沉思的哲学家。他不仅建议伊丽莎白减少从事想象和理解的时间，以治

---

① Descartes to Elisabeth, Egmond, May or June 1645, AT 4：119-220.

② Elisabeth to Descartes, The Hague, 22 June 1645, AT 4：233-234.

③ Elisabeth to Descartes, The Hague, 22 June 1645, AT 4：234.

④ Elisabeth to Descartes, The Hague, 10 June 1643, AT 3：685；Elisabeth to Descartes, The Hague, 24 May 1645, AT 4：208. 杰奎琳·布罗德（Jacqueline Broad）指出，"忧郁病"在当时被理解为一种典型的女性疾病：胃部或脾脏的"呼气"上升至脑部，产生了各种形式的心理失衡，包括癔症、疑病和抑郁等。参见：Jacqueline Broad, *Women Philosophers of the Seventeenth Century*, p.24.

⑤ 可参见：Susan Bordo, *The Flight to Objectivity: Essays on Cartesianism and Culture*, Albany：State University of New York Press，1987.

疗其"软弱的"心灵,而且他自己就是如此践行的。① 实际上,伊丽莎白在这里只是在一般意义上谈心灵的本性问题,即承认作为女性的她有着某些不同的具身体验(当然也含有自谦成分)。

伊丽莎白思想的独特之处在于,尽管她肯定心灵的某种自主性,进而在某种程度上认同笛卡尔的说法,但她否定心灵是完全自主的。伊丽莎白坚持认为,虽然自我对思想、心灵对身体具有一定的控制权,但这种控制在某种程度上依赖于身体的状况②,而且这种身体状况对心灵的影响使得笛卡尔所推荐的治疗方法难以应用。③ 总之,在伊丽莎白眼中,激情至少部分是一种肉体现象;它不仅具有认知性,而且还具有物质性、不可控性。正如身体上的疾病可以摧毁人的推理能力,激情也会以一种不可控的方式扰乱人的理性。尽管如此,我们不能、也不应该完全超然于激情。基于这样一种哲学信仰和实践关切,伊丽莎白认为,理性与我们的身体状况密切相关:为了正确、独立地思考,我们的身体需要处于一种良好的健康状态④。也只有这样,激情才能与理性相和谐,并最大程度地发挥其作用。因此,幸福或真正的满足不可能单独依赖于心灵,它还在一定程度上依赖于一个健康的身体,因而有其脆弱性。尽管笛卡尔始终不肯承认这一点,但他却依然对身体

① Thomas F. Tierney, "'Best Doctor for My Soul': How the Parrhesiastic Relationship between Princess Elisabethof Bohemia and René Descartes Belics Descartes' Dualism and Foucault's Neoliberalism", p.104.

② Lisa Shapiro, ed., *The Correspondence between Princess Elisabeth of Bohemia and René Descartes*, p.42; Renée Jeffery, "The Origins of the Modern Emotions: Princess Elisabeth of Bohemia and the Embodied Mind", p.555.

③ Renée Jeffery, "The Origins of the Modern Emotions: Princess Elisabeth of Bohemia and the Embodied Mind", p.555.

④ Lisa Shapiro, ed., *The Correspondence between Princess Elisabeth of Bohemia and René Descartes*, p.44; LisaShapiro, "Princess Elizabeth and Descartes", p.516.

健康同样高度重视,并且同样认为身体健康与心灵健康密切相关。

结　语

综上,作为近代杰出的女性哲学家,伊丽莎白在哲学史上的独立而特殊的地位不容置疑。作为一种承前启后之学,伊丽莎白的激情思想在很大程度上遵循了古典德性伦理(尤其是亚里士多德伦理学与斯多亚伦理学)的框架,但有时又表现出一种比较强烈的怀疑主义倾向;它基于一种具身的灵魂概念,但又没有陷入一种还原论的唯物主义。然而这并非是一种简单的折中主义。作为对笛卡尔思辨哲学的批判与反思,它代表着一种有着强烈现实与思想关切的深入的哲学思考。秉着这样一种灵魂观念,伊丽莎白坚持主张,心灵进行独立思考的能力取决于它所处的身体状态;幸福或真正的满足在一定程度上还依赖于一个健康的身体。基于此,她不仅阐述了对情感的一种混合理解的基础,并且还论证了具体的激情在做道德判断和过一种有德性的生活中所发挥的有益作用,从而开启了 18 世纪英国道德情操理论的先声。不仅如此,伊丽莎白还挑战了当时人们对忧郁和悲伤等情感的普遍理解,进而调和了主导 17 世纪思想的理性和情感之间的关系。[①]由此可见,简单地将伊丽莎白作为笛卡尔的拥护者或批判者,甚至将她与笛卡尔分别作为女权主义与男权主义的代表而对立起来,不仅有失偏颇,而且遮蔽了其哲学的独到、新颖之处。

---

① Renée Jeffery, "The Origins of the Modern Emotions: Princess Elisabeth of Bohemia and the Embodied Mind", p. 548.

抵抗凝视：论利奥塔的"话语，图形"

余　航

（同济大学人文学院）

摘　要： 本文以利奥塔专著《话语，图形》一书为主要研究对象，结合其他相关论述，对利奥塔"话语，图形"理论进行梳理，详细阐明其中"话语""图形""欲望"等概念的各自内涵及相互关系，并对利奥塔"话语，图形"理论在当代艺术批评实践中的现实意义与理论价值展开分析。

关键词： 利奥塔；话语；图形；欲望；图形性

《话语，图形》（*Discours，Figure*，1971）作为让-弗朗索瓦·利奥塔（Jean-Francois Lyotard）的博士论文，标志其正式进入学术生涯。该书通过对结构主义、符号学以及拉康精神分析学说加以批判，对"话语"（discours）局限进行审视，重新反思了非语言事物——"图形"（figure）的异质性。他通过"欲望"（desire）所进行的"话语，图形"理论建构，使视觉艺术观念得到重新阐释和塑造。本文将以该著作为主要研究对象，结合其他相关著述，对利奥塔"话语，图形"理论进行详细梳理，详细阐明其中"话语""图形""欲望"等概念的各自内涵及相互关系。

一、"话语"与"图形"的概念内涵

1. 利奥塔"话语"概念分析

我们首先对利奥塔"话语"一词的内涵加以概括。"话语"的第一个层面为语言的装配机制及其产物:它首先代表一种可以明确传递语义的信息交流活动;其次也意指一种将知识、经验加以组织的语言符号体系和编码系统。因此,意义明确的口头语言、书面语言,甚至再现性图像,以及相关的对材料的组织方式都可以看作"话语"。

"话语"的主要功能是表意的精确化。为了追求意义传递的清晰准确,一切语义模糊的表达方式都会遭到压抑。因此,"话语"很显然具有强烈的符号表征功能,最为典型的便是作为知识话语的"科学文本",去修辞化的公理体系与命题整体独立于内容而抽象存在。

如果说上述诸种语言装配的组织方式及其产物为"话语"的第一个层面的话,那么一旦认识到"语言"实质上是本维尼斯特(Émile Benveniste)所论述的"言语行为"①,那么,通过什么样的行为才能对语言进行装配? 从而生产出怎样的语言产品? 这样的问题便随之而出,将我们带至"话语"内涵的第二个层面,即"话语"的形态并非是独一无二的,其建构总是伴随着权力、意识形态层面的因素。

事实上,语言的组织方式总是随历史的具体时间段而发生变

---

① 埃米尔·本维尼斯特:《普通语言学问题》,王东亮译,北京:生活·读书·新知三联书店,2008年版。在该书中本维尼斯特认为对外界事物的体验来自于说话者通过"表达"而产生,并在"话语"中流通的语言意义的交流。因此,本维尼斯特将"话语"与"陈述"(énonciation)联系在一起。"陈述"是一种言说活动,作为交流的"话语"在"陈述"中具有一种语言的对应结构,即说话者"我"与受话者"你"。

化,传递语义的信息交流活动总是具有时代性,因此,不同时代、不同领域中总是具有不同的"话语型"。早期的神话史诗是一种"话语型",如今的科学语言又是一种"话语型"。比如福柯在《话语的秩序》(*L'Ordre du discours*,1971)[①]一文中就向我们指出了"话语即权力",任何时代、社会的话语生产都按照一定机制被组织、传播,其中伴随着复杂的权力关系。因此,话语生产本身就是权力的意识形态运作。所以对利奥塔而言,《话语,图形》一书亦是对意识形态的一种迂回批判。

2. 利奥塔"图形"概念分析

任何时代的话语空间本身总是存在着作用力与反作用力。话语内部也就存在着对明确语义信息传递的颠覆,利奥塔称之为"图形",即视觉、感性层面的否定性。利奥塔从"话语"中发掘出"图形",同时也意味着一种与话语的同一性知觉方式完全不同的看待事物的"图形性知觉"的出现。

图形(figure)本意为修辞、形象、造型,布瓦洛翻译的朗吉努斯所写的《论崇高》正是在语言、文本的形象性、造型性意义上来论述修辞与崇高的关系。而这个词亦可以回溯到拉丁语 figura,奥尔巴赫(Erich Auerbach)在《喻象论》(*Figura*)[②]一文以及《摹仿论》[③]一书中对该词(喻象)皆有论述。概言之,figura 一词指的是文本的形象化叙事,奥尔巴赫通过对基督教文本的分析指出,这个词一方面体现了现实文字、历史的叙事维度;另一方面则透显出文字背后的基督教精神、教义的真理维度。奥尔巴赫通过该

① 福柯:《话语的秩序》,《语言与翻译中的政治》,许宝强等译,北京:中央编译出版社,2001 年版,第 1—31 页。

② Erich Auerbach. "Figura." *Scenes from the Drama of European Literature: Six Essays*. Minneapolis: University of Minnesota Press, 1984. p. 11-76.

③ 奥尔巴赫:《摹仿论》,吴麟绶等译,北京:商务印书馆,2014 年版。

词本身所具有的居间性,指出了基督教文本内部神圣性与世俗性的二元张力。W. J. T. 米歇尔在《图像转向》(*The Pictorial Turn*)①一文中也是在基本的叙事隐喻维度上谈及视觉表征中的figure,继而从figure中区分形象(image),认为形象(image)不再是现实主义再现意义上的figure,而是一种类似于利奥塔所论述的充满异质性的共在。

在利奥塔那里,"图形"一词首先是一种可感物对表意"话语"的颠覆,这不仅仅是指文本内部视觉对语言的颠覆,也是对一切传递明确信息的语言、图像的"话语"进行抵抗,利奥塔称之为"图形性"(figural)。按照话语的表意结构,利奥塔由此归纳出三个层面的图形颠覆构件:(1)所指层面的图形颠覆,利奥塔称之为"图形—形象"(figure-image);(2)能指层面的图形颠覆,利奥塔称之为"图形—形式"(figure-forme);(3)指称、参照对象层面的图形颠覆,利奥塔称之为"图形—母型"(figure-matrice)。

二、从"话语性知觉"到"图形性知觉"

1. 两种知觉维度

因此,"话语""图形"两个概念在利奥塔那里更是被赋予了更深的含义,不再仅仅是语言、文本与视觉、图像之间的关系,而是两种完全不同的知觉维度,我们可以称之为"话语性知觉"与"图形性知觉"。

在"话语性知觉"中,首先,知觉对象具有同一性,可以传递明确清晰的语义;其次,知觉主体也具有同一性,采取注意力集中的理性"话语认识模式"来凝视对象。

---

① W. J. T. 米切尔:《图像理论》,兰丽英译,重庆:重庆大学出版社,2021年版,第3—26页。

在"图形性知觉"中,首先,知觉对象不再具有同一性,不再是一个天然自足、完整同一的叙事文本,而是一种各种冲突、矛盾直接在场的异质性共在场所;其次,知觉主体的注意力同一性也遭到解构,采取一种与"话语认识模式"不同的"图形感知模式"来感受对象。

比如在阅读过程中,当我们试图理解文字所表达的意义时,文字本身的线条是被忽略掉的。线条被忽略掉,也就意味着观看这一行为本身被我们忽略。而利奥塔所强调的正是这种视觉本身的物质性与视觉表意之间的二元张力。一旦我们注意到文字本身的造型特征,就会干扰到我们对文字信息的提取。因此,词与物是在同一空间中差异共存的。

利奥塔在《倒退与超反思》一节中列举马拉美的诗《骰子一掷永远取消不了偶然》(*Un Coup de Dés Jamais N'Abolira Le Hasard*)来加以说明语言活动中"一种超越语言活动的力量,能够被'见'而不仅仅是被读—听的力量;以图形表示而不只是进行意指的力量。"[1]

在这首诗中,马拉美加强了对诗歌的排版布局,以突出词语与诗句本身的造型特点。通过这样陌生化的排版布局,破坏了人们惯常对文本的阅读方式,使读者在阅读过程中不得不对文本造型本身加以停留。马拉美让视觉的观看干扰理性层面的阅读和凝视,这样的方式便破坏了意义传递的过程,观看的视觉行为本身呈现出来,语言活动与他者同时在一个文本中存在。马拉美正是通过这样一种方式将读者从文本意义中脱离出来,造就"偶然性无法被取消"的主题。

---

[1] 让-弗朗索瓦·利奥塔:《话语,图形》,谢晶译,上海:上海人民出版社,2012年版,第65页。

通过这首诗的例子,利奥塔所要强调的正是审美对象从文本向图形的转化,马拉美的诗不再仅仅是传递语义的文本,这种固定的结构观念遭到破坏,图形使话语本身的内部出现了松动,不同于语义传递的各种感知方式得以在同一个观看对象中共存。在这样的观看方式中,原先被文本忽略的事物通过在话语中制造反常效果使自身显现出来。

通过"图形性知觉"这一知觉维度,我们可以看到知觉对象和知觉主体的同一性全都遭到瓦解。在这样的方式下,知觉主体得到的体验不再是有距离的反思层面的意义,而是一种在前认识的感知层面的直接感受。这种感受是知觉主体面向知觉对象时的一种超语言审美体验。在这种体验状态中,知觉主体本身沉迷在知觉对象中,主体与客体之间的间距被消解,主体本身的自我意识也被消解。

2. 图形的征兆与游戏

在小汉斯·荷尔拜因的变形画《大使》中,我们能够很直接地感受到一种画面空间的断裂。

在这幅变形画中,存在着两个不同形式的空间构图,从正面看过去是一幅正常按照垂直于画面透视轴而构成的肖像画,两个使节被种种象征天文、音乐、几何、算数的物象围绕,显出地位的尊贵。画面左上角,被钉在十字架上的耶稣退隐在绿色幕后,低头垂视世间。然而画面前景地板中央一个模糊的事物破坏了整个画面布局,当我们以贴近画面的角度斜目而视,则辨认出一个死亡征兆的变形的骷髅头。死亡作为一个变形图像存在于画面的另一个空间中,成为一个绝对的他者,死亡的不可见性提示着我们尘世万物的虚空。

在这幅画中,同一性话语遭到解构,画本身成为一个可见事物与不可见事物相互断裂、相互作用的场所。在面对这种异质性共在场所时，我们的"话语性知觉"遭到挑战，无法再以常规的理性"话语认识模式"来认识对象，而是感知到一个异质性共在场所中的解构与颠覆，由此，这幅画才能向我们呈现出一种万物皆空的体验。

对利奥塔而言，这种"图形感知模式"就像弗洛伊德对日常交流中口误的挖掘。口误是一种征兆，反映了理性主体潜意识中力比多层面的意义体现，对这一层面的挖掘，首先需要去感知日常话语中的断裂。

为了能够感知到知觉对象的断裂，就需要我们卸下注意力集中的理性"话语认识模式"。利奥塔在《话语，图形》一书中借用了弗洛伊德精神分析中"均匀流动"（également flottant）的注意力，即弗洛伊德提出的自由联想方式（free association），来区别于"话语性知觉"的理性认识模式。

在"话语认识模式"中，我们总是带着某个既定的模式来认识对象，去选择符合我们预先期望的材料。在这样的模式下，我们可能仅仅发现我们事先知道的事物。而"图形感知模式"则不同，我们没有预先措施和预先假定：

均匀流动的注意力因而相反地将被分析者的整番话语置于某种液态元素中，在这一元素中，耳——第三只耳，分析者的耳——将任由这番话语流动，以便在其中发现原发过程中所烙下的那些变形所产生的噼啪声、轻擦声、回声。①

通过利奥塔这种图形性的"均匀流动的注意力"，我们也可以

---

① 让-弗朗索瓦·利奥塔：《话语，图形》，谢晶译，上海：上海人民出版社，2012 年版，第 463 页。

看出其与朗西埃"可感性分配"（partage du sensible）概念的关联性。如果说利奥塔代表一种对意识形态的迂回批判，朗西埃可以说便是将这种批判通过"感性的重新分配"更为明确激进地表达出来。如果说"图形"在利奥塔那里是作为异质性共在场所，朗西埃则更为明确地将其作为异质性共在的政治场域，试图通过"感性的重新分配"使这一政治场域中一切被压抑、不可见的事物都变得可见，从而抵达一种绝对的平等。

同时也恰恰是在这一层面，我们可以发现利奥塔与朗西埃的不同，因为利奥塔最终论述的并非是一种抵达可见、绝对平等的行动，而是体验一种始终在"话语，图形""可见，不可见"之间相互缠绕、相互融合、相互对抗的游戏状态。所以，对利奥塔而言，异质共存的是一种游戏场所，我们得到的意义感受并非是朗西埃式的感知到同一性中的断裂之后的革命介入，朗西埃最终强调的依然是某种主体性的革命行动。但利奥塔不同，作为断裂性征兆的图形既是被动的又是主动的。利奥塔最终强调，要去感受这个同一与断裂的游戏本身，在这种感受中得到的意义并不在反思层面，而是游戏本身的"自我图释"，是其称为"超反思"的能指与所指之间的相互反射，是不同于精神分析的一种"诗的"双重颠倒。

三、"图形"的三种构件

为了更好的对图像、语言的"话语，图形"关系进行分析，本节对利奥塔提出的三种图形构件进行讨论。围绕图形对话语表意的颠覆，针对话语具有的所指、能指、指称三个层面，利奥塔相应给出了具体到每个层面的图形构件，即"图形—形象"（figure-image）、"图形—形式"（figure-forme）、"图形—母型"（figure-matrice）。而这三个层面亦可与弗洛伊德精神分析理论相对应，是梦在意识、前意识、潜意识三个层面的运作机制，利奥塔称之为图形与欲望之间的"根本的默契"（la connivence）。

1. "话语—所指"与"图形—形象"

第一个层面是属于可见事物层面的图形颠覆，解构的是感知事物可辨识的外形轮廓，知觉对象本身可辨识的同一性遭到破坏。

（1）文本中的"图形—形象"

对文本而言，语义所指层面的图形颠覆，使语言所指的精确性被破坏。如果说日常语言活动是一种"话语性语言"，修辞性、形象化的诗性语言相对而言便是一种"图形性语言"。文学当中常用的隐喻、意象等修辞方法便是在这一层面进行的图形颠覆。因此奥尔巴赫对 figura 一词中形象性与真理性的探讨是在"图形—图像"层面的讨论。

以利奥塔"话语，图形"理论来重新审视文学理论，亦可看出新批评理论家多是在"话语—所指"的语义层面来讨论文学、诗歌问题，即"图形—形象"构件的"图形性"。

比如退特在《论诗的张力》①一文提出的"张力"（tension）概念，认为诗歌的语言在于外延（extension）和内涵（intension）之间的二元张力，强调的便是文学意象在语义层面所具有的概念明晰与丰富联想之间的张力。

还有燕卜荪在《朦胧的七种类型》中提出的"朦胧"（ambiguity）概念也是如此，他认为："'朦胧'一词本身可以指你自己的未曾确定的意思，可以是一个词表示几种事物的意图，可以是这种东西或那种东西或两种同时被意指的可能性，或是一个陈

---

① 退特：《论诗的张力》，选自赵毅衡编选：《新批评文集》，北京：中国社会科学出版社，1988 年版，第 111 页。

述有几重含义。"①他强调的也正是文学意象的语义含混特点。

(2) 图像中的"图形—形象"

就图像而言,其意味着视觉具象的清晰边界被破坏。利奥塔在书中选取了弗朗卡斯泰尔(Pierre Francastel)《绘画与社会》(*Peinture et société*)一书中的一幅毕加索素描作品《裸体临摹》(*Étude de nu*,1941)来说明这个问题。

在这幅素描作品中,毕加索所画的睡觉女子同时呈现出几种不同的姿态轮廓,同一个身体的不同视角姿态被同时呈现在同一个空间中。因此对于这幅绘画,我们无法通过凝视一个具体女性形象的方式来进行古典的审美静观,我们的视点始终处于一种游移的状态中。

2. "话语—能指"与"图形—形式"

第二个层面是可见事物背后组织原则的图形颠覆。利奥塔认为这是一种对"好的形式"(格式塔)的违反,属于不可见层面。因为形式层面的组织原则常常试图将自身隐藏起来,试图将现实可见之物伪装成天然自足的统一体。但在利奥塔看来,现实可见之物是根据一种事先的话语机制建构而成的。这种话语机制是人们心中的一种观念构造,利奥塔借用尼采《悲剧的诞生》②中对阿波罗精神与狄奥尼索斯精神的区分,将这种话语的运作机制称之为阿波罗式的幻想(fantasy),人们通过这种阿波罗式幻想对可见事物的建构,使得欲望在可见层面得到实现。而"图形—形式"则是在形式层面对这种阿波罗式幻想的违反,是一种狄俄尼索斯式的"坏的形式"。通过"图形—形式",话语的组织机制便暴露出来,就艺术创作而言,如果说表达阿波罗式幻想的艺术作品是欲

① 威廉·燕卜荪:《朦胧的七种类型》,周邦宪等译,北京:中国美术学院出版社,1996年版,第7页。

② 尼采:《悲剧的诞生》,孙周兴译,北京:商务印书馆,2012年版。

望的实现,那么"图形—形式"层面的艺术作品便将欲望的内在话语运行机制暴露出来,这样艺术便具有了一种批判功能。

(1)文本中的"图形—形式"

就文本而言,这一层面的图形颠覆不在所指层面的语义上,而是在句法规则、话语规范层面的操作。具体体现便是诗歌语言可以突破句法的惯常规则,以任意的方式来进行组合。

比如利奥塔在《对立与差异》一章的"一项工作的痕迹"一节里所举的例子:

Je' t'imprime / je te rame / je te musique
(我印制你 / 我划桨你 / 我音乐你)

"印制""划桨""音乐"三个词本身不属于在这个位置常出现的词(例如我诱惑你),它们被移位,既有的语言规则系统不能解释这种新的语言用法,因此这样的表述在能指层面与语言系统既定规则形成冲突,使话语的意义传递处于一种不稳定中。

以利奥塔"话语,图形"理论来看,雅各布森以双轴理论对诗性语言的讨论无疑是在"图形—形式"这一层面来进行的。他在《语言学与诗学》一文中认为:"诗歌功能就是把对应原则从选择轴心反射到组合轴心。对应成为顺序关系的规定因素。"[①]

雅各布森从语言的结构层面对诗性功能的讨论被利奥塔归属于诗性语言的文本内关系,而这种文本内关系,则是通过参照种种违背(偏离)文学文本内部的各种不同关联方式而建立的。因此。对利奥塔而言,诗性语言本身便不是一种严格的语言,而

---

① 波利亚科夫编:《结构—符号学文艺学:方法论体系和论争》,佟景韩译,北京:文化艺术出版社,1994 年版,第 182 页。

是一种"图形—形式"。

（2）图像中的"图形—形式"

就图像而言，利奥塔给出了杰克逊·波洛克的"行动绘画"系列来说明视觉图像在形式层面的图形颠覆。

波洛克通过滴画（dripping）的即兴手法任由颜料在画布上流动，流淌出各种形态的线条。我们完全不能看到任何可以辨认出的线性构图，可见的形象完全下降到线条本身，因此阿波罗式的幻想完全不起作用，我们只能感知这种破碎的形式本身。

因此，我们便可以看出"图形—形象"的画与"图形—形式"的画之间的区别。对利奥塔而言，以这两种方式创作的画虽然都违背了传统现实主义的具象画的创作原则，但两者图形的颠覆效果完全不同。毕加索虽然对可见形象进行了违背，但形象本身依然被保留下来，因此欲望依然可以通过格式塔的方式找到一个出口，可见形象的重叠交错不过是种种幻想的叠映效果。但波洛克的绘画则完全取消了这样一个出口，将欲望的运作痕迹通过线条的自由流淌呈现出来。

3. "话语—指称"与"图形—母型"

最后一个层面是"图形—母型"（figure-matrice），利奥塔将其视为一个最为原始的幻想。利奥塔选用"母型"这个有"子宫"含义的术语，与弗洛伊德早期理论有密切关联。弗洛伊德通过对癔症（hysteria）的研究，发展出原初幻想（primal fantasies）的概念，而 hysteria 这个词在词源上正是源于古希腊语"hysteron"（子宫）一词。

如果说"图形—形象"和"图形—形式"与话语内部的所指和能指层面相关联，"图形—母型"则完全处于话语之外，作为诱发话语内部所指、能指层面变形的来源。但"图形—母型"作为"图形—形象"和"图形—形式"的来源，并不是说它是一个真正的起源,而是与之相反,以一种缺失、空无的方式来激发空间内部"话语,图形"的相互作用。在《话语,图形》中,利奥塔通过对"话语"中指称(désignation)维度的分析,发掘出话语中存在一个向外指称的视觉维度。话语的运作,存在一个外在的参照对象。而话语总是试图将这种外在的对象吸收入自身封闭的系统,在这个过程中,对外在对象的原始幻想便成为利奥塔所说的"母型"。

然而,这种母型的构成也并非是同一的,而是控制力比多能量的不同驱力在无意识空间中共在。因此,"母型"作为力比多能量产生的欲望投射,本身也是不确定的。所以利奥塔将其称之为"图形—母型"。为了更清晰地说明"欲望"与"话语""图形"的关系,我们需要对利奥塔"话语,图形"理论中的"欲望"概念进行论述。

四、"欲望":"图形性"的能量运作

1. 精神分析与力比多

当利奥塔分析"图形"抵抗的能量来源时,弗洛伊德精神分析学说中的"欲望"理论为其提供了一个有利的分析视角。

弗洛伊德有关欲望的理论始于早期对癔症(hysteria)的研究。在《癔症研究》(*Studien über Hysterie*,1895)①中,弗洛伊德认为这些症状源自于主体无意识中被压抑(repress)的创伤经验。随后弗洛伊德发现这些创伤经验总是与童年性经历有关,从而揭示出主体无意识层面存在一种被压抑的欲望。这种欲望因为遭受压抑,总会将愿望(wish)通过一些扭曲的方式形成幻想(fantasy)来实现。这种实现或是以白日梦等方式在意识层面得到实现,或是通过梦境以及无意识的原初幻想(primal fantasies)

① 弗洛伊德:《癔症研究》,车文博主编,北京:九州出版社,2021年版。

得到实现。

在后期的研究中，弗洛伊德逐渐开始深入欲望被压抑的原因。例如在《性学三论》（*Drei Abhandlungen zur Sexualtheorie*，1905）①里，他从力比多能量的角度设想出更为自发广泛的"幼儿性欲"。这种"幼儿性欲"经过俄狄浦斯情节、阉割焦虑、阴茎崇拜逐渐转化为成年被压抑的欲望。因此通过这一阶段的研究，弗洛伊德区分出了两种欲望，一种是与社会现实层面相关的"压抑"的欲望，这一欲望的目的是为了满足自身的愿望（wish）；另一种则是无意识层面更为本源的力比多欲望。

而与弗洛伊德不同，拉康则根据结构主义语言学剥离了弗洛伊德无意识层面的力比多能量，对与社会现实层面相关的"压抑"欲望进行重新改造，发展出结构主义精神分析学说。拉康认为人的心理结构并非如同弗洛伊德所区分的意识、前意识、无意识，而是将整个心理构造都看作是类似语言的结构，认为意识、前意识都从这种心理的语言结构衍生而来。而被压抑的欲望并非是如同弗洛伊德所说的意识层面对无意识中的能量的压制。无意识与意识都是语言结构的组成部分。利奥塔对此并不认同，他重申了弗洛伊德有关力比多能量的相关论述。

弗洛伊德在 1899 年的《释梦》（*Die Traumdeutung*）②一书中，区分出了两种部署力比多能量的基本驱力（drive）：(1)自我保存的驱力，这种驱力按照恒定原则（principle of constancy）阻碍力比多能量的自由流动，将力比多能量维持在一个稳定的状态；(2)性驱力，按照快乐原则（pleasure principle）来释放力比多能量。一旦有机体被压抑的力比多能量积累过多、产生不适，性驱

① 　弗洛伊德：《弗洛伊德文集 3：性学三论与论潜意识》，车文博主编，长春：长春出版社，2010 年版。

② 　弗洛伊德著：《释梦》，孙名之译，北京：商务印书馆，2017 年版。

力总是朝向愿望满足的快乐方向来释放能量。

弗洛伊德还区分出两种心理过程:原发过程(primary process)与继发过程(secondary process)。继发过程处于意识和前意识层面。在继发过程中,逐渐形成结构与表象相联结的话语系统,为有机体提供逻辑、思维能力,同时对有机体内部的驱力加以约束,让有机体按照"恒定原则"来维持自身系统的稳定。

原发过程处于无意识层面。在原发过程中,一切活动都围绕欲望的满足来进行。性驱力部署下的力比多能量按照"快乐原则"释放。弗洛伊德认为原发活动是非理性的,力比多能量随时附着在任何感知、想法、记忆和行为之中,以满足自身的快感需求。当处于继发过程的意识状态放松下来时,被压抑的欲望得以通过梦境的方式来释放。梦境便是人们"被压抑的欲望"的形象化,种种现实生活中不被接受的愿望被转化为梦境而得到满足。

弗洛伊德因此区分出"梦的思想"(dream-thought)的两层结构:"显意"(manifest content)和"隐意"(latent content)。"显意"为梦中所叙述的实际内容;"隐意"是梦里隐藏的被压抑的愿望内容。通过"梦的运作"(dream-work),最初的隐梦被转化为我们事后可以回忆起的显梦。由此,弗洛伊德认为精神分析的工作便在于:通过了解梦的运作机制,结合自由联想的分析方式,从梦的"显意"部分发掘出"隐意"部分,继而分析出梦者潜意识中被压抑的欲望。

2. 从"梦的思想"到"梦的运作"

但利奥塔对弗洛伊德《释梦》一书的引述与精神分析的侧重点则不同。在利奥塔看来,精神分析强调了"梦的思想"(dream-thought)的显—隐关系,但这种思考模式依然是文本化的思考模式,并不能使我们对欲望得到更深的理解,因为文本的意思并不能包含意义的全部内容。其实弗洛伊德本身也意识到这一问题,他意识到"梦的运作"中"凝缩"（condensation）的过程其实本身就无法被完全定量化，对梦的意义阐释工作永远无法得到完结。

利奥塔由此认为"欲望"其实根本不在于"梦的思想"的显隐，而在于"梦的运作"本身。他将"梦的思想"与"梦的运作"加以对立，重新回到弗洛伊德提出的"梦的思想"与"梦的运作"来展开论述。在利奥塔看来，在"梦的运作"中，"凝缩"、移置并非是拉康等人所认为的词语隐喻，而是一种将词语视为物的物理压缩，这种压缩破坏了原有的文本组织方式，是图形性的。"欲望"的意义其实并不是在"隐梦—显梦"这一文本层面，而是"梦的运作"这一行为本身所表达的。也就是说"欲望"是一种过程本身，而这个过程是无法如同幻景般被再现的。"梦的运作"本身就包含了对话语机制的暴力破坏，在利奥塔看来，这才是这种"被压抑的愿望"真正的图形性内涵。

对这种图形性的暴力破坏，利奥塔通过引述弗洛伊德的《超越快乐原则》（*Jenseits des Lustprinzips*，1920）[1]来加以阐述。在1920年的《超越快乐原则》中，弗洛伊德意识到了"快乐原则"本身的居间性。他在该文中对关于有机体单纯趋利避害的理论进行了修正。

"快乐原则"通过力比多的释放获得快感，但这种力比多释放受到"恒定原则"约束，"被压抑的愿望"释放是为了保持系统稳定性，维持有机体生存。弗洛伊德将这种驱动力比多的方式归结为生存驱力（life drive），称之为"爱欲"（Eros）。同时，"快乐原则"又是通过力比多释放来获得快感的，力比多能量的无限释放又会导致有机体的彻底解体，也就是说这种力比多释放的"快乐原则"

---

[1] 弗洛伊德：《弗洛伊德文集6：自我与本我》，车文博主编，长春：长春出版社，2010年版，第1—48页。

本身也按照另一种方式来运作。对此弗洛伊德又区分出一种"涅槃原则"（Nirvana principle）来加以补充，这种"涅槃原则"表达的是一种彻底释放、解体所达到的快感，弗洛伊德由此将这种驱动力比多的方式归结为死亡驱力（death drive），称之为"死欲"（thanatos）。在利奥塔看来，死亡驱力这种能量驱动方式正是图形性的运作内涵，即"绝对—反综合"。

3. 艺术与双重颠倒

通过对弗洛伊德"欲望"理论的分析，利奥塔将"梦的运作"对立于"梦的思想"，从而走向与精神分析完全不同的思考方式，这种思考方式同时也帮助我们以不同于精神分析的方式来理解艺术，利奥塔称之为"双重颠倒"（double reversal）。

我们可以将精神分析的理解方式称之为一种症候式阅读，这种症候式阅读视艺术作品为艺术家内心愿望的满足，即将艺术作品完全看作梦一般的幻想。梦通过梦的运作将梦的隐意转化为显意，对艺术而言，即将语言和图像转化为另一种表意方式，其内在的运作机制是隐藏的。症候式阅读即意味着将这种表面显现的艺术作品翻转过来，去解读艺术作品的意义，这是一重颠倒。这种思维模式无疑将艺术视为了文本，调动的是作为阅读的"话语性知觉"。

而利奥塔则通过"梦的运作"的分析，引发出另一种对艺术的感受方式。利奥塔认为艺术作品调动的并非是这种症候式阅读，而是要引发一种更深层面的翻转，即让我们去感受"梦的运作"本身，利奥塔称之为双重颠倒。这种双重颠倒所调动的知觉模式是一种"图形性知觉"。由此我们也可以看出利奥塔所论的先锋艺术的内涵，它并非停留在感官层面欲望释放得到满足的快感。

利奥塔在"线条与字母"一章中列举了与立体主义画家安德烈·洛特（André Lhote）完全不同的保罗·克利（Paul Klee），十分有效地说明了这种表达方式。保罗·克利在绘画时常常将绘画颠倒过来,按照情感方式突出主要线条,再将其颠倒过来加以协调。利奥塔通过保罗·克利这种实际的颠倒手法所要强调的是:保罗·克利不再局限于某种满足意图传达的再现性绘画方式,而是试图通过充满偶然性的行为将某种不确定性引入到画面中。保罗·克利的颠倒手法很自然让我们联想起抽象表现主义波洛克那种行动绘画的方式。

这里我们亦可以看出为何同样推崇波洛克绘画的格林伯格(Clement Greenberg)却十分反对罗森伯格(Harold Rosenberg)以"行动艺术"(Action Art)来界定波洛克等人的绘画,原因在于受康德思想影响的格林伯格依然秉持一种形式主义的方式来理解绘画,认为绘画是一种对理念图式的模仿,这种方式无疑是现代主义的方式,是一种"话语性知觉"的理性方式。而罗森伯格则通过"行动艺术"这一概念将艺术转化为一种事件(event):

画布……不是人们在其上再生产、再设计、分析或"表达"一个对象的空间,不管是事实的对象还是想象的对象。正在画布上发生的事已不是一幅图画,而是一个事件。①

正是在这一点上,利奥塔与罗森伯格无疑站在了相同立场。那么按照这种方式所进行的艺术创作,就与满足愿望的艺术创作完全不同。在引发双重颠倒的艺术中,为满足愿望而实现的幻景与内在的运作机制同时呈现出来,内心的创作意图总是遭到挑战而落空,使得呈现出来的幻景本身受到牵扯而变得不确定,因此艺术作品的显意本身便被解构,画面本身就成为一个不确定的场

---

① Harold Rosenberg. "The American Action Painters". *ART news*, 1952, Dec (8). p. 22.

所,而非完整自足的画面。

比如在保罗·克利《选定的场所》中,画面中的线条不再具有封闭的轮廓构成(球体、椎体、圆柱,诸如此类的确定的先验图式),而是不断延伸、缠绕在一起。同时整个画面的色彩与造型也不再按照某种组织原则来布局,线条和色彩都服务于其自身,在画面当中暴露出来。在这幅画面中,我们不会因为某种具体的形象而忽略线条和色彩,例如,当我们想确定具体的房屋形状时,我们眼球转动的格式塔视觉综合便立马回遭到画面中线条和色彩本身的挑战。当我们在欣赏这幅画时,我们的知觉模式便总是处于"阅读"的"辨认"与"观看"的"感知"的相互纠缠中。

所以利奥塔认为保罗·克利是在追求一种视觉的同时性,这种绘画的复调使他得以接近塞尚。洛特的立体主义其实只是片面理解了塞尚绘画中形状的作用,其中根本性的区别在于立体主义的绘画实质上依然是在"阅读"的形式辨认层面来理解绘画,而塞尚则是试图呈现出绘画诞生的那个最为原初的过程。

借助弗洛伊德的精神分析理论,利奥塔最终指向了话语系统和感性身体之间的根本异质性。利奥塔正是要通过先锋艺术的双重颠倒方式去激发我们内在的一种最为根本、最为原初的感性力量。

五、结 语

通过对"话语""图形"进行分析,利奥塔揭示出了"形象"的"不透明性"(opacité),为我们提供了一种新的知觉方式。自笛卡尔以来,观看的透明性一直是西方传统所要追求的目标,例如在《屈光学》(*Dioptrique*,1637)[1]中,笛卡尔用单眼的暗箱来描述视

---

[1] René Descartes. "La Dioptrique(1637)." *Œuvres et lettres*. Textes présentés par André Bridoux,Paris:Éditions Gallimard. 1953. pp.180-229.

觉过程，"观看"和"透视"成为"我思主体"（mon cogito）对真理进行反思的几何学结构化方式。但这种结构化的方式过于刚性，"话语"为了语义的透明性，需要将自身与参照对象之间的距离固定下来。语言系统的封闭不可避免要抑制"指称"动作所蕴含的身体能动性。

　　"观看"的身体中蕴含的欲望能量在"话语"内部对编码系统进行抵抗，使"话语"表征产生变形的"图形"正是这种"欲望"的表达和呈现。"图形"除了作为具体的感知对象外，更是指向可感物对表意"话语"的"抵抗"动作本身。利奥塔由此揭示出，联结图像和图像、词语和词语、概念和概念、人和人之间的这种结构本身其实都是可塑的、拓扑的，过程化的，这就是"图形性"。通过"图形性"，利奥塔帮助我们聆听到我们自身感性力量的低语，为我们的知觉开启了一个更为丰盈的世界。

图书在版编目(CIP)数据

法国理论.第九卷/陆兴华,张生主编.—上海：
上海文化出版社,2023.5
ISBN 978-7-5535-2479-5

Ⅰ.①法… Ⅱ.①陆…②张… Ⅲ.①思想史-研究
-法国 Ⅳ.①B565

中国版本图书馆 CIP 数据核字(2021)第 266122 号

出 版 人　姜逸青
责任编辑　王莹兮　张悦阳
装帧设计　王　伟

书　　名：法国理论·第九卷
主　　编：陆兴华　张　生
出　　版：上海世纪出版集团　上海文化出版社
地　　址：上海市闵行区号景路 159 弄 A 座 3 楼　201101
发　　行：上海文艺出版社发行中心
　　　　　上海市闵行区号景路 159 弄 A 座 2 楼 206 室　201101　www.ewen.co
印　　刷：常熟市文化印刷有限公司
开　　本：890×1240　1/32
印　　张：12.5
版　　次：2023 年 5 月第一版　2023 年 5 月第一次印刷
书　　号：ISBN 978-7-5535-2479-5/B.021
定　　价：68.00 元

告 读 者：如发现本书有质量问题请与印刷厂质量科联系
　　　　　 T：0512-52219025